Universal
Bibliothek

BIOGRAFIEN

Anton Bruckner (1894)

Mathias Hansen

ANTON BRUCKNER

1987

Verlag Philipp Reclam jun. Leipzig

Mit 86 Abbildungen und Notenbeispielen

Reproduktionsvorlagen der Notenbeispiele:
Sieglinde Hellmundt

ISBN 3-379-00116-3

© Verlag Philipp Reclam jun. Leipzig 1987

Reclams Universal-Bibliothek Band 1173
1. Auflage
Umschlaggestaltung: Friederike Pondelik
Lizenz Nr. 363. 340/115/87 · LSV 8384 · Vbg 21,4
Printed in the German Democratic Republic
Grafischer Großbetrieb Völkerfreundschaft Dresden
Gesetzt aus Garamond-Antiqua
Bestellnummer: 661 360 3
00400

Vorbemerkung

Drei Jahrzehnte sind nunmehr vergangen, seit in der DDR die erste und bisher auch einzige umfangreichere Darstellung von Leben und Werk Anton Bruckners, Max Dehnerts „Versuch einer Deutung", veröffentlicht wurde. Dies allein wäre Rechtfertigung genug, den Versuch erneut zu wagen. Denn um ein Wagnis handelt es sich, liegen doch noch immer, trotz anschwellender Forschungsergebnisse, zahlreiche Probleme im dunkeln, hält der Streit um einige von ihnen ungemindert an. Doch die Hemmnisse, die aus wissenschaftlichen Defiziten und theoretischen Differenzen entstehen, dürfen nicht derart mächtig und verstörend wirken, daß die praktische Arbeit, die produktive Auseinandersetzung mit Bruckner darunter leidet. Um die aber geht es: vorliegender Versuch, der nach Vermögen und Raum neueste Forschungen einbezieht, wendet sich vornehmlich an Musikfreunde, denen an einiger Aufklärung über Bruckner und seine Musik gelegen ist – unsere Darstellung hat zuallererst Einführungscharakter.

Dabei will und kann die Beschreibung der Lebensumstände wie der künstlerischen Leistung nicht einmal annähernd den Anspruch auf Vollständigkeit erheben. Der Verfasser hofft, diesen Mangel insofern auszugleichen, daß er seine Darlegungen, insbesondere die Werkanalysen, auf einige wenige, jedoch zentrale Probleme ausrichtet: auf das kompositionstechnische Verfahren der Variantentechnik sowie auf musikalische Konsequenzen, die sich aus ihr ergeben (Formbildung, Harmonik, Klangcharakter usw.). Außerdem sind, um der Gefahr schematischer Erstarrung zu begegnen, die Bemerkungen zu den einzelnen Sinfonien jeweils mit spezifischen Fragestellungen verbunden – die zur *III.* etwa mit dem Fassungen-Problem, zur *VII.* mit dem Verhältnis Brahms–Bruckner usw. Hierbei möchte der Verfasser dem beherzigenswerten Wort Alban Bergs folgen, daß „einer gleichmäßig oberflächlichen Behandlung" eine „wenigstens stellenweise Ausführlichkeit" vorzuziehen sei.

Für die Analysen wurde die in der Edition Peters erschienene, leicht erreichbare Ausgabe der Sinfonien (Leopold Nowak), des *Streichquintetts* und des *Te Deums* herangezogen.

Bei Werken, die in dieser Ausgabe nicht vorliegen (Kirchenmusik, *Sinfonie in f-Moll* und die „*0.*" u. a.), wurde die freilich noch unvollständige Gesamtausgabe des Musikwissenschaftlichen Verlages der Internationalen Bruckner-Gesellschaft, Wien, benutzt. Einige, allerdings fast ausschließlich periphäre Kompositionen (Chor- und Orchesterstücke) liegen bisher lediglich in verstreuten Publikationen vor.

Freundschaftlicher Dank gilt Frau Barbara Fleischhauer und Herrn Dr. sc. Gerd Rienäcker, deren kritische Hinweise den Verfasser nicht zuletzt immer wieder bestärkt haben, das Wagnis einer Bruckner-Biographie fortzusetzen.

Berlin, im November 1985   *Mathias Hansen*

Einleitung

„Kein Cäsar würde den Componisten fürchten, und doch componirt er nichts als Hochverrath, Empörung und Tyrannenmord. Ja, Bruckner ist beiweitem der Gefährlichste unter den musikalischen Neuerern des Tages; seine Gedanken liegen außer aller Berechnung, und das Unvermittelte in ihnen besitzt eine verführerische, magische Kraft, welche größeres Unheil anstiftet als die raffinirten und mühsam ausgeklügelten Sophistereien der Anderen. (...) Seine Musik duftet nach himmlischen Rosen und stinkt nach höllischem Schwefel."[1]

So schrieb im Jahre 1885 der einflußreiche Wiener Kritiker Max Kalbeck über eine Aufführung des *Streichquintetts* von Anton Bruckner. Sein Urteil darf als repräsentativ für jenen Teil der öffentlichen Meinung gelten, der sich dem Werk Bruckners entschieden entgegenstellte – die Gründe lassen nichts an Deutlichkeit vermissen. Sie sind zweifellos von Bosheit getragen, zugleich aber auch von ästhetischen Überzeugungen, die, in der klassischen Tradition Beethovens bis Brahms' verwurzelt, durch Bruckner gefährdet, vielleicht sogar zerstört zu werden drohten.

Es scheint nur ein Akt ausgleichender Gerechtigkeit zu sein, wenn sich gegen solchen Vorwurf Stimmen erhoben, die für einen anderen Teil der Öffentlichkeit sprachen: Bruckner sei „der größte Nur-Musiker, der letzte Naive unangewandter Tonkunst, (...) einer ihrer reinsten Beglücker, einer ihrer einsamsten Seher, – entstanden auf der fruchtbaren Scholle kerndeutschen oberösterreichischen Ackerlandes"[2].

So schrieb der durch den Komponisten selbst noch „autorisierte" Biograph August Göllerich im 1. Band (1922) seiner großen, als Quellenwerk verstandenen Bruckner-Darstellung, die nach dem Tode Göllerichs von Max Auer, ganz in dessen Sinne, weitergeführt und vollendet wurde (1928–1936).

B e i d e Urteile sind repräsentativ, keineswegs journalistische Übertreibungen von wohltemperierten Meinungsverschiedenheiten. Und sie sind auch nicht nur Ausdruck einer zeitlich begrenzten Auseinandersetzung um ästhetische

Positionen, wie selbst der jahrzehntelange scharfe Streit
zwischen „Neudeutschen" und „Klassizisten". An Bruckner
schieden sich die Geister, und die Konfrontationen setzten
sich, gemildert freilich durch wachsende historische Distanz, bis in die Gegenwart fort. Die Wirkungsgeschichte
von Werk und Person weist solch beispiellose Höhen und
Tiefen auf, daß sie Bruckner einmal als göttlich begnadeten
Kunstheiligen, ein andermal als stümperhaften Gigantoma-
nen voller schrulliger Bigotterie erscheinen läßt. Mittlere
Urteile gibt es so gut wie keine, sachliche sind nicht minder
selten.

8

Das macht, daß die um Bruckner ausgelösten Konflikte nur mittelbar im Kompositorisch-Musikalischen gründen, daß mit ihnen von Beginn an übergreifende ästhetische und, durch sie hindurch, „kulturpolitische" Auffassungen ins Feld geführt wurden. Hier liegt der wohl einmalige Fall vor, daß ein Künstler als rücksichtslos-blinder Zerstörer geheiligter Traditionen geschmäht und andererseits zum verklärenden Vollender eben dieser Traditionen erhoben wird. Aber die Verfechter beider Positionen verfehlen ihren Gegenstand, da sie ihn, so merkwürdig dies klingen mag, kaum wirklich kennen und sich deshalb in vorgefaßten Meinungen einrichten, die sie nur zu befestigen und ungeprüft weiterzutragen suchen.

Verriß wie Verherrlichung sind gleichermaßen regressiv, gegen die progressiven Tendenzen der Zeit gerichtet. Es gab für Bruckner, noch Jahrzehnte nach seinem Tode, keine ernsthaften Sachwalter, die das Zukunftsträchtige seiner Musik abseits von schiefer Glorifizierung herauszuarbeiten verstanden. Darin unterscheidet sich seine Situation grundlegend von der Richard Wagners: unabhängig von allen Spielarten ideologischer Mystifikation, gehen von dessen Werk konkrete, auch sogleich theoretisch ausgewiesene kompositionstechnische Impulse aus, die für die musikalische Entwicklung im 20. Jahrhundert von kaum zu überschätzender Bedeutung sind. Bruckners unmittelbare Wirkung auf progressive Kompositionstendenzen dagegen ist bis weit ins 20. Jahrhundert hinein nur schwer zu bestimmen. Hier machten sich auf jeden Fall die vorgefaßten Meinungen über den Komponisten, ob Fossil oder Prophet, hemmend bemerkbar.

Es sei denn, man liest die klugen Kritiker wie Max Kalbeck oder Eduard Hanslick anders, als sie wohl selbst gelesen sein wollten. Vernachlässigt man in den oben zitierten Sätzen von Kalbeck die aus konservativ-ästhetischen Gründen negative Ausrichtung der Kritik, so bleibt eine Charakterisierung übrig, die nicht anders als hellsichtig und zukunftsweisend genannt werden kann. Entschiedene Gegner hören oftmals genauer hin als verzückte Apologeten. Ja, Kalbecks Urteil macht in nuce verständlich, warum von Bruckners Musik kaum eine unmittelbare, sondern eher eine Langzeitwirkung ausging, die recht eigentlich erst nach 1945 zur

Entfaltung kam. Doch dies soll uns in anderem Zusammenhang genauer beschäftigen. Bisher geht es nur um die Feststellung, daß Bruckners Werke über Generationen hinweg nicht so sehr aus der Erkenntnis ihrer kompositorischen Sachverhalte heraus provozierten oder beglückten, sondern durch eine quasi kulturpolitische Zurichtung, die allen Beteiligten eine eindeutige Entscheidung – Für oder Wider – abverlangte und so die unversöhnliche Kontroverse zur normalen Umgangsform machte: „In Bruckner ruhen oder ihn verzerren sind die zwei einzigen Möglichkeiten."[3]

Vergleichbar nur noch mit Wagner, wurde Bruckner seit den achtziger und neunziger Jahren des vergangenen Jahrhunderts ein Vorzugsobjekt für die ideologische Strategie des Konservatismus, in Österreich der Allianz aus feudalen, militaristischen, klerikalen und großbürgerlichen Oberschichten. Die vehement aufbrechenden politischen Massenbewegungen führten in diesen Schichten zu einem tiefgehenden Krisenbewußtsein, das schwere Erschütterungen ihres machtgewohnten Selbstbewußtseins nach sich zog. Den Ausweg sahen die Konservativen im „Aufbruch in die Illusion", in den Irrationalismus, der die „besseren", „höheren" Werte dieser Welt bewahrte und dem pöbelhaften Materialismus wie schalen Rationalismus des „normalen", niederen Lebens unendlich überlegen sei.

Bruckner schien da, noch mehr als Wagner, ein geeigneter Mann, der 1874 geschrieben haben soll: „Weil die gegenwärtige Weltlage, geistig gesehen, Schwäche ist, flüchte ich zur Stärke und schreibe kraftvolle Musik!"[4]

Und Bruckner schien sich auch in seiner gesamten Existenz, der privaten wie der künstlerischen, einer konservativ-reaktionären Zurüstung, die zur Ausprägung einer Reihe zählebiger Klischeevorstellungen führte, geradezu aufzudrängen. Da ist die Herkunft aus dem provinziellen Schullehrermilieu. Die abgeschiedene, aber deshalb eben „schollenhaft" ursprüngliche Dumpfheit von Bruckners frühen Lebensjahren, bis ins kleinste reguliert von katholischer Frömmigkeit, bereitete den Boden für Eigenständigkeit und Eigenwilligkeit der späteren Leistung. So blieb sie von aller „verrotteten" Stadtzivilisation unberührt, sprich: unbeirrt.

Der Herkunft gleicht der gewissermaßen archaische, bis ins

40. Lebensjahr dauernde Ausbildungsgang, der an einer handwerklichen Kunstgesinnung festhielt, dem aller romantische Geniekult nicht nur suspekt, sondern unbekannt war. Es gab keine „Sturm-und-Drang-Phase", dafür eine nur noch schwer vorstellbare Beharrlichkeit in der peinlich genauen Aneignung überlieferter Wertsetzungen, die als unveränderlich genommen und letztlich, ob in der Kunst oder im Leben, von katholischer Religiosität beherrscht waren.

Auf die Ausbildung als jahrzehntelange künstlerische Inkubationsphase, so lautet ein weiteres Klischee, folgte, wie eine überreife Frucht, der Beginn des eigentlichen Schaffens. Nicht das geringste verbinde die Jugendkompositionen mit den späteren Messen und Sinfonien. Die Konstruktion eines explosionsartig einsetzenden Schaffenszwanges zog zugleich die Konstruktion einer Entwicklungslosigkeit innerhalb der reifen Kompositionen nach sich. Zwar werden sie reicher und tiefer, doch nur im Sinne des Ausbaus einmal gesetzter, quasi vorgegebener Ideen: Bruckners Werk als Realisierung von Kräften und Anlagen, die im Urheber verschlossen waren, durch die altmeisterliche Ausbildung heranreiften und sich schließlich nur noch, naturhaft, zu entfalten brauchten.

Darin sei Bruckners ahistorische, von der Umwelt unabhängige Schaffenskonzeption begründet, die ihn auch konkret unabhängig machte, etwa von den aufrauschenden Wellen der Kunstfehde zwischen „Neudeutschen" und „Klassizisten". Bruckners Wagner-Verehrung war gänzlich auf den Bayreuther Meister fixiert, er ignorierte, so es nicht die eigenen Stücke betraf, nahezu ganz das Feldgeschrei der Parteiungen. Es scheint, folgt man konservativen Auffassungen weiter, als ob Bruckner an den „reinen Toren" als Topos der Wagner-Ideologie nicht nur erinnerte, sondern daß er ihn leibhaftig gelebt habe. Und die Sinfonien seien Abbilder der Reinheit „besserer Welten", wobei diese Konsequenz durch die qualitative Dominanz der Instrumentalmusik als Ausdruck von „Rein-Musikalischem" im Gegensatz zur inhaltlich „gebundenen" = „unfreien" = „unreinen" Vokalmusik noch gestützt werden sollte. In Bruckners Musik wandele sich die als undurchschaubar empfundene Welt zur „geschauten" Welt, welche aller Begriffe entraten

Fritz von Uhde, „Das Abendmahl" (Ausschnitt)

könne. Die Begriffslosigkeit aber wird sogleich zum „höheren" Wissen erklärt.

Dies nun hat offensichtlich einen Grundmangel der Bruckner-Exegese verursacht, dessen Auswirkungen noch immer zu spüren sind, selbst dort, wo dieser Mangel erkannt und seine Überwindung nachdrücklich gefordert wird. Gemeint ist – gemessen am Gesamtumfang der Literatur – ein eklatantes Defizit in der analytischen Auseinandersetzung mit Bruckners Werk: direkt, indem anstelle von Analyse gefühlvoll-philosophierende Hermeneutik geboten wird; indirekt, indem Analyse sich in ebenso blumigen wie endlosen Beschreibungen kompositorischer Ereignisse erschöpft. Beide, zumeist ineinandergreifende Verfahrensweisen entziehen sich sachlicher Überprüfung.

Das analytische Defizit muß aber durchaus nicht als Mangel begriffen, es kann sogar als Gewinn ausgegeben werden. Dann heißt es eben, daß Analyse, als technizistische Schnüffelei denunziert, zu „aufklärerischer" Deformation der unteilbaren, „geschauten" Kunstgestalt führe, gewissermaßen zu einem Zivilisationsliteratentum in Sachen Musik, vor dessen unangemessenen Erkenntnissen nur gewarnt werden könne.

Damit ist das eigentliche Stigma der traditionellen, quasi offiziellen Bruckner-Literatur angesprochen. Neben den faktischen Verzicht auf Analyse und ihre Ersetzung durch ekstatisch-ungenaue Exegese, welche die geschaute Transzendenz der Musik für Autor wie Leser/Hörer nachvollziehbar machen will, tritt, fest an jene Merkmale gebunden, eine mehr oder minder gereizt wirkende Verteidigungshaltung, die einem verkannten Genie Gerechtigkeit und verdiente Anerkennung zu verschaffen sucht. Die Abhandlungen von August Halm (1914), Franz Gräflinger (1911, 1921, 1927), August Göllerich/Max Auer (1922–1936), Karl Grunsky (1922, 1929, 1931), Erich Schwebsch (1923), Hans Tessmer (1922), Ernst Kurth (1925) u. v. a. werden durch ihren offenen oder latenten Charakter als Streitschriften entwertet. Ignoranz und Aggressivität in Ton, Stil und Beweisführung vermischend, suchen sie zwar ihre Angriffspunkte auch in anderen, definitiven Auffassungen, insbesondere von Kritikern und den durch sie gegen Bruckner favorisierten Komponisten. Mehr noch aber richten die Autoren die Spitze gegen allgemeine kulturell-zivilisatorische Bedingungen, gegen einen von Materialismus und Fortschrittswahn verführten „Zeitgeist", hadern sie mit einem Welt- und Gesellschaftszustand, in dem für Bruckner als konservativem Leitbild kein Platz bliebe. Die Ungenauigkeit der eigenen Auffassung vom Gegenstand entspricht der Unschärfe der kritischen Orientierung. Ob elegische Verzichtshaltung

(Bruckners Musik sei nicht von dieser Welt und nicht für diese Welt) oder hysterische Angriffslust (Bruckner und seine Getreuen werden es denen schon zeigen, die da glauben, die Welt für sich zu haben) – in jedem Falle geht es in die Extreme, wird ein „Für" oder „Wider" gefordert bzw. gebrandmarkt. Selbst die nicht minder unmittelbar von der Jahrhundertfehde „Neudeutsche kontra Akademiker" gezeichneten Großmonographien über Wagner und Brahms verfallen nicht, wie das Parallelwerk über Bruckner von Göllerich/Auer, in solch drastischer Weise einem auftrumpfenden Kulturbyzantinismus. Die traditionelle Bruckner-Literatur hat ihre Kontinuität im Umschaufeln tief verwurzelter Vorurteile, nicht in der sachlichen Überprüfung von Gedachtem, aus der Analyse Erfahrenem, das nicht zuletzt selbst wiederum Anlaß zur Korrektur gäbe.

Aus alldem folgt fast zwangsläufig, daß es bisher, trotz der zahlreichen und seitenstarken Darstellungen, recht eigentlich kein Standardwerk über Bruckner gibt, wie sie gerade in der Blütezeit bürgerlicher Musikwissenschaft seit der zweiten Hälfte des 19. Jahrhunderts für nahezu alle großen (und auch kleineren) Meister erarbeitet worden sind: J. S. Bach, G. F. Händel, Mozart, Beethoven, Schumann, Wagner oder Brahms. Auch im 20. Jahrhundert hat diese Wissenschaftstradition inzwischen dafür gesorgt, den führenden Komponisten Einzeldarstellungen zu widmen, die als Standardwerke gelten dürfen: Strawinsky, Schönberg, Bartók, Webern u. a. Die Darstellungen gewinnen ihren verbindlichen Charakter noch immer aus der nicht überholten Auffassung Hermann Aberts, derzufolge die Biographien der Meister für jede Generation neu geschrieben werden müssen, um den Zuwachs an Erkenntnissen aufzunehmen, aber auch, um den veränderten historisch-gesellschaftlichen Bedingungen Rechnung zu tragen, die ein Werk und seinen Autor in anderem Licht erscheinen lassen.

Der größere Teil der Bruckner-Literatur hingegen ist geschlagen von der im Grunde wenig variierenden Beschwörung von Klischeevorstellungen, deren ideologischer Unterbau zwischen einem konservativen Transzendentalismus als vermeintlicher Weiterführung des klassischen Idealismus und einem deutlichen völkisch-rassisch „argumentierenden" Nationalismus schwankt. Besonders der letztere Gesichtspunkt wird uns im Hinblick auf die weitere Wirkungsgeschichte noch intensiver beschäftigen.

Zwei für die Genese der Bruckner-Literatur symptomatische Tatsachen seien hier angeschlossen, die in der neueren Musikgeschichte wohl keinen Vergleich finden. Werk und Biographie Bruckners werden seit den frühesten Darstellungen mit wuchernder Anekdotik zusammengebracht. Durch sie sollen diese Arbeiten einen authentischen Charakter gewinnen, sind es doch Erinnerungen von Augen- und Ohrenzeugen, die des Meisters Wort aufgefangen, sein Bild verinnerlicht und der Nachwelt überliefert haben – zum einzig wahren Verständnis dessen, was da klingende Gestalt angenommen hat. In der Anekdote, zumeist auch noch in treuherziger österreichischer Dialektumschrift wiedergegeben, verstrickt sich Falsches unentwirrbar mit Richtigem, zumindest Wahrscheinlichem. Die Anekdotenlieferanten (Schüler, Dirigenten, Journalisten, Wissenschaftler) haben selten unzweideutige Motive, gerade weil sie dazu neigen, jede Äußerung oder auch nur Andeutung des Meisters zu verabsolutieren, ihnen eine verbürgte, unverrückbare, allen historischen und ästhetischen Entwicklungsprozessen enthobene Bedeutung zuzuweisen. So ist dieser gesamte Quellenbereich längst unbrauchbar geworden, obwohl weiterhin sich nicht wenige Arbeiten ihm anvertrauen. Manfred Wagner, ein Bruckner-Forscher jüngerer Generation, forderte deshalb unumwunden, „die Anekdote im Fall Bruckner als Quelle auszuschließen, ihren Verlockungen gegenüber abstinent zu bleiben und fest entschlossen sich an das Werk zu klammern", auch wenn dadurch Lücken, möglicherweise sogar Irrtümer entstehen.[5]

Allerdings, und dies mag die Beharrlichkeit der Anekdoten-„Absicherung" wesentlich leiten, paßt das vermeintlich lebendige Zeugnis, die „gelebte" Erfahrung, zur „geschauten" Erfahrung im Umgang mit Bruckners Musik. Sie suggeriert ebenfalls Konkretheit jenseits analytischer Begriffe und fügt sich damit nahtlos jeder irrationalistischen Interpretation ein.

Eine weitere symptomatische Tatsache ist die außerordentlich komplizierte Textüberlieferung wichtiger Werke Bruckners. Mit wenigen Ausnahmen liegen die Sinfonien und Vokalkompositionen in mehreren Fassungen vor, die Veränderungen stammen sowohl vom Autor wie von befreundeten Dirigenten. Ohne an dieser Stelle auf die verschiedenen, auch widersprüchlichen Motive für diese Veränderungen einzugehen, sei nur auf den Umstand hingewiesen, daß trotz der Edition der sogenannten Originalfassungen durch Robert Haas und Alfred Orel ab 1930 und der inzwischen nahezu vollständigen Gesamtausgabe durch Leopold Nowak (1951ff.) in der Unterscheidung der jeweiligen „Arbeitszustände" der Werke eine babylonische Begriffsverwirrung eingetreten ist. Neben der „Originalfassung" kursieren Begriffe wie Urfassung, Endfassung, Erstdruckfassung, Fassung letzter Hand, aber auch z. B. „Ur-Fünfte",[6] wobei in der Editionspraxis außerdem zahlreiche Vermischungen dieser Fassungen zu verzeichnen sind. Die Editionsschwierigkeiten bei Bruckner haben längst die ebenfalls nicht gerade leichten Probleme etwa mit den Mahler-Ausgaben überflügelt, vor allem, weil sie in den emotionsgeladenen Streit um den musikgeschichtlichen Standort und die ästhetische Bedeutung des Brucknerschen Gesamtwerkes hineingezogen wurden. Zugespitzt gesagt: die Entscheidung für eine der Fassungen ist gekoppelt an die Entscheidung für den „wahren" oder den „verfälschten" Bruckner, wobei allerdings nicht in jedem Fall eine einhellige Meinung darüber herrscht, welche der Fassungen als einzig gültige anzusehen sei.

So bleibt die Wirkungsgeschichte Bruckners, in die ja die Forschung eingebettet ist, bemerkenswert widersprüchlich, auch wenn eine Vielzahl neuer Erkenntnisse vorliegt, die vornehmlich der österreichischen Musikwissenschaft und ihrem Zentrum, dem Anton-Bruckner-Institut in Linz, zu danken ist und auf die sich auch die folgende Darstellung immer wieder beziehen darf. Sollte es da nicht sinnvoll sein, so möchte man meinen, die neuen, hoffnungsvoll stimmenden Erkenntnisse zum Anlaß zu nehmen, einen Strich unter die Vergangenheit zu machen? Tabula rasa, um das offenbar fruchtlos Widersprüchliche nicht dennoch und ungewollt weiterzutragen, Forschung wie Interpretationspraxis belastend?

Es geht wohl nicht. Denn abgesehen von der Zähigkeit der Vorurteile fehlt bei Bruckner etwas, das einem radikalen

Umdenkungsprozeß historische Relevanz geben könnte: ein grundsätzlich veränderter Umgang mit dem Werk, wie er sich immer wieder beispielhaft in der Wirkungsgeschichte Wagners vollzieht. Alle mystisch-frömmelnden, nationalistischen bis faschistischen Interpretationen des „Rings" konnten durch Publizistik zwar kritisiert, nicht aber überwunden werden. Überwunden wurden sie durch praktische Neudeutung des Werkes auf dem Theater, die das Zeitgebundene ebenso aufdeckte wie das Zeitgemäße, den jeweils aktuellen Spielraum zwischen Nähe und Distanz, Absetzung und Identifikation. Darin bietet Bruckners Musik (noch?) keine vergleichbaren Möglichkeiten. Die Bandbreite der Interpretation scheint (noch?) zu gering, um wissenschaftlichen Erkenntnissen und aus ihnen abgeleiteten Forderungen an die Musikpraxis klanggewordene Durchschlagskraft zu verleihen. Oder anders: es gibt (noch?) keine Aufführungspraxis, die dazu zwänge, vorurteilsvolle Fehldeutungen fallenzulassen.

Richard Wagner und Bruckner

1930 schrieb Theodor W. Adorno zu einer Aufführung der *IX. Sinfonie:* „Ein dynamischer Bruckner, aus der sakralen Ruhe und flächigen Starrheit endlich herausgebrochen, die uns nichts mehr gilt; ausgehend von den harmonisch-melodischen Spannungen der kleinsten Zeilen zueinander, bis das schwere Metall der Sätze in der Glut stetigen Übergangs eingeschmolzen ist. (...) So allein kann Bruckner denen entrissen werden, die ihn bis heute gepachtet haben."[7] Obwohl seit dieser Rezension schon wieder mehr als ein halbes Jahrhundert vergangen ist, in dem aus ihr kaum wesentliche Schlußfolgerungen gezogen worden sind, sollten Adornos Worte hoffnungsvoll stimmen: würden solche Interpretationsforderungen zu einer Aufführungstradition reifen, so bestünde die reale Chance, eine grundlegende Wandlung im Bruckner-Verständnis einzuleiten – eine Wandlung, durch welche die wechselvollen Erfahrungen der Wirkungsgeschichte aufgehoben und in eine zeitgemäße, aus der Fülle der Gegenwart selbstbewußt schöpfende Deutung mündeten.

Wirkungsgeschichte I (1896–1945)

> „Aus dem Jahrhundert sah man ihn nicht ragen,
> weil er aus dem Jahrtausend ragt."[1]

Die komplizierte Wirkungsgeschichte von Anton Bruckners Werk ist ein beispielloses Ergebnis der Anhäufung und Verknotung von irrationalistischen Deutungen, die ihre konkreten Zwecksetzungen seit den zwanziger Jahren immer unverstellter hervortreten lassen und vollends im deutschen Faschismus enthüllen. Kein anderer Musiker, nicht einmal Wagner oder Richard Strauss, ja kein anderer großer Künstler der Vergangenheit überhaupt ist so vorbehaltlos und vollständig von der nazistischen Ideologie okkupiert worden wie Bruckner. 1937 wurde die zum Kunsttempel des neuen Reiches und seiner „arisch-germanischen" Traditionen umfunktionierte „Walhalla" durch Enthüllung einer grobschlächtigen Porträtplastik Bruckners und durch hochtrabende Reden von Propagandaminister Goebbels und Reichsmusikkammerpräsident Peter Raabe „eingeweiht". Die entsprechende Bruckner-„Forschung" blühte zwischen Mythos und Rassenwahn, füllte Buch um Buch, war ein dominierendes Thema in den musikalischen Fachzeitschriften und fand selbst in der allgemeinen Presse bemerkenswerte Beachtung.

In öffentlichen Konzerten und im Rundfunk erklangen die Sinfonien bis zum letztmöglichen Augenblick, wurden sie die Begleitmusik für Bombenterror, verbrecherischen „Endsieg"-Fanatismus und selbstmörderische Untergangshysterie – Bruckner schien die Musik zur historischen „Götterdämmerung" geschrieben zu haben. Die Zerschlagung des Faschismus konnte nicht immer und nicht automatisch die Rehabilitierung der von ihm mißbrauchten Kunst nach sich ziehen, schon gar nicht im Falle Bruckners. Zu tief hatte sich eine antihumanistische Symbolik in seine Musik eingegraben, aus ihr dumpf-aggressive Gefühle gepreßt. Die faschistische Zurichtung wirkte noch lange und wirkt bei älteren Menschen noch heute als verstörendes Trauma, nicht zuletzt auch deshalb, weil ein anderes Bruckner-Bild allmählich erst Konturen annimmt, welches sowohl ein historisch glaubwürdiges wie ästhetisch angemessenes Verständnis der Werke erkennen läßt. Die Entfaltung solchen

Eduard Hanslick und Bruckner

Verständnisses ist somit noch immer mit der Zurückdrängung von Nachwirkungen aus berüchtigter Vergangenheit verbunden.

Dies und die Tatsache, daß der Aufstieg Bruckners zu einem faschistischen Idol nur der Endpunkt war einer breiten, nahezu geschlossenen konservativ-nationalistischen Traditionsbildung seit Ende des vergangenen Jahrhunderts, daß die nazistischen Ideologen nichts zu erfinden, sondern nur aufzugreifen, zu vergröbern und in konkrete kulturpolitische Strategie einzufügen brauchten, was reaktionärer Irrationalismus über lang vorbereitet hatte – dies zwingt dazu, sich mit der größtenteils deprimierenden Wirkungsgeschichte Bruckners in Praxis und Theorie noch immer auseinanderzusetzen.

Warum Bruckner so problemlos im faschistischen Kulturbegriff und seiner alltäglichen Realisierung aufging, versteht sich fast von selbst. Wie die Spielarten des Irrationalismus insgesamt entscheidenden Anteil hatten an der Formierung und Realisierung nazistischer Ideologie, so richteten sie ihre Favoriten, vornehmlich aus der Kunst, zu deren Zeugen her. In nicht einmal nur extremen Darstellungen erscheint Bruckner als Prophet völkisch-rassischer Wiedergeburt Groß-Deutschlands, des Sieges „schollenhaft"-beständigen Lebenswillens über dekadente Zivilisation. Die ideologische Konstruktion, auf der Basis langfristiger regressiver Klischeebildung, bedurfte nicht der geringsten „sachlichen" Korrektur, um faschistischer Ungeist zu werden. Angesichts der apologetischen Suggestion eines „göttlich-reinen" Bruckner gab es nichts, was hätte irritieren können: weder unbequeme Äußerungen, die, wie so viele von Wagner, verfälscht oder zumindest heruntergespielt werden mußten, noch „kompromittierende" persönliche Beziehungen, wie Wagner sie ebenfalls, etwa zu seinen Revolutionsfreunden, unterhielt.

Bruckners leidenschaftliche Religiosität war auch kein Problem, konnte sie doch leicht mit heidnisch-urtümlichem Kultgebaren zusammengebracht werden. Dabei spielte keine geringe Rolle, daß die wichtigsten kirchenmusikalischen Kompositionen, die drei großen Messen, in einer bestimmten, kurzen Entwicklungsphase entstanden, auf die dann der größte Teil der Sinfonien folgte – die „gotisch-heidnischen Dome" der Instrumentalmusik als legitime Fortsetzung kirchlich gebundener Vokalmusik.

Überhaupt kam die Ausdruckswelt Brucknerscher Musik, welche irrationalistische Exegese und eine ihr folgende Aufführungspraxis den Hörergemeinden unermüdlich aufdrängten, einem regressiven Bedürfnis nach Repräsentation, Erbauung und Innerlichkeit entgegen. Großformatige, quaderhaft massive Formanlage; von der Orgel inspirierte Klanglichkeit; weitschwingende thematische Bögen; klare, pulsierende Rhythmik; eine Harmonik, deren Dreiklangsfundamente noch dichteste Chromatik zu regulieren vermögen; die Einbeziehung von Elementen der Volksmusik und des Chorals: all dies wurde als paradigmatisch für „echte", „reine", eben deutsche Musik ausgegeben, die dem Kunstverfall aus politischer wie rassischer „Entartung" entgegenstünde. Selbst Johannes Brahms, dessen künstlerische Anschauungen und politisches Verhalten kaum weniger geeignet gewesen wären, im nazistischen Sinne okkupiert zu werden, erfuhr solche Vereinnahmung in weit geringerem Maße. Das scheint mit der Musik unmittelbar zusammenzuhängen. Die genannten kompositorischen Charakteristika Bruckners gelten in keinem entscheidenden Punkt auch für Brahms. Er wirkte immer komplizierter, sperrig-verschlossener als der so geradlinig Triumph wie Versenkung musizierende Bruckner, dem man Tiefe, Hintergründigkeit selten ohne die beschwörenden Adjektive „mystisch" oder „visionär" zubilligte.

In einer instruktiven Studie weist Manfred Wagner nach, daß bereits die Nekrologe von 1896 „nahezu alle Tendenzen des Musikschrifttums, das sich bis in die fünfziger Jahre dieses Jahrhunderts mit Anton Bruckner befaßte", umgreifen.[2] Die Würdigungen „betreffen die äußere Erscheinung, von der Schilderung der physischen Gestalt bis zu ihrer Kongruenz mit dem vermuteten Charakter, die vermittelten Aussprüche Anton Bruckners, die im wesentlichen im Anekdotischen sich verlieren, den Versuch der Einschätzung seiner Position im Wiener Musikleben, die von der ungerechten Beurteilung einer feindlichen Umwelt geprägt ist und die Mär von der Armut förderte, das verbal immer waghalsige Unternehmen, Bruckners Musik in einer durchwegs blumigen Sprache zu beschreiben, und in der Verbindung mit seiner Persönlichkeit die Einführung eines religionsmythischen Aspekts, getragen von Jenseitsmetaphern und einer Heroisierungsvariante, die nicht selten in militärischen Fachausdrücken verborgen wird, letztlich: die politische Vereinnahmung von Figur und Werk Anton Bruckners durch die immer stärker aufkommenden deutschnationalen Kräfte, die ausgehend von den Landschaftselementen über den Heimatbezug zu den Superlativen führte, die die Sprache der Deutschnationalen bestimmte"[3]. Die Nekrologe können „nicht ausschließlich als klischeestiftend verstanden werden, (...) sondern (...) als klischeeverbreitend"[4].

Gerade dieses Moment, die Verbreitung bereits eingeschliffener (Vor-) Urteile, sticht bis zum ersten Weltkrieg besonders hervor, wobei sich allerdings schon frühzeitig eine bemerkenswerte Differenzierung in den Gesichtspunkten abzeichnet. Einerseits zielt das Gros der Äußerungen auf den „weltabgewandten", Geschichte und Gesellschaft enthobenen Bruckner. Andererseits werden Stimmen laut, die vor allem die Anzeichen für Verkanntsein, die kritische Verfolgung zum Anlaß nehmen, Bruckners zukünftiges Schicksal vorauszubestimmen – so, wie es der Komponist selbst in einem Brief formulierte: *„Jetzt will niemand etwas von mir wissen (...) Ich weiß, meine Zeit wird kommen!"*[5]

Ersterer Gesichtspunkt intendiert das „überzeitliche" Phänomen als apolitisches; der Irrationalismus suggeriert die Überwindung des Weltlich-Gebundenen. Im zweiten kristallisiert sich, je länger, je deutlicher, eine offen politisch orientierte Argumentation, die immer enger mit zeitgeschichtlichen Entwicklungen verflochten ist. Beide Gesichtspunkte gehören selbstverständlich zusammen, als unbewußte und bewußte politische Urteilsbildung mit fließenden Übergängen. Sie dennoch auseinanderzuhalten ist deshalb angebracht, weil die angestrebte Parallelität bis in die dreißiger, bis in die frühen Jahre des Faschismus hineinreicht.

Vielleicht ist sie Ausdruck einer gewissen Vorsicht oder sogar Abwehrhaltung gegenüber rohen Versuchen faschistischer Einfunktionierung Bruckners. Allerdings, und das begrenzt schon wieder solche Differenzierung, werden die Gesichtspunkte nicht selten von ein und derselben Person vertreten.

Als Beispiel für eine „unpolitisch" gemeinte Charakterisierung sei aus dem Nachruf des „Deutschen Volksblattes" vom 12. Oktober 1896 zitiert: „Tief trauert sein Vaterland, Deutsch-Österreich, dem Bruckner unwandelbare Treue geschworen, und das er nun doch verlassen mußte, um emporzusteigen ‚zu and'rer Welten Thor'. Den Saiten seiner Harfe, die er, ein echter Barde, zum Ruhme deutscher Kunst meisterhaft schlug, entspringt nicht mehr, einem Waldstrom gleich, die schier unerschöpfliche Fülle seiner gewaltigen Harmonien, entquellen nicht mehr die traulichen Klänge inniger, keuscher Empfindung! Das heroenhafte Kraftgefühl und der gottergebene Sinn, diese beiden Pole der Bruckner'schen Gemüthswelt gelangen zu keiner neuen künstlerischen Gestaltung mehr, denn stumm ist der Sänger, stumm für ewig! – –"[6]

Solche latent nationalistischen Auslassungen erhalten durch August Göllerich schon eindeutigere politische Akzente, obwohl der Bruckner-Biograph wie der Volksblatt-Kritiker sich in ihren konservativ-antiliberalen Ansichten wenig unterschieden haben dürften: „Einem solchen Ringer (…) gebührt in unseren Zeiten ein leuchtendes Denkmal, als einem Befestiger echtest deutschen Geistes, den er in tapferstem Überzeugungsmute rein erhielt in jedem Ansturme fremder Art, – als einem Prediger echtest deutschen Glaubens, der immerdar der Welt verkündet, daß das Edle und Schöne nicht um des Ruhmes und Vorteiles wegen in die Welt tritt, sondern daß es deutsch sei, eine Sache um ihrer selbst willen und aus Freude an ihr zu treiben."[7]

Doch die offene Politisierung, wie überhaupt die nationalistische Propagierung des Brucknerschen Werkes in der Praxis, kam bis 1914 nicht über Ansätze hinaus. Es entstanden regionale Bruckner-Vereine, die sich vor allem für Aufführungen einsetzten. Einige Sinfonien, die *IV., VII.* und *III.*, wurden relativ häufig gespielt,[8] so daß sie eine gewisse Popularität erlangten. Aber auch die vielbeachtete Uraufführung der *IX. Sinfonie* im Februar 1903 in Wien unter der Leitung Ferdinand Löwes und selbst dessen zyklische Präsentation sämtlicher Sinfonien 1911/12 in Wien und München vermochten nichts Wesentliches daran zu ändern, daß Bruckner bis zum Weltkrieg und am europäischen Maßstab gemessen nur eine abseitige, unauffällige Position im internationalen Musikleben erlangen konnte.

Das hatte sicher noch immer mit den Auswirkungen der Wagner-Brahms-Kontroverse zu tun, in der Bruckner als Opfer geschmäht oder verteidigt wurde – nur daß er Opfer war, darin stimmte man überein. Ein anderer Grund ist mit der allgemeinen musikgeschichtlichen Situation verbunden. Ob in Wien, Paris, Petersburg oder Berlin: am Jahrhundertanfang setzten vielstrebige und weitgehende Veränderungen insbesondere im Bereich der musikalischen Produktion ein, die zur Etablierung der „Neuen Musik" führten. Deren Protagonisten Schönberg, Strawinsky, Bartók, Debussy oder Skrjabin bezogen sich zwar auf eine Fülle historischer Anknüpfungspunkte von Bach bis Brahms und Wagner, in keinem Falle aber auf Bruckner. Im Gegenteil, Bruckner muß offensichtlich als Prototyp für eine Reihe von Merkmalen und Tendenzen in der Musik des 19. Jahrhunderts gegolten haben, von denen sich die jungen Musiker entschieden absetzen wollten. Ein späteres Zeugnis für diesen Zusammen-

Bruckner-
Biograph
August
Göllerich

hang bietet die 1920 von Hermann Scherchen gegründete
Avantgardezeitschrift „Melos". Bis 1933 wird Bruckner mit
keinem Wort erwähnt, nicht einmal zum 100. Geburtstag
1924, obwohl eine Reihe anderer Komponisten des 18. und
19. Jahrhunderts (Bach, Händel, Beethoven, Wagner, Verdi,
Tschaikowsky) zumindest gelegentlich und unter aktuellen,
etwa aufführungspraktischen Aspekten Beachtung findet.
Der einzige Beitrag im Jahrgang 1933 bringt sachliche,
streng auf den Notentext bezogene Anmerkungen Heinrich
Strobels zur Uraufführung der *IX. Sinfonie* in der Originalfassung. Die Akteure der Neuen Musik, Praktiker wie
Theoretiker, sahen bei Bruckner weder historisch noch ästhetisch interessierende Problemstellungen.
Der erste Weltkrieg, die katastrophale Niederlage Deutschlands und Österreichs sowie die revolutionäre Nachkriegs-
situation bewirkten den entscheidenden Einschnitt in die
Wirkungsgeschichte Bruckners. Die konservativen Kräfte,

aus deren Reihen seine Apologeten fast ausnahmslos hervorgegangen waren, wurden durch krisenhafte Verunsicherung in bisher unbekanntem Ausmaß geradezu gezwungen, ihre wankende Position mit sogenannten Ewigkeitswerten abzustützen und dergestalt zu versuchen, sich aus den als chaotisch empfundenen Zeitläuften herauszuhalten. In dieser Hinsicht sind die Verhältnisse nach 1918 denen in den achtziger/neunziger Jahren des 19. Jahrhunderts nicht unähnlich, nur daß sich die Konflikte um ein vielfaches verschärft haben: „Vier Jahre der Vernichtung waren über Europa hingezogen. Verarmt an Leib und Seele, krankten die Völker dahin bis zum heutigen Tag. Auch die ‚Sieger‘ mußten schließlich die unnatürliche Verschiebung materieller Werte nach einer Seite hin am eigenen Leib verspüren. Finanz- und Wirtschaftskrisen haben alle erfaßt. Aus tiefer geistiger und seelischer Not rief das Volk nach einer Führung. Falsche Führer brachten in den weiteren Jahrzehnten Völker und Nationen an den Abgrund. Es zeigte sich, ohne geistige Erneuerung kann es eine Gesundung nicht geben. Immer mehr wuchs die Sehnsucht nach innerer Erhebung aus dem Elend, das der krasse Materialismus des vergangenen Jahrhunderts hervorgerufen hatte. Auch in der Kunst sind falsche Propheten auferstanden, die in dem Chaos die Führung an sich zu reißen suchten. Der Bolschewismus in der Kunst wurde auf die Spitze getrieben. Gegen all dies gab es nur ein Mittel: Rückkehr zu den reinen Quellen! Welche Kunst aber wäre reiner als die aus tiefer Religiosität geborene eines Bach, Beethoven und Bruckner! Besonders Bruckners gottgeweihte Kunst fand nun einen günstigen Nährboden, nun erst das richtige Verständnis, er wurde vielen Tausenden zum Führer in eine schöne geistige Welt, und damit war die Grundlage für eine gesunde und starke Bruckner-Bewegung gegeben, die nun, nach dem Weltkrieg, mit elementarer Gewalt sich durchsetzte."[9]

Als wichtigste Auswirkungen der „Bruckner-Bewegung" sind die Gründung verschiedener Bruckner-Gesellschaften und die Ausrichtung von Bruckner-Festen anzusehen. Noch 1918 formierte sich in Berlin unter Vorsitz Arthur Nikischs eine „Bruckner-Vereinigung". 1925 folgten in St. Florian die Gründung des „Internationalen Bruckner-Bundes" und 1927 in Leipzig der „Bruckner-Gesellschaft e. V.",

Franz Schalk

beide unter Leitung von Max Auer. Aus ihnen ging im Februar 1929 in Wien die „Internationale Bruckner-Gesellschaft" hervor, der Franz Schalk als Ehrenpräsident, Karl Muck, Siegfried von Hausegger u. a. Freunde und Schüler des Meisters als Ehrenmitglieder angehörten. Wichtigste, in den Statuten der Gesellschaft aufgeführte Aufgaben sind die Veröffentlichung einer kritischen Gesamtausgabe einschließlich praktischer Ausgaben der Werke, die Förderung des Schrifttums sowie die Pflege der Bruckner-Stätten und Organisierung von Bruckner-Festen. Letztere hatten durch Nikischs Sinfoniezyklus 1919/20 im Leipziger Gewandhaus den entscheidenden, auch international wirksamen Anstoß erhalten. Einen weiteren Höhepunkt bildete das Münchner Bruckner-Fest 1924, im Jahr des 100. Geburtstages. 1930, unmittelbar nach der Gründung der „Internationalen Bruckner-Gesellschaft", fand, ebenfalls in München, das „1. Internationale Bruckner-Fest" statt, dem bis 1937, bis zu Bruckners Einzug in die „Walhalla", sieben weitere folgten. Wichtige Impulse für die Bruckner-Pflege gingen von den

Karl Muck

Aufführungen der sogenannten Originalfassungen aus, die zum Teil heftige Kontroversen um den „echten" und den „verfälschten" Bruckner auslösten.

Im Unterschied zu den Pioniertaten, die Robert Haas und Alfred Orel mit der jahrelangen Erforschung und Veröffentlichung der Originalfassungen leisteten, versank die Bruckner-Literatur seit Beginn der zwanziger Jahre immer hoffnungsloser in mystisch-irrationalen Konstruktionen, von denen das Problemfeld Bruckner restlos vereinnahmt wurde.

Richard Specht, auch ein bedeutender Mahler-Kenner, beschwört in den „Notizen zum Bruckner-Tag" 1921[10] religiöse Urwüchsigkeit: Bruckner sei ein „Landmann", ein „Millet der Töne". „Er hatte die Größe der Einfalt und die Einfalt der Größe. Er war der Unschuldvollste, kindhaft

Hingegebendste von allen. Keiner ist so erfahrungslos geblieben; keiner so unberührt durch die Häßlichkeiten der Außenwelt, unter denen er litt, aber die keine Spuren in seinem rührend vertrauensvollen Gemüt hinterlassen haben." Seine Musik sei „Psalm, nicht Manifest", „zum Dom ausgeweitete Dorfkirche – (die aber doch irgendwie immer Dorfkirche bleibt) – aber nichts vom Lärm und Hasten der Stadt, nichts von Telephon und Telegraph, von Lift und Hotelhall und Varieté, nichts vom Luxuriösen einer verdorbenen und verderblichen Zivilisation (die der Gegensatz von Kultur ist)".

Zum 100. Geburtstag 1924 schwoll die Bruckner-Literatur inflationär an und schreckte vor keinen noch so verstiegenen „Deutungen" zurück. Der Anthroposoph Erich Schwebsch: „In uns begannen, als objektiver Wachstumsakt der heutigen Menschenseele, jene Organe zu wachsen, die dem Geist der Brucknerschen Kunst gerecht zu werden vermögen." In ihr walteten schon Kräfte, „welche Seelenzukunft in sich tragen und seitdem Seelengegenwart zu werden begannen". Hier, in der Musik „aus einer reinen Kinderseele (...) ist das Bild des Menschen nicht gekreuzigt, hier walten Auferstehungskräfte durch eine Menschenwesenheit, welche in ihrem tiefsten Wesen in der Christuswesenheit rührte. (...) Im ganzen Lebenswerke Bruckners gibt es nicht mehr einen Takt, hinter dem Klingsor steht. Hier waltet Re-ligio: Wiederverbindung, Wiederfinden, hier wird des Gottes Welt von Menschen neu geschaffen."[11]

Was sich in solchen Tiraden noch weitgehend abstrakt „geisteswissenschaftlich" gibt, findet in den folgenden Jahren wachsende politische Konkretisierung, die sich immer unverhohlener der faschistischen „Bewegung" unterwirft. Bereits 1924 hebt Siegfried Kallenberg unter dem Titel „Das Unrecht an Bruckner" hervor,[12] daß trotz Nikischs Wirken nur erst eine Minderheit ein „innerliches Verhältnis" zu Bruckner hätte, daß die Zeit für „sakrales Ethos" noch nicht reif sei. „Es müßte sich (...) das Wunder ereignen, daß der in Dingen der Musik noch natürlich und triebhaft empfindliche Teil der Menschheit sich unbeirrt vom Lärm der Tagesreklame wieder auf sich selbst besinnt und zu einer Kunst bekennt, die nicht ein Rechenexempel, sondern Blut und Seele ist."

Anton Bruckner (1885)

Es soll nicht übergangen werden, daß es dennoch einige
(wenige) Publizisten gab, die, durchaus nicht immer künstlerische oder gar politische Avantgardisten, sich dem irrationalistischen Schwulst entgegenstellten. Außer dem schon
zitierten Theodor W. Adorno gehörte zu ihnen der Dirigent und Musikschriftsteller Georg Göhler, der das mehr
als tausend Seiten starke Buch von Ernst Kurth über den

„Mystiker" Bruckner heftig angriff,[13] dessen Lektüre er durch „unsachlich weitschweifigen Stil" eine „quälende Aufgabe für selbstdenkende Menschen" nannte und vorschlug, das ekstatische Opus rigoros auf die zweifellos vorhandenen wertvollen Kerngedanken zusammenzustreichen. Merkwürdigerweise muß hier auch der altfaschistische Musikkritiker Alfred Heuß erwähnt werden, der, das „Bruckner-Jahr" 1924 resümierend, mit einiger satirischer Schärfe die „letzten Verzückungen" der „offiziellen Bruckner-Auffassung" attackierte, den „Sektengeist" zu tilgen empfahl und, nunmehr eigenen konservativen Bahnen folgend, eine Besinnung auf „echte Naivität" forderte: „Ein Bruckner schreitet denn auch ruhigen Sinnes durch das atonale, entgottete Meer und grüßt vom jenseitigen Ufer einer gereinigten gläubigen und kindlich-starken Kunst."[14]

Es ist sicher kein Zufall, daß die beiden folgenden Aussagen aus dem Jahre 1932 stammen. Der faschistische Ideologisierungsprozeß war so weit fortgeschritten, daß seine Akteure, bei aller anhaltenden dumpfen Metaphernschwelgerei, offener die politischen Ziele erkennen ließen.

„Hier wohnte eben einer jener großen Einsamen, denen alles Irdische gleichgültig ist, einer jener Hellseher, welche der Welt weit voraus in ein anderes Reich sehen und ein neues Evangelium predigen. (...) Um ihn, der in den Regionen der Wolken, dem Göttersitze nahe, Unendliches und Ewiges schafft, dehnt sich die unermeßliche Einsamkeit."[15]

Was in diesen „Erinnerungen aus Bruckners letzter Zeit" von August Stradal noch verschwommene Erwartung einer künftigen „Reichsherrlichkeit" bleibt, gewinnt bei Paul Ehlers – er gehört, wie Alfred Heuß, der Herausgeber der Neuen Zeitschrift für Musik, zu den rührigen Altfaschisten – klarere Konturen. Ungewollt zeichnen sich bereits Vorahnungen geschichtlicher Katastrophen ab. In Bruckners Musik finde sich kein „leeres Pathos wie bei den Romanen, insonderheit den Galliern". Seine „Gebärde ist groß, weil sie Urewig-Wahres, aus geheimnisvoller Gottestiefe steigende Weisheit verkündet. Man täte nicht Unrecht, Bruckners letzte Symphonien die musikalische Apokalypse zu nennen – die deutsche Apokalypse."[16]

Wie in mehrfacher Hinsicht deutlich wurde, ermöglichten

die konservativen Traditionen des Bruckner-Verständnisses ab 1933 eine ebenso nahtlose wie vollständige Einvernahme Bruckners durch die faschistische Staatsideologie. Doch diese Einvernahme weist inhaltlich wie methodisch zunächst noch merkwürdige Schwankungen auf. Zwar setzt sich die Flut irrationalistischer Exegese ungemindert fort, zwar werden bekannte Topoi wie „mystische Religiosität" oder „elementares Naturereignis" durch bisher weniger auf Musik bezogene Vokabeln wie „heroische Weltanschauung"[17] ergänzt und „aktualisiert" – dennoch: Unverkennbar ist bis Mitte der dreißiger Jahre eine Zurückhaltung in der unverhüllten Politisierung Bruckners und seines Werkes. Die Zeitschriften geben sich, von den mythisch-„geistesgeschichtlichen" Ergüssen immer abgesehen, auffallend praktizistisch, widmen sich ausführlich etwa einer um Neutralität bemühten Berichterstattung über die Bruckner-Feste oder die Diskussionen um weiterhin aufsehenerregende Publikationen und Aufführungen der Originalfassungen.[18] Anspielungen auf konkrete Zeitbezüge bleiben verhalten, und es bedurfte offenbar schon des Zusammenhangs mit der Niederschlagung des Wiener Arbeiteraufstandes vom Februar 1934, wenn (unter dem Titel „Bruckners Siegeszug am Rhein") in einem Bericht über das Bruckner-Fest die Aufforderung ausgesprochen wird, „der schicksalsverbundenen Brüder an der Donau zu gedenken, da sie um ihr Deutschtum kämpfen müssen, wie wir vor zehn Jahren an Rhein und Ruhr. Aus ihren Reihen erwuchsen uns Anton Bruckner und Adolf Hitler: sie werden sich freimachen. Dann soll durch beide großen Schlagadern deutscher Kultur, Donau und Rhein, ein einziger Herzschlag pulsen!"[19]
Die auffallende Kargheit solcher ideologischen „Aufschwünge" steht in einem spürbaren Gegensatz zu deren inflationärer Ausbreitung nach 1935. Der Wandel hängt zweifellos mit Veränderungen in der faschistischen Kulturpolitik zusammen. Um ihn zu verstehen, ist ein Blick auf die ideologische Strategie der Nazipartei seit ihrer Neugründung 1925 erforderlich.[20]
Der faschistische Kulturbegriff erweist sich bei näherem Hinsehen als auf einen Kunstbegriff reduziert, der nochmals eine Verengung auf die schöpferische, zum „Werk" ge-

ronnene Leistung des genialen „arischen" Individuums erfährt, „dessen Schaffen rationaler Einsicht unzugänglich und gesellschaftlicher Verantwortung enthoben" sei.[21] Dergestalt wird Kultur zum „Kunstwerk" erklärt, das zum Richtmaß für die Lebensverhältnisse aufsteigt: „Die Integration der Kunst ins Leben sollte demnach nicht über die alltägliche Lebenspraxis, über die Wirklichkeit des Klassen- und Konkurrenzkampfes vor sich gehen; Kunst hätte vielmehr die Idee der Organisation ins Bild zu setzen und sie gestaltgebend dem Leben aufzuprägen. (...) Vollkommene Durchdringung von Kultur und volklicher Organisation werde insgesamt ihren Ausdruck in einem neuen Lebens- und Kunststil finden."[22]

Obwohl die Naziführer in der „Kultur" ausschließlich ein propagandistisches Mittel zur Etablierung des faschistischen Staates sahen, unterschieden sie, insbesondere nach 1925, zwischen einem „organisatorischen" und einem „kulturpolitisch-propagandistischen" Effekt ihrer ideologischen Arbeit. „,Organisation' betraf die Hitlersche Hausmacht, den autoritär und paramilitärisch aufgebauten ,Körper der Bewegung', der den Terror gegen die Arbeiterparteien zu besorgen hatte und zur Keimzelle des künftigen Staates bestimmt war, also die NSDAP mit SA, SS und weiteren ,Gliederungen'; die ,Propaganda' diente dem legalen Weg zur Macht durch Gewinnung von Wählerstimmen."[23] Dem fügt Hartung eine aufschlußreiche „Erklärung" aus Hitlers Kampfbuch an: „Die Propaganda bearbeitet die Gesamtheit im Sinne der Idee und macht sie reif für die Zeit des Sieges dieser Idee, während die Organisation den Sieg erficht. (...) Der durchschlagendste Erfolg einer weltanschaulichen Revolution wird immer dann erfochten werden, wenn die neue Weltanschauung möglichst allen Menschen gelehrt und, wenn notwendig, später aufgezwungen wird, während die Organisation der Idee, also die Bewegung, nur so viele erfassen soll, als zur Besetzung der Nervenzentren des in Frage kommenden Staates unbedingt erforderlich sind."[24]

Vor und noch nach 1933 mußte es den Faschisten vor allem um die „Besetzung der Nervenzentren" gehen, also um schlagkräftige, durchgreifende „Organisation", die eine eigenständige, „aufbauende" kulturpolitische „Propaganda", damit verbunden die Forderung nach „eigenen" kulturellkünstlerischen Leistungen zu vernachlässigen zwang. „Propaganda" machte sich da zunächst nur mit negativen Zielstellungen bemerkbar, in der Abwehr des „Kulturbolschewismus", hinter der unverhüllt der Kampf gegen den politischen Feind stand. Die Faschisten „überfielen Akademien, Kunstschulen, Bibliotheken, warfen Lehrer und Werke hinaus, forderten die Einrichtung bildnerischer, sogar musikalischer ‚Schreckenskammern' und setzten ihr Vorhaben (…) an mehreren Galerien in die Tat um. Die bekannteste Aktion, die Bücherverbrennung vom Mai 1933 in den Universitätsstädten, unterschied sich von den Kunstexzessen nur dadurch, daß Goebbels' geschickte Regie dafür die Universitäten selber, also staatliche Einrichtungen, zu mobilisieren gewußt hatte."[25]

Je weiter die Etablierung des faschistischen Staates voranschritt, um so dringlicher war – aus handfesten „propagandistischen" Gründen zugunsten des neuen Staates und seiner „Errungenschaften" – ein positiver Ausgleich gefordert, durch den die negative Ausrichtung der terroristischen „Organisationen" zunächst verschleiert, dann, als nicht nur die „Nervenpunkte", sondern der Bereich der Kultur insgesamt von „artfremden Elementen gesäubert" war, gelockert werden konnte. Die Lockerung als Folge gefestigter Machtfülle der Naziherrschaft ließ allmählich an die Stelle organisierten Ideologieterrors ein breites Spektrum propagandistischer Manipulation rücken, einschließlich die Umrisse dessen, was unter staatlich sanktionierten künstlerischen „Idealen" zu verstehen sei. Den öffentlichen Anlaß hierfür lieferte der Reichsparteitag von 1935, auf dem der Befehl erging, „eine positive Förderung und Behandlung der kulturellen Aufgaben sicherzustellen"[26].

Damit aber war die Schaffung und Verbreitung einer Kunst gemeint, die erklärtermaßen propagandistische Aufgaben zu übernehmen hatte, und zwar in einer Weise, durch die die politisch-weltanschauliche Beeinflussung, also der primär „organisatorische" Gesichtspunkt, an der Oberfläche zugunsten „einer scheinbar unpolitischen und unideologischen Massenmanipulation"[27] zurückgedrängt wurde.

Den endgültigen Umschlagpunkt dieser Entwicklung markieren im Sommer 1937 die Ausstellung „Entartete Kunst", gewissermaßen als Resümee des Abwehrkampfes gegen den

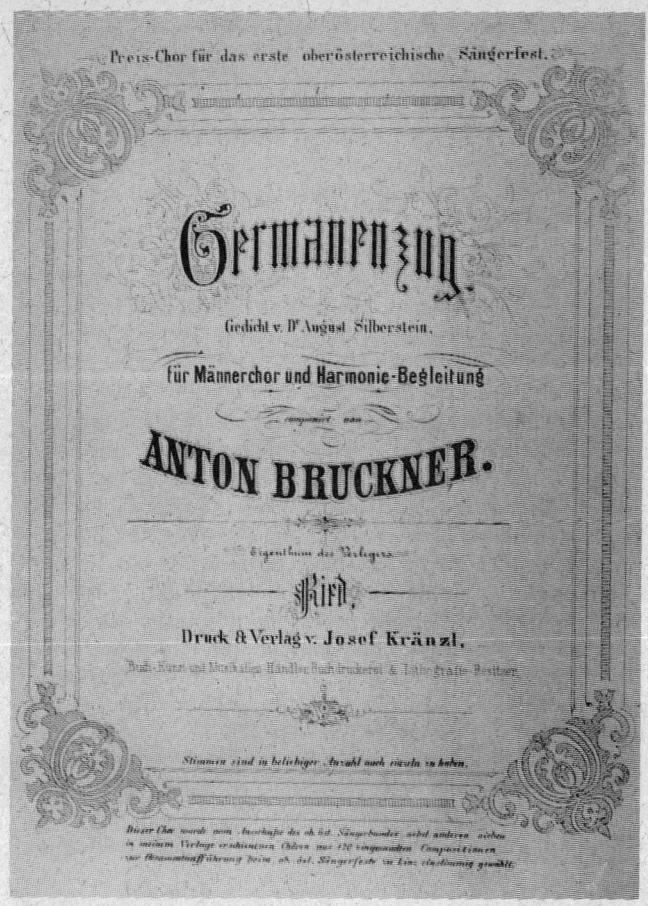

Die erste gedruckte Komposition: „Germanenzug" für Männerchor und Bläser

„Kulturbolschewismus", als umfassende negative Feindbestimmung, und die „Große Deutsche Kunstausstellung", durch die das Defizit an eigenen künstlerischen Leistungen, quasi vor aller Augen, abgebaut werden sollte. Daß es ein solches, terroristischer „Kulturpolitik" geschuldetes Defizit gab, ist Hitlers Rede auf dem Kulturtag 1937 unmißverständlich zu entnehmen: „Wenn also in den letzten Jahren und Jahrzehnten eine Verarmung an großer dichterischer und musikalischer Gestaltungskraft eingetreten zu sein scheint, dann ist neben anderen Gründen sicherlich dieser eine mit entscheidend, daß sehr viele in ihrem Innern musisch veranlagte Menschen heute Geschichte machen, statt sie zu beschreiben."[28]

Die „Verarmung", gar nicht so sehr verschleierte Folge jener politischen Indoktrination der Massen zur Eroberung des faschistischen Staates, sollte nunmehr durch geschickte Manipulation aufgefangen und abgelöst werden. „Das früher aufgestellte Ziel, die ‚Weltanschauung' mittels ‚Kultur' möglichst allen Menschen ‚aufzuzwingen' (...), wurde zugunsten unauffälliger Beeinflussung zurückgestellt. Mit Ausnahme der Großarchitektur und angeschlossener Disziplinen, so deutet Hitler an, hätten sich die Künstler der direkten Verkündigung nationalsozialistischer Ideologeme zu enthalten. Um so stärker sollten sie die indirekte Apologie und Repräsentation der Staatsmacht übernehmen. Auf mehreren Gebieten mußte die ‚aktive Kunstpolitik' in konservative Traditionspflege umgewandelt werden: ‚Ich glaube, wir können vor der deutschen Geschichte und vor unseren Nachkommen kulturell heute gar nichts Besseres tun, als alles das ehrfürchtig zu pflegen, was große Meister der Vergangenheit uns hinterlassen haben.'"[29]

Mit der „aufbauenden" Kunstpolitik, welche die Einheit von Kunstschaffen und Traditionspflege im Zeichen der „nationalen Erhebung" anstrebte, schlug die Stunde des Klassikerkults – in der Musik war es die Stunde Wagners und Bruckners. Wer bis jetzt noch, und sei es nur in spurenhaften Resten, an einer „geistesgeschichtlich"-abstrakten Exegese festgehalten hatte, der ließ diese Rücksicht oder Vorsicht, je nachdem, endgültig fallen. Nur wenige, meist jüngere Musikwissenschaftler, entzogen sich dem Bruckner-Kult durch den Rückzug auf sachliche Berichterstattung über Aufführungen oder durch die Erörterung streng eingegrenzter musikalischer Sachverhalte einschließlich der fortlaufenden Diskussion um Original und Bearbeitung bei Bruckner.

Die faschistische Apologetik hingegen konzentrierte sich

auf Bruckner als Symbol „völkisch-rassischer Wiedergeburt", der nationalen Einigungsbewegung aller deutschen
„Stämme", die ab 1938/39, noch im Vorfeld des zweiten
Weltkrieges, mit dem Weltherrschaftsanspruch der „germanischen Rasse" verflochten wurde.

Andererseits diente Bruckner als ein Symbol „wahren
Deutschtums", einer nationalen „Seelenlage", in der alle nur
denkbaren positiven Empfindungs- und Verhaltensweisen,
von der Innerlichkeit über die Heimatverbundenheit bis zu
höchster physischer Leistungsfähigkeit, zusammengefaßt
und als Beweis für die Vorherrschaftsberechtigung „des
Deutschen" ausgegeben wurden. Dergestalt erscheint
Bruckner als „nationales Vermächtnis", dem uneingeschränkte Pflege und Förderung zuteil werden müsse. Bereits 1935, im Bericht über das Freiburger Bruckner-Fest,
hat Karl Grunsky diese „Erhebung" in den lapidaren, aber
programmatischen Satz gefaßt, daß „der Führer des Deutschen Reiches die Bruckner-Bewegung anerkennt und begünstigt"[30].

Höhepunkt und eigentlicher Durchbruch der „völkischen"
Heroisierung und Verinnerlichung Bruckners, die Entfaltung „arisch-schollenhafter" Tradition zur Abstützung und
Popularisierung faschistischer Kulturpolitik erfolgen auf
dem 8. Bruckner-Fest 1937 in Regensburg mit der schon erwähnten Aufstellung einer Büste in der „Walhalla". Bruckner wird hier zu einem allmächtigen Götzen stilisiert (die
Plastik macht das unfreiwillig anschaulich!), dem die Massen sich kultisch zu unterwerfen haben: „Er redete mit
Gott, wenn er schuf." Das Anhören der Werke „ist ein Gang
zu den ‚Müttern', zu den Quellen der Empfindung, zu denen kein Denken führt, kein Wissen und Forschen, sondern nur der Wille, klein zu sein vor der Unendlichkeit der
Schöpfung, aber groß in dem Streben nach dem Guten"[31].

So tönte Reichsmusikkammerpräsident Raabe, und der
ebenfalls schon genannte NS-Kritiker Ehlers schrieb: „Es ist
ein erhebendes Symbol der durch keine Schranken einge-
engten Verbundenheit des Führers mit dem deutschen
Volke, daß der Führer im Saale der Walhalla mit eigener
Hand den Lorbeerkranz zu Füßen des Piedestals, das
Bruckners Büste trug, niederlegte."[32]

Allein Hitlers und Goebbels' Teilnahme am „Einzug in die

Walhalla" macht sichtbar, welch hoher politischer Stellenwert diesem Kultspektakel beigelegt wurde. Der Propagandaminister wurde in seiner Rede dann auch ganz deutlich: „Anton Bruckner als Sohn der österreichischen Erde ist ganz besonders dazu berufen, auch in unserer Gegenwart die unauslöschliche geistige und seelische Schicksalsgemeinschaft zu versinnbildlichen, die das gesamte deutsche Volk verbindet. Es ist daher für uns ein symbolisches Ereignis von mehr als nur künstlerischer Bedeutung, wenn Sie, mein Führer, sich entschlossen haben, in diesem deutschen Nationalheiligtum als erstes Denkmal unseres Reiches eine Büste Anton Bruckners aufstellen zu lassen." Weiter kennzeichnete Goebbels „das Wesen Bruckners als des im heldischen Weltgefühl verwurzelten germanischen Menschen, dessen Werk zu den stolzesten Besitztümern der nationalen Musikkulturen gehört und dessen Symphonien insbesondere uns ein nationales Vermächtnis bedeuten. Der Führer und seine Regierung betrachten es als ihre kulturelle Ehrenpflicht, dafür Sorge zu tragen, daß die Auswirkung der Bruckner-Pflege nicht nur in die Tiefe, sondern auch in die Breite dringe."[33]

Damit war eine Basis für den faschistischen Bruckner-Kult gegeben, die ihn aus aller temporären Festtagsehrung heraushob und in eine permanente Präsentation kulturellkünstlerischer „Ewigkeitswerte" überführte. Weitere Steigerung schien da kaum noch möglich. Dennoch wurde sie in der Folgezeit und sogar in zweifacher Hinsicht erreicht. Anläßlich des 50. Geburtstages Hitlers im April 1939 verkündete man den organischen Zusammenhang zwischen Brucknerscher Musik und nationalsozialistischer Politik im Zeichen jeweiliger Allmacht und Größe: „Zum erstenmal steht die Politik mit allen ihren Wirklichkeitsformen im Dienste der Seelenformung, der Seelenläuterung! Zum erstenmal hat darum in ihr die Musik als diejenige Kunst, die am stärksten von allen Künsten auf die Seelen zu wirken vermag, eine Aufgabe, die nicht geringer ist als irgend eine andere in dem alles umfassenden Gebiete der Staatskunst."[34]

Die Verschmelzung von Kunst und Politik wurde durch personelle Identifikation noch gefestigt: Bruckner und Hitler verbinde ein bemerkenswert ähnliches Lebensschicksal, beide entstammen den Grundschichten des deutsch-österreichischen Volkes, sie verbinde künstlerische Veranlagung, die Bruckner zur Musik, Hitler in die Politik führte; beide hatten schwere Kämpfe bei der Durchsetzung ihrer Ideen zu bestehen, aus denen sie aber letztlich als Sieger hervorgingen. Im folgenden Zitat wird schlaglichtartig die differenzierte Position von Bruckner und Wagner in der faschistischen Kulturpolitik deutlich: Bruckner ist der unmittelbar mit Hitler „Verwandte", während Wagner dies nur auf „ähnliche Weise" zugestanden wird: „Der Geist des die Riesenquadern seiner Werke ins Erhabene emporschichtenden Baumeisters der Töne ist seinem" [Hitlers; M. H.] „eigenen Geiste verwandt von Ewigkeit her, wie in ähnlicher Weise Richard Wagners germanisch-heldische Dramen in ihm die Saiten der Weltweite und der tatfrohen Manneskraft mitschwingen lassen."[35]

Bei alldem ist von musikalischen Sachverhalten keine Rede mehr, sie verschwinden im propagandistischen Qualm einer „heroischen Weltanschauung", deren idealer Ausdruck Bruckners Musik sei. Daß dabei auch eine chauvinistische bzw. antisemitische „Beweisführung" für die Überlegenheit dieser Musik gegenüber derjenigen anderer Nationen keine klarere Sprache findet, versteht sich von selbst. So behauptet etwa Werner Danckert,[36] daß sich der „urtümliche, zeitentrückte Gehalt der Brucknerschen Sinfonik französischer Einfühlung" entziehe; daß bei Bruckner nicht „planende Vernunft", sondern „Naturkraft" und „organisches Wachstum" herrsche. Seine „Urtümlichkeit" erkläre sich aus dem „Zugang zum Chtonisch-Tellurischen", die schöpferische Phantasie wohne im „Sphärisch-Dumpfen" und sei unberührt von „Aufklärung".

Wie Bruckner „im Lichte deutscher Auferstehung" erscheint, versucht Fritz Skorzeny zu „erklären": Bruckners „Aufstieg im Volk (bewirkte) der zu höchster Blüte entfaltete germanische, im engeren Sinne deutsche Geist, der dieser Musik innewohnt und dieses Wunder bewirkt hat". Zu Bruckners Anfängen hätte „das Weltjudentum in Gestalt des europäischen Liberalismus bereits den Kampf aufgenommen gegen den deutschen Geist, der sich in der Kunst zu regen begann". Daß zu den wichtigsten Förderern Bruckners auch Hermann Levi gehörte, irritierte, frei nach

Wagners Schrift über das „Judentum in der Musik", wenig:
Levi sei ein „Ausnahmefall", ein „unbewußtes tragisches
Sühneopfer für das schmachvolle Verhalten der großen
Masse ihrer Artgenossen"[37].

Ab 1938, mit Beginn der faschistischen Eroberungszüge,
wurde auch die Sprache der Bruckner-Apologeten durch
militaristische Vokabeln verschärft. Aufschlußreich nicht
nur in dieser Hinsicht ist da ein Artikel, den Alfred Lorenz
im Umfeld des Hitlergeburtstages 1939 unter dem Titel:
„Die Tonkunst grüßt den Führer!"[38] veröffentlichte. Neben
dem schon bekannten Kurzschluß zwischen Politik und
Musik sind Inhalt und Reihenfolge dessen bemerkenswert,
was der Verfasser unter „unserer Kunst" versteht:

„Die Zeit der ‚entarteten Kunst' kam mit schleichendem
Gifte heran.
Das Genie der musischen Künste war fast verloren.
Da brach sich
      das Genie der Tat
          seine Bahn!
Unsere Kunst war gerettet!
Bayreuth – neu erstarkt – hat nun eine Möglichkeit, die es
nutzen möge (...)
Anton Bruckner ist in die Walhalla eingezogen;
Volksgesang und frische Jugend,
Soldatenlied und der Sprechchor des Arbeitsdienstes blü-
hen auf!
      Heil unserem Retter und Führer!"

Diese Höhepunkte der Einfunktionierung Bruckners in die
faschistische Propaganda verwandelten sich durch deren offene Militarisierung in nicht mehr zu steigernde, nur noch,
bis in die letzten Kriegsjahre, hinzuziehende Endpunkte.
Der Bruckner-Kult, nach 1935 jenem offiziellen Traditions-
fundus inkorporiert, aus dem die Naziideologie Sinn und
Berechtigung der faschistischen Herrschaft ableitete, ging
nunmehr in Schützenhilfe für die Aggressionskriege über.
Einer ganzen Reihe von Musikschriftstellern kommt das
trostlose Verdienst zu, in beispielloser Blindheit oder auch
opportunistischer Berechnung gewissermaßen die faschistische Wehrmachtsstrategie als musikalische Programmatik
bei Bruckner „wissenschaftlich" herausgearbeitet zu haben.
So erklärte etwa Karl Laux im November 1939 die *VIII. Sin-*

fonie zur „Symphonie des deutschen Menschen"[39] und kritisierte damit den Biographen Max Auer, der aus dem Werk ein „Künstlerdrama" herauslas. Bruckner führe vielmehr „eine deutsche Heldengestalt" vor Augen. Zustimmend zitiert Laux Willibald Kähler: „So, mit Heldenkraft, mit deutscher Beharrlichkeit und Zähigkeit, mit festem Gottvertrauen ausgerüstet ist der Deutsche dazu berufen, über alle irdischen Hindernisse, die sich seinem edlen Streben in den Weg stellen, siegreich zu triumphieren." Nachdem Laux diesen auftrumpfenden Unsinn mit eigenen Worten wiederholt, kommt er zum eigentlichen Kern, für dessen Darlegung er zunächst eine weitere Autorität zitiert, Robert Haas im Vorwort zur Ausgabe der Originalfassung der Sinfonie: „Die Deutung dieses Mythos" (des Michel-Mythos; M. H.) „erscheint mir in der großdeutschen Idee als geschichtlicher Geisteshaltung gegeben. Es ist ein Zeichen der Vorsehung, daß die wiederhergestellte Partitur gerade in diesem Jahr als Gruß der Ostmark erklingen kann."

Dem verdienstvollen Bruckner-Forscher Haas mag man solche Worte noch mit dem Hinweis auf traditionell-weltfremden Professorenidealismus nachsehen – Laux' Schlußsatz hingegen gibt ihnen einen aktuellen Sinn: Bruckner habe „uns" mit diesem Werk „ein Heldenlied (geschenkt), das uns in den großen Tagen von 1939 besonders viel zu sagen hat".

1. *Ansfelden (1824–1835) – Hörsching (1835/36) – Ansfelden (1936/37)*

Anton Bruckner wurde am 4. September 1824 in Ansfelden geboren. Sein Vater, der ebenfalls Anton hieß, war Schulmeister des etwa 400 Bewohner zählenden oberösterreichischen Dorfes, das zum Besitz des nur wenige Kilometer entfernten Augustiner-Chorherrenstifts St. Florian gehörte. Bruckner, der älteste Sohn der Familie, hatte drei Schwestern, Rosalia, Josepha und Maria Anna, sowie einen Bruder, Ignaz, mit denen ihn auch später noch ein freundlich-familiäres Verhältnis verband. Maria Anna führte Bruckner, bis zu ihrem Tode 1870, den Haushalt in Linz und Wien. Die Vorfahren der Familie stammten aus Niederösterreich

Ansfelden: Bruckners Geburtshaus

und waren zumeist Bauern und Handwerker. Erst der
Großvater, Joseph Bruckner, ist vom Handwerker- in den
Lehrerstand aufgerückt, und es darf wohl angenommen
werden, daß er die Berufswahl nicht nur seines Sohnes, sondern auch noch seines Enkels beeinflußte. Ab 1830 be-
suchte Anton Bruckner jun. die Schule und wurde Mitglied
des Kirchenchors. Neben den Gesangsübungen erhielt er
auch Unterricht im Violin-, Klavier- und Orgelspiel, so daß

er bereits mit dem 10. Lebensjahr als Organist gelegentlich im Kirchen- und Schuldienst mitwirkte.

Ob dies für den Jungen Freude oder Fron bedeutete, ist nicht leicht zu beurteilen. Geschützt durch familiäre Bindung, mochte die Entwicklung von Phantasie und Spieltrieb noch verdecken, was dem späteren Schulgehilfen und selbst dem Organisten und Lehrer zur lästigen Pflicht wurde. Davon zeugen die verschiedenen, wirklichen wie beabsichtigten, Ausbruchsversuche aus Schul- und Kirchendienst, die recht eigentlich erst in Wien – zwar nicht aufgegeben werden, aber durch Ableitung auf die kompositorische Arbeit eine neue qualitative Stufe erreichen.

Schul- und Kirchendienst waren, entsprechend einer Anordnung Kaiser Franz' I. aus dem Jahre 1805,[1] aufs engste verflochten. Der Schulmeister fungierte zugleich als Kantor und Organist; ihm oblag also auch, im Rahmen der ritualen Anforderungen, die musikalische Ausbildung seiner Schüler. So wurde Bruckner von frühester Jugend an mit Kirchenmusik vertraut. Der Sinn einer solchen Symbiose von Lehre und Kultus ist leicht zu erkennen: sie reproduziert auf elementarer Ebene die Einheit von Staat und Kirche, durch welche die bestehenden politischen Verhältnisse aufrechterhalten werden sollten. Daß dies notwendig war und erhebliche Anstrengungen von den herrschenden Kräften verlangte, geht aus der Entwicklung Österreichs von 1815 bis weit über das Revolutionsjahr 1848 hinaus deutlich hervor.

Durch den Wiener Kongreß und im Rahmen der „Heiligen Allianz" der Siegermächte über das napoleonische Frankreich war die ökonomisch-politische Lage Österreichs nur scheinbar gestärkt worden.[2] In Wahrheit begann nur eine neue kritische Phase, die von einem Bündel ökonomischer Widersprüche ausgelöst wurde. Industrie und mit ihr die industrielle Revolution entwickelten sich nur sporadisch und damit ungleichmäßig, schufen also schon in ihrem Entstehen die Voraussetzung für krisenhafte Verunsicherung. Dennoch verfügte selbst rudimentäre Industrialisierung bereits über die Kraft, die Mittelschichten, voran Handwerker und kleine Geschäftsleute, mit dem Ruin zu bedrohen. Andererseits verarmten, im Agrarland Österreich, die Bauern hoffnungslos. Ständig heraufgesetzte Abgaben, bedingt

Spieltisch der Orgel in der Kirche von Ansfelden

durch eine anhaltend katastrophale Staatsverschuldung, zwangen viele Bauern, das Land, das sie oftmals seit Generationen bearbeitet hatten, aufzugeben und sich als Lohnarbeiter in ländlicher, von den Gutsbesitzern beherrschter Halbindustrie zu verdingen. Denn die Abwanderung in die Städte war ihnen verboten, zumindest erschwert[3]: zu Recht fürchteten die Regierenden die Entstehung von Unruhezentren.

Doch auf längere Sicht waren die schwelenden Konflikte nicht aufzuhalten. Es kam zu Maschinenstürmerei und Hungerdemonstrationen; die Intellektuellen, vor allem Schriftsteller und Studenten, schlossen sich zur radikalen Gruppierung „Junges Österreich" zusammen (einer Parallelbewegung zum vormärzlichen „Jungen Deutschland") und suchten den emanzipatorischen Ideen, die sich in den antinapoleonischen Kämpfen zwischen 1809 und 1814 herausgebildet hatten, wieder Geltung zu verschaffen. Hinzu kam ein entschiedener Aufschwung in den nationalen Oppositionsbewegungen des Vielvölkerstaates: neben den Ungarn forderten nun auch die Tschechen, Polen und Italiener ihre nationale Selbständigkeit und trugen auf diese Weise entscheidend dazu bei, das Habsburgerreich in eine Dauerkrise zu verstricken,[4] aus der es sich niemals wieder befreien sollte. An die Intellektuellen gewendet, verkündete der Kaiser: „Ich brauche keine Gelehrten, sondern gute und rechtschaffene Bürger. Die Jugend zu solchen zu bilden, liegt Ihnen ob. Wer mir dient, muß lehren, was ich befehle, wer dies nicht tun kann oder mir mit neuen Ideen kommt, der kann gehen, oder ich werde ihn entfernen."[5]

Wenn auch das Echo solcher ebenso markigen wie zutiefst von Verunsicherung getragenen Forderungen nur erheblich abgeschwächt in entlegenere Gebiete wie etwa Bruckners Geburtsort gedrungen sein dürfte, so bedeutet dies nicht, daß die wohlberechnete Verquickung von Kirche (als geistiger Führungsmacht) und Staat (als weltlicher Ordnungsmacht) nicht auch hier die gewünschten praktischen Folgen hatte: treue Untertanen zu erziehen, die vor dem „Gift" moderner Ideen bewahrt blieben. Es wurde quasi ein „natürliches" Hineinwachsen der Jugend in die patriarchalischen, hierarchisch geordneten Verhältnisse angestrebt,[6] das kritisches Bewußtsein gar nicht erst aufkommen lassen sollte. Dieses „Erziehungssystem" hatte auf Bruckners Entwicklung geradezu modellhafte Auswirkungen.

Frühzeitig bestimmte Anton Bruckner sen. seinen ältesten Sohn für die Lehrerlaufbahn. Die bald erkennbaren Zeichen musikalischer Begabung dürften diesen Entschluß nur bestärkt haben. Denn sosehr musikalische Fähigkeiten eine Empfehlung, ja eine Voraussetzung für den Lehrerberuf darstellten, sowenig war daran der Gedanke an eine eigen-

In der Schenke: um sein karges Gehalt aufzubessern, spielte
Bruckner auch zum Tanz auf

46

Gebeth nach der heil. Firmung.

Hoch begnadiget ist meine Seele, erkohren ist sie, der Wahrheit und Tugend Zeugenschaft zu geben, im Reden und Beyspiele die Früchte des Glaubens zuerst in uns, dann bey andern zu wecken. Von nun an also, durch die Kraft von Oben gestärkt, will ich die christliche Frömmigkeit, wo und wie ich es immer vermag, eifrig mehren und verbreiten zu meinem und Anderer Heil.

Welch ein erhabener Charakter, welche Würde! eine zweyte Weihe, ein zweytes unauslöschbares Siegel ward meiner Seele zu Theil! Dein, doppelt dein o Herr! gehört jetzt mein Herz. Einmahl durch die Gnade der Wiedergeburt in der heil. Taufe, jetzt durch die Gaben des heil. Geistes, um tugendhafter Zeuge und eifriger Beförderer des Christenthums zu seyn. Gelobt und gepriesen sey Gott Vater, Sohn und der heil. Geist in alle Ewigkeit. Amen.

Gefirmt vom H.H. Bischofe zu Linz, Gregorius Thomas, ward *Anton Bruckner* den *1ten Juny* 18**33**.

als Pathen standen bey:

Joh. B. Weiß

Firmzeugnis für den neunjährigen Anton Bruckner

ständig-professionelle Musikerexistenz geknüpft. Über Jahre blieb für Bruckner Musik, als Komposition wie als Interpretation, an den Unterrichts- und darüber hinaus an den Kirchendienst gebunden. Erst nach einem langwierigen, nur noch schwer nachzuvollziehenden Prozeß machte sich Bruckner seine eigentliche Berufung bewußt, unter quälenden Zweifeln und Skrupeln, die kaum aus mangelndem

Vertrauen in die Begabung, sondern vor allem aus zählebigen, von klerikalem Geist gelenkten Vorstellungen über Sinn und Ziel künstlerischer Tätigkeit herrührten.

Im Frühjahr 1835 schickt man Bruckner zur weiteren schulischen und musikalischen Ausbildung in das benachbarte Hörsching, wo ein Verwandter der Familie, Johann Baptist Weiß, als Lehrer und Organist wirkt. Bei Weiß erhält der Junge Unterricht im Orgel- und Generalbaßspiel, er singt im Chor mit und hat selbstverständlich auch Meßdienste zu versehen. Bedeutungsvoller jedoch sind sicherlich Aufführungen von kirchenmusikalischen Kompositionen Haydns und Mozarts, die Bruckner hier kennengelernt haben dürfte. Außerdem macht ihn Weiß, der schon von Amts wegen selbst komponiert und sich dabei an die anachronistisch gewordenen Traditionen der süddeutsch-österreichischen Kirchenmusik hält, mit weiteren Vokal- und Instrumentalwerken der Klassiker bekannt, etwa mit Joseph Haydns Oratorium „Die sieben Worte des Erlösers am Kreuz" oder Fugenkompositionen von Bach, Händel, Michael Haydn und Johann Georg Albrechtsberger.[7]

Eigene Kompositionen Bruckners sind in diese Zeit nicht mit völliger Sicherheit zu datieren, etwa ein *„Pange lingua"* für vierstimmigen A-cappella-Chor (WAB 31) und fünf *Orgelpräludien* (WAB 127 und 128), die aber zumindest in die Nähe der Lehrzeit bei Johann Baptist Weiß gehören und damit stilistische Ansätze aufzeigen. So erwecken die Präludien trotz starrer, generalbaßmäßiger Stimmenaussetzung einiges Interesse in harmonischer Hinsicht: Medianten und enharmonische Verwechslungen bringen leichte Bewegung in die sonst konturlosen Stücke. Daß hier ein späteres kompositionstechnisches Element, die Dominanz der Harmonik über die Melodik, vorweggenommen sei, soll nicht behauptet, aber als Vorzeichen mitgedacht werden.

Im Dezember 1836 muß Bruckner nach Ansfelden zurückkehren, da der Vater erkrankt und den Dienstpflichten nicht mehr gewachsen ist. Er stirbt, sechsundvierzigjährig, im darauffolgenden Jahr. Dadurch aber stellen sich erhebliche finanzielle Belastungen für die Familie ein, die auch von den verstärkten Hilfsdiensten Bruckners in Schule und Kirche nicht auf Dauer aufgefangen werden können. Die Mutter zieht deshalb mit vier ihrer Kinder zu Verwandten

Hörsching: das Schulhaus neben der Kirche

nach Ebelsberg, und Bruckner geht ein weiteres Mal, wenn auch nur für einen kurzen Ferienaufenthalt, nach Hörsching zu Johann Baptist Weiß.
Schließlich gelingt es der Mutter, einen Ausweg aus der schwierigen Lebenssituation zu finden: ihr ältester Sohn wird als Sängerknabe in das Stift St. Florian aufgenommen.

2. St. Florian (1837–1840) – Linz (1840/41) – Windhaag (1841–1843) – Kronstorf (1843–1845)

St. Florian, eines der bedeutendsten und mächtigsten Klöster Österreichs, existierte seit dem Jahre 1071. Sein italienischer Barockbau, entstanden zwischen 1686 und 1716 und vollendet von Jakob Prandauer, verfügte über drei Orgeln. Deren größte, die später sogenannte „Bruckner-Orgel" mit vier Manualen und 74 Registern, nannte Abbé Vogler die „erste Orgel Österreichs"[1].

Auf alten Traditionen ruhend, war das Stift seit langem

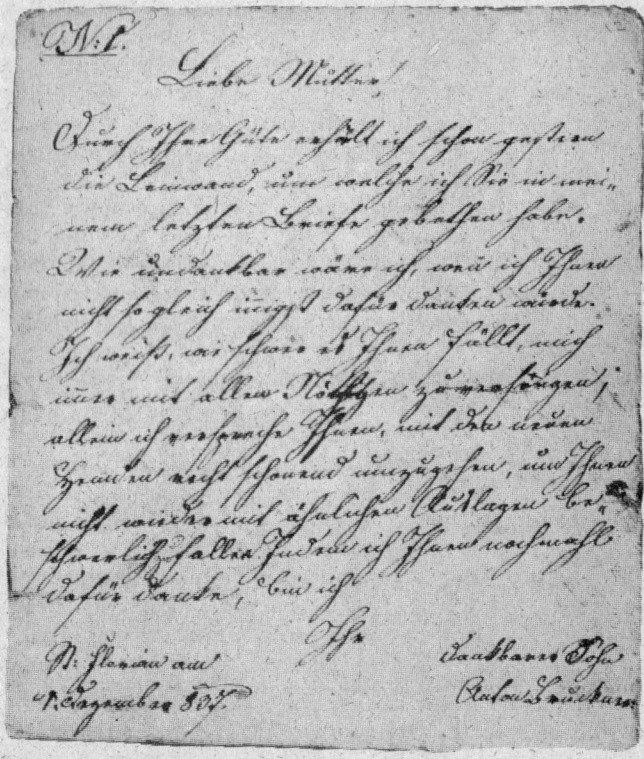

Brief an die Mutter als Schulaufgabe im deutschen Aufsatz

schon eine angesehene Ausbildungsstätte. Parallel zum musikalischen Unterricht hatte der Sängerknabe die allgemeinbildenden Fächer zu absolvieren, welche ein Lehrplan regelte, der 1775 in einer „allgemeinen Schulordnung für die deutschen Normal-Haupt- und Trivial-Schulen in sämtlichen k. k. Erblanden"[2] festgelegt worden war. Das Ziel des Unterrichts bestand darin, den Schüler später als „Gehilfen an Trivial- (= Volks-) Schulen" einzusetzen.

Die musikalische Ausbildung umfaßt neben dem Gesang das Orgel-, Klavier- und Violinspiel. Besonderes Interesse, das sich unter der Obhut des Vaters, dann von Johann Baptist Weiß bereits leise angekündigt hatte, wendet Bruckner auf die Orgel, ein Interesse, das durch den überdurchschnittlich befähigten Stiftsorganisten Anton Kattinger zweifellos gefördert wird. So dürfte auch das auf den Stimmbruch zurückzuführende Ausscheiden aus dem Chor (1839) recht unauffällig erfolgt sein: Bruckner wirkt nunmehr in verstärktem Maße als Geiger und Organist im Meßdienst mit.

Das kirchenmusikalische Repertoire an St. Florian war vollständig und ungebrochen von der klassischen Tradition bestimmt, die Bruckner in Ansätzen, aber auch schon mit einzelnen bedeutenden Werken bereits in Hörsching kennenlernen konnte. Nun erlebte er erstmals die katholische Liturgie im späten, nicht nur musikgeschichtlich anachronistischen Glanz barocker Prachtentfaltung, deren kompositorischer Kanon jedoch nicht mehr vom musikalischen Barock italienischer Prägung bestimmt wurde, sondern von den zu Leitbildern klassischer Kirchenmusik erhobenen Messen, Offertorien, Graduales usw. des Zeitraums zwischen 1770 und 1830, von Michael Haydn bis Franz Schubert. Neben diesen Meistern, zu denen selbstverständlich auch Mozart und Joseph Haydn gehörten (dessen späte, in den neunziger Jahren und nach 1800 entstandene Messen ob ihres weltlichen Charakters allerdings nur eine zögernde Aufnahme in die Liturgie fanden), lieferten zahlreiche Kleinmeister – Hofkapellmeister, Kantoren, Organisten – eine Flut klassizistischer Gebrauchsmusik für die Kirche: Joseph Eybler, Josef Preindl, Johann Georg Albrechtsberger, Franz Xaver Brixi, Franz Gleissner, Franz Novotny, Josef Pfeiffer, Franz Schneider, Ignaz Xaver Seyfried, Joseph Ferdinand

Sonnleithner, Maximilian Stadler, Johann Baptist Vanhal u. v. a.[3]. Erst ab den vierziger und fünfziger Jahren, im Zusammenhang mit Tendenzen des restaurativen Historismus, der die caecilianische Bewegung einleitete, wandelt sich die kirchenmusikalische Praxis und mit ihr auch das zu kanonisierende Werkrepertoire.

Bei seinem ersten längeren Aufenthalt in St. Florian dürfte Bruckner von diesen sich anbahnenden Entwicklungen kaum etwas bemerkt haben. Für ihn war hier die Erweiterung des künstlerischen Gesichtsfeldes und das sinnliche Erlebnis professioneller Aufführungen entscheidend. In der Schule rückte Bruckner zum Musterschüler auf, das Prädikat „sehr gut" wurde auf seinen Zeugnissen, wie auch später und anderswo, zum Normalfall. Die Berufswahl stand bevor; er konnte sich, zumindest theoretisch, entscheiden zwischen der Laufbahn des Geistlichen, des Lehrers und des Musikers. Bruckner wählte den Lehrerberuf, zu dem ihn mehrerlei gedrängt haben mochte: die Familientradition, in der es gerade für den ältesten Sohn nahelag, dem Weg des Vaters zu folgen; die nicht minder traditionelle Verflechtung von Lehrer- und Musikerstand in dem Sinne, daß letzterer im ersteren nicht nur enthalten war, sondern, zumindest auf dem Lande, geradezu aufging; und schließlich der Wunsch, die sozialen Vorzüge der Lehrerexistenz zu gewinnen.[4]

So wurde Bruckner, nach glänzend bestandener Aufnahmeprüfung, zu einem zehnmonatigen „Präparanden-Kurs" an der Normal- (= Mittel-) Schule in die oberösterreichische Hauptstadt Linz geschickt. Der Bischofssitz an der Donau mit seinen 20 000 Einwohnern und einem regen kulturellen Leben übertraf zweifellos alle bisherigen „städtischen" Erfahrungen des sechzehnjährigen Lehramtskandidaten. Dennoch oder gerade deshalb wachte der strenge Schulbetrieb sorgsam darüber, daß der „provinziellen" Erziehung keine Verunsicherungen mit schwer absehbaren Folgen widerfuhren. Der Lehrplan sah den Unterricht in Religion und Sprachen, in Schreiben, Rechnen, Zeichnen und Musik (Gesang, Harmonielehre, Orgelspiel) vor und schloß sämtliche naturwissenschaftlichen Fächer sowie den Geschichtsunterricht aus. Auch der Besuch des Theaters war den Zöglingen verboten. Erstmals aber erlebte Bruckner Aufführungen

Linz: die Lehrerbildungsanstalt („Präparandie") in der Hofgasse

klassischer Orchestermusik, der „Euryanthe"-Ouvertüre
von Weber und Beethovens IV. Sinfonie durch den Linzer
Musikverein. Daß diese Aufführungen einen großen und
nachhaltigen Eindruck hinterließen, können wir, wenn
auch mit einigem Grund, nur vermuten. Freilich standen
kirchenmusikalische Ereignisse, die im prächtigen Dom
und in mehreren Kirchen der Landeshauptstadt geboten
wurden, weiterhin im Mittelpunkt.

Beispiele aus Johann August Dürrnbergers „Elementar-Lehrbuch der Harmonie- und Generalbaß-Lehre" mit Eintragungen Bruckners

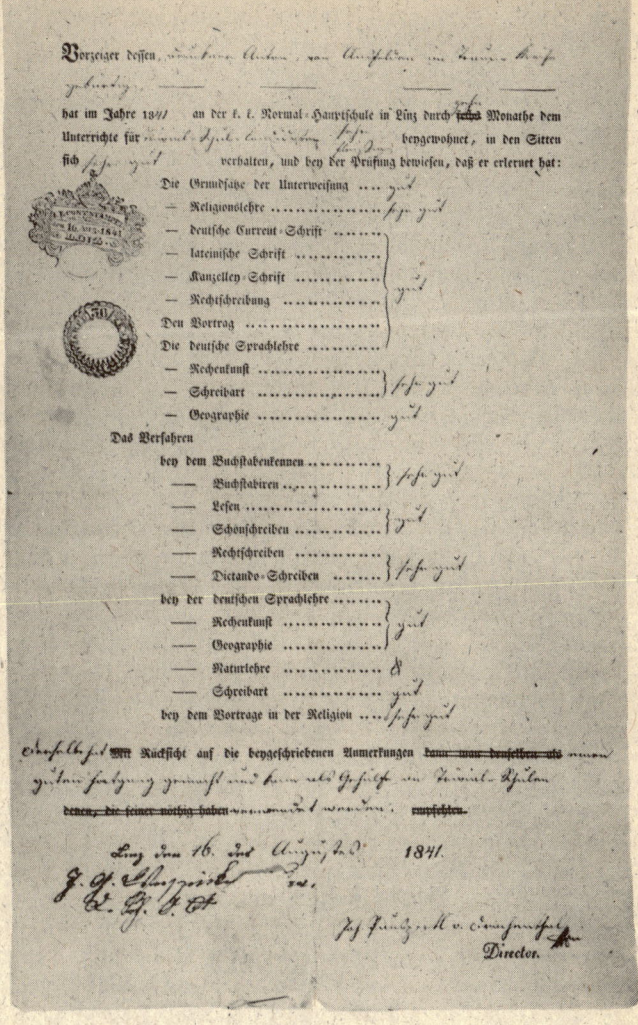

Vorzeiger dessen, _____ _____ _____ _____
_____

hat im Jahre 1841 an der k. k. Normal-Hauptschule in Linz durch _____ Monathe dem
Unterrichte für _____ _____ _____ beygewohnet, in den Sitten
sich _____ verhalten, und bey der Prüfung bewiesen, daß er erlernet hat:

Die Grundsätze der Unterweisung ... gut
— Religionslehre .... sehr gut
— deutsche Current-Schrift ....
— lateinische Schrift .... }
— Kanzelley-Schrift .... } gut
— Rechtschreibung .... }
Den Vortrag .... }
Die deutsche Sprachlehre ....
— Rechenkunst .... }
— Schreibart .... } sehr gut
— Geographie .... } gut

Das Verfahren ....
bey dem Buchstabenkennen ....
——— Buchstabiren .... } sehr gut
——— Lesen .... }
——— Schönschreiben .... } gut
——— Rechtschreiben .... }
——— Dictando-Schreiben .... } sehr gut
bey der deutschen Sprachlehre ....
——— Rechenkunst .... } gut
——— Geographie .... }
——— Naturlehre 8
——— Schreibart .... gut
bey dem Vortrage in der Religion .... sehr gut

_____ Mit Rücksicht auf die beygeschriebenen Anmerkungen _____ _____ _____ _____
_____ _____ _____ _____ _____ _____
_____ _____ _____ _____ _____

Linz den 16. des August 1841.

_____
_____

_____
Director.

Zum Abschluß des Linzer „Präparandie"-Kurses: das Zeugnis für
einen Musterschüler

Auf den Musikunterricht wurde besondere Aufmerksamkeit gelegt, da die zukünftigen Schulgehilfen vornehmlich musikpädagogische und -praktische Aufgaben zu übernehmen hatten. Bruckners wichtigster Lehrer war Johann August Dürrnberger, dessen „Elementar-Lehrbuch der Harmonie- und Generalbaß-Lehre", gerade erschienen, den Leitfaden für den Unterricht bildete. Die Druckfrische des Buches bedeutete jedoch keineswegs, daß in ihm aktuelle Erfahrungen der musikgeschichtlichen Entwicklung wenigstens angeklungen hätten: Dürrnberger beharrte, wie letztlich auch noch Simon Sechter, auf einem als „klassisch" definierten Regelkanon musikalischer Komposition. Der geschichtliche Zeitraum, auf den sich dieser Regelkanon bezog, umfaßte inzwischen mehrere Jahrhunderte – von der Renaissance bis zur letzten Jahrhundertwende –, er schloß aber alle „nachklassischen" Tendenzen rigoros aus. Auf die Folgen, die sich hieraus für Bruckners Komponieren ergeben, wird später, im Zusammenhang mit dem Unterricht bei Sechter, zurückzukommen sein.

Die Zeugnisse, die Bruckner am Ende des „Präparanden-Kurses" erhält, bescheinigen ihm ausschließlich „gute" und „sehr gute" Leistungen. Doch es fällt auf, daß Bruckner in seinem Lieblingsfach, dem Orgelspiel, nur ein „gut" erreicht. Möglicherweise deutet sich hier schon an, was den künftigen Orgelvirtuosen auszeichnen wird: eine entschiedene Bevorzugung der Improvisation gegenüber der notengetreuen Interpretation.[5] Verständlich, daß da selbst eine wohlwollende Prüfungskommission mit dem Lob etwas zurückhielt. Alles in allem, daran besteht nicht der geringste Zweifel: Bruckner, der Musterschüler, hat die besten Voraussetzungen, sich als Schulgehilfe dem Ernst des Lebens zu stellen. Und der erfaßt ihn auch gleich kräftig.

Der Absolvent kommt nach Windhaag, einem Dorf mit 200 Einwohnern, an der böhmischen Grenze, fern aller größeren Verkehrswege gelegen. Dem Schullehrer Franz Fuchs unterstehen zwei Klassen mit rund 50 Schülern. Bruckner hat, neben Schul- und Kirchendienst, auch in der Landwirtschaft zu arbeiten; sein Tag beginnt sommers um 4, winters um 5 Uhr. Er ist, mit 12 Gulden Jahresgehalt bei freier Kost, ein „niederer Dienstbote"[6].

Auch wenn angenommen werden darf, daß Bruckner die

Windhaag: das alte Schulhaus

ihm zugewiesenen Aufgaben gewissenhaft erledigte, kam es bald zu Unstimmigkeiten mit seinem Vorgesetzten. In der Schule wie in der Kirche. So soll Bruckner die Schüler für naturwissenschaftliche Kenntnisse interessiert haben.[7] Freilich ist bisher nicht geklärt, wie Bruckner selbst zu diesen Kenntnissen gelangt war. Der Gehilfe hätte sie sich ja nur unerlaubterweise angeeignet haben können, was zum lernfrommen Musterschülerbild nicht so recht passen will. Oder doch und gerade? Mißtrauen und damit Unstimmigkeiten erwuchsen aber auch aus musikalischen Betätigungen: der Improvisationsdrang auf der Orgel verstörte die Kirchgänger, und eine recht intensiv einsetzende Kompositionsarbeit führte zu Beschwerden von Lehrer und Pfarrer bei der geistlichen Behörde, des Sinnes, daß Bruckner die Musik in einer Weise betreibe, die ihn seine eigentlichen Aufgaben vernachlässigen ließe.

Die Berechtigung solcher Beschwerde ist allerdings von den Kompositionen her nur schwer zu verstehen. Die wichtigste Arbeit, eine *Messe in C-Dur* für Altstimme, zwei Hörner und Orgel (WAB 25), die sogenannte „*Windhaager Messe*", hält weitgehend an homophon-akkordischer Stimmengestaltung und syllabischer Textbehandlung fest. Nur gelegentlich lassen Oktavsprünge wie zu Beginn des „Gloria" oder am Schluß des „Credo" den Charakter einer mittelmäßigen Schülerleistung ein wenig vergessen. Die Melodik erinnert im „Benedictus" an Joseph Haydn, und an harmonischen Überraschungen bieten mediantische Wendungen wie im „Agnus Dei" (Takt 9–11) noch das Wirkungsvollste.

Im Januar 1843 kam es zum endgültigen Bruch mit Fuchs, der dem Gehilfen dennoch, möglicherweise auf Anweisung, ein lobendes Abschlußzeugnis ausstellte. Der Stiftsherr von St. Florian, Prälat Arneth, hatte sich nämlich in die Zwistigkeiten eingeschaltet und einen wohlwollenden Ausgleich nahegelegt. Man bot Bruckner an, nach St. Florian zu kommen, sobald dort „ein Platz für ihn frei werde"[8]; bis dahin solle er im näher gelegenen Kronstorf eine Schulgehilfenstelle annehmen.

Obwohl die Bedingungen in Kronstorf denen in Windhaag ähnlich waren, lebte Bruckner hier in etwas freundlicheren Verhältnissen. Neben den nun schon vertrauten Schul- und Kirchenpflichten hatte er wohl erstmals Gelegenheit, sich

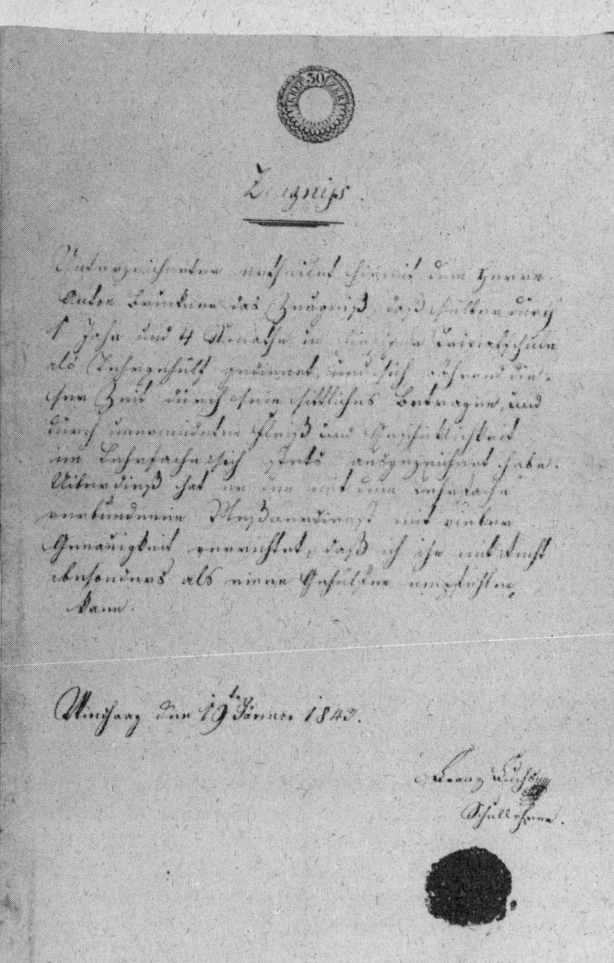

Zeugniß.

[Handwritten old German cursive text, largely illegible]

Windhaag den 19ᵗ Jänner 1843.

[Signature]

Das Zeugnis von Franz Fuchs übergeht die gespannte Situation in Windhaag

Enns: Wohnhaus des Organisten und Chorleiters Leopold von
Zenetti

eingehender mit kammermusikalischer Literatur zu beschäftigen. Aufenthalte in St. Florian und in Steyr erweiterten die Kenntnis klassischer Kirchenmusik, die dort in guten Aufführungen geboten wurde. Wichtiger aber noch
wurde der auf eigenes Betreiben, gewissermaßen aus der
subjektiven Schaffenssituation heraus angebahnte Kontakt
zu Leopold von Zenetti, dem Organisten und Chorleiter in
Enns.[9] Zenetti war ein typischer Vertreter jener weitge-
streuten Kleinmeister, die sich der Wahrung konservativ-
klassischer Kirchenmusiktradition verschrieben hatten.
Dazu hielt sie weniger eine ästhetische Überzeugung als
vielmehr ihr begrenztes künstlerisches Blickfeld an – sie
wußten und konnten nichts anderes. Ob das nun dennoch
der „Humus" ist, auf dem die großen Leistungen erwachsen, bleibe dahingestellt. Bruckner mußte sich wohl eher
von solcher Tradition befreien, als daß er sie „veredelt" hinter sich ließ.
Dennoch darf der Unterricht in Harmonielehre, Klavier-
und Orgelspiel bei Zenetti nicht unterschätzt werden. Zwischen 1843 und 1845 ging Bruckner bis zu dreimal in der

Woche nach Enns, und auch nach 1845 hielt er diesen Kontakt über viele Jahre aufrecht.[10] Zenetti machte ihn intensiver als bisher mit klassischen Kompositionstechniken vertraut. Der Generalbaß, die homophone Stimmengestaltung, blieb dabei im Mittelpunkt (Bruckner legte sich ein Notizbuch mit „Kurzen General-Baß-Regeln" an), zugleich begann aber auch, anhand von Johann Sebastian Bachs „Wohl-

Kronstorf: Das Schulhaus neben der Kirche

temperiertem Klavier", ein Kontrapunktstudium. Diese Anregungen, zusammen mit günstigeren Dienstbedingungen, lösten einen Schaffensaufschwung aus, der bis in die Mitte der fünfziger Jahre anhielt und neben Kirchenmusik auch erstmals einige weltliche Kompositionen entstehen ließ.

Von einigem Interesse unter den geistlichen Stücken ist die *Messe in F-Dur* für vierstimmigen gemischten Chor (WAB 9), deren „Kyrie" und „Gloria" das Graduale „Christus factus est" ersetzt. Trotz mäßig origineller Stimmführung – der kompakt-akkordische Satz überwiegt – erscheinen bei sukzessiven Stimmeinsätzen leichte harmonische Auflockerungen und bei Vorhaltauflösungen vorsichtig eingesetzte Dissonanzen. Wichtiger aber ist, daß der Komponist die Textbehandlung sicherer als früher beherrscht und auch der Melodik, zumindest an einigen Stellen, charakteristische Züge zu verleihen weiß:

1 Messe in F-Dur, Offertorium, Takt 9–15

Die erste weltliche Vokalkomposition, der vierstimmige Männerchor *„An dem Feste"* (WAB 59), entstand für ein Geburtsfest im September 1843. Obwohl sich das sechzehntaktige dreistrophige Stück in Des-Dur, ganz im Geist der Männerchortradition, mit der Entfaltung klangsatter Harmonien im engeren Kadenzbereich begnügt und keine melodische Prägnanz erlangt, hielt es Bruckner noch in den neunziger Jahren für wert, nach einigen Retuschen und mit neuem, freilich nicht weniger trivialem Text vom „Wiener akademischen Gesangsverein" aufgeführt zu werden. Umfangreicher, wenn auch nicht minder schülerhaft, geriet das kantatenartig gearbeitete *„Vergißmeinnicht"* für Solostimme, gemischten Chor und Klavier (WAB 93). Die Widmung des

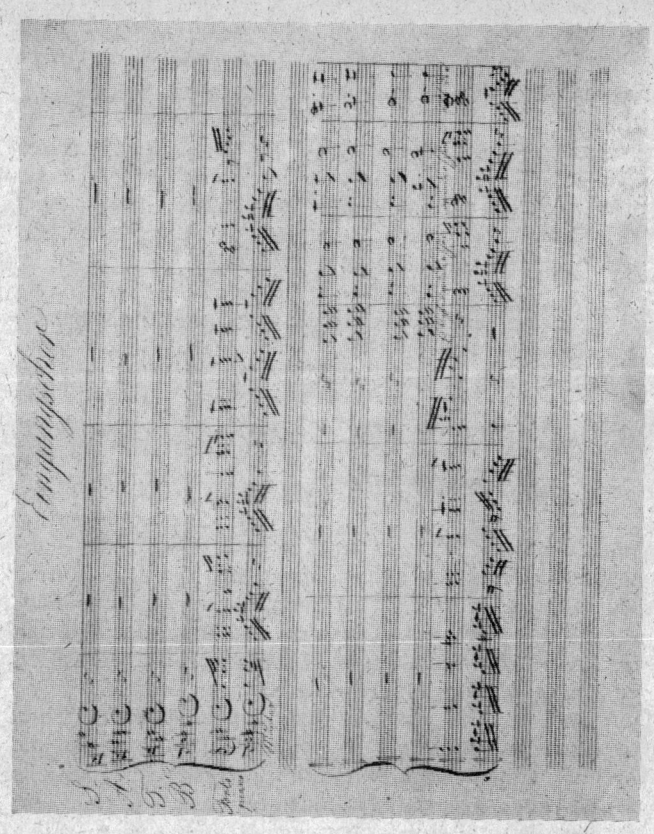

Eine der ersten weltlichen Kompositionen: „Vergißmeinnicht" für gemischten Chor und Klavier

Werkes an den Kanzleidirektor und späteren Prälaten von St. Florian, Friedrich Mayr, enthält eine ebenso freundliche wie nachdrückliche Erinnerung an die in Aussicht gestellte Aufnahme in das Chorherrenstift. Um diese Aufnahme voranzutreiben, unterzieht Bruckner sich „mit sehr gutem Erfolge" einer „Schlußprüfung für Oberlehrer an Hauptschulen"[11]. Das Zeugnis hierüber, ausgestellt u. a. von Dürrnberger, bescheinigt, er habe „in der allgemeinen Musik-Theorie die erste Klasse mit Vorzug, in der Harmonik und im praktischen Orgelspiele die erste Klasse mit Vorzug erhalten und zugleich auch in der Vocal- und Instrumental-Musik, namentlich im Choral- und Figural-Gesange sehr empfehlenswerthe Kenntnisse und Fertigkeiten bewiesen"[12].

3. St. Florian (1845–1855)

Im September 1845 wird Bruckner als Lehrer in die Pfarrschule von St. Florian aufgenommen. Er kehrt damit in eine ihm bereits vertraute Umgebung zurück, und anfangs scheint Bruckner auch der Gedanke zu beflügeln, erstmalig in einem angesehenen Institut über reale Aufstiegschancen zu verfügen. Neben der Schularbeit, vier Stunden täglich mit der 1. und 2. Klasse, hat er die Sängerknaben des Stifts in Gesang und Violinspiel zu unterrichten. Auch die eigene Bildung wird nicht vergessen. Im Selbststudium erweitert Bruckner seine Kenntnisse in naturwissenschaftlichen und altsprachlichen Fächern – Physik und Latein sind die „Lieblingsgegenstände"[1].

Ebenfalls autodidaktisch werden die musikalischen Studien fortgesetzt, auch wenn Stiftsorganist Anton Kattinger wiederum die Orgelübungen beaufsichtigt und hierüber bald, auf Bruckners Wunsch, ein Zeugnis ausstellt, das ihm bescheinigt, „als Organist unbedenklich bestens empfohlen werden zu können"[2]. In der Komposition konzentriert sich Bruckner zunächst und wie schon gewohnt auf die Harmonielehre, auf die regelgerechte Verbindung von Akkorden in Kadenz- und Modulationssystemen. Nur allmählich dringt er in kontrapunktische Bereiche weiter vor, vor allem in Bachs Fugentechnik. Auch an neuen musikalischen Einhackten Eise Salmiak; so wird dadurch das Gemische mehr erkältet. Dieses ist ein sicheres Zeichen, daß im Schnee und Eise noch Wärmestoff enthalten war.

2. Die Wärme geht durch alle Körper hindurch.

Die Wärme kann man auch nicht wie die Luft in eine gläserne Kugel oder in was immer für ein Gefäß einsperren. Sie durchdringet alle Körper, d. i. sie entweichet nicht bloß durch die Zwischenräume, sondern auch durch die Materie selbst; denn sonst würden nur immer die Zwischenräume, nie aber der Körper selbst warm werden.

3. Die Wärme dehnt alle Körper aus.

Sowohl die flüssigen als festen Körper werden durch den Wärmestoff in einen größeren Raum ausgedehnt. Z. B. Wasser, Weingeist oder Quecksilber steigen in einer dünnen gläsernen Röhre, wenn die Röhre in der Hand oder an dem geheizten Ofen erwärmt wird. Eine eiserne Stange geht im Zustande des Glühens nicht mehr durch dieselbe Fuge, durch die sie vor dem Glühen ging.

Diese Ausdehnung der Körper durch die Wärme hat uns ein Mittel gelehrt, die verschiedenen Grade der Wärme zu messen und anzugeben. Der Grad der Wärme, den ein Körper besitzet, heißt die Temperatur desselben. Das Mittel oder das Werkzeug, wodurch die Temperatur des Körpers bestimmt wird, heißt das Thermometer, der Wärmemesser.

„Naturlehre für die Jugend" mit Randbemerkungen Bruckners

drücken besteht kein Mangel. So hört Bruckner 1847 in Linz erstmals Felix Mendelssohn Bartholdys Oratorium „Paulus". Abschriften von klassischen Kirchenmusikkompositionen, von Mozart und Joseph Haydn, aber auch von verschiedenen Kleinmeistern, verraten kompositionstechnische Erkundungen. Außerkirchliches Musizieren wird durch die Bildung eines Gesangsquartetts gefördert, dem Bruckner, der die Baßstimme singt, einige Kompositionen widmet. Überhaupt nimmt gesellige Musik einen beachtlichen Raum ein: neben den Männerquartettstücken wie *„Ständchen"* (mit Brummstimmen und Tenor-Solo; WAB 84) oder *„Sternschnuppen"* (WAB 85) entstehen Gelegenheitskompositionen im Liedertafelstil (*„Das Lied vom deutschen Vaterland"*, WAB 78, *„Der Lehrerstand"*, WAB 77, *„Laßt Jubeltöne laut erklingen"*, WAB 76 u. a.) sowie instrumentale Unterhaltungsmusik (Quadrillen und „Steiermärker"), die Schuberts Tanzmusik für Klavier naiv-anspruchslos nachempfunden ist.

Dennoch dominiert auch weiterhin die geistliche Musik: verschiedene *„Tantum ergo"*- (WAB 41 und 42) und *„Asperges me"*- (WAB 3) Kompositionen, *„Requiem"* (WAB 39), *„Magnificat"* (WAB 24), *Psalm 22* (WAB 34) und *114* (WAB 36), *Missa solemnis* (WAB 29) u. a. Nimmt man hinzu, daß Bruckner Anfang 1850, als Nachfolger Anton Kattingers, zum „provisorischen Stiftsorganisten" ernannt wird; daß es ihm auch gelingt, die Lehrerlaufbahn entschieden voranzutreiben und im Januar 1855 sämtliche Prüfungen für das Lehramt an Hauptschulen glänzend zu bestehen, so liegt die Annahme nahe, daß er sich denkbar günstige Voraussetzungen zu schaffen wußte, in der Hierarchie von Kirche und Staat zielstrebig aufzusteigen.

Doch sein Weg nimmt einen anderen, vor allem in den künstlerischen Konsequenzen selbst für ihn wohl unerwarteten und nur schwer absehbaren Verlauf. Die Gründe sind vielfältig und verwirrend verzahnt. Sie wurzeln im ideologischen System der katholischen Tradition einschließlich deren kirchenmusikalischer Praxis und in der langsam, aber unabweislich wachsenden Erkenntnis der eigenen Bestimmung und Fähigkeiten. Hier tut sich ein Konflikt auf, den Bruckner zunächst und für viele Jahre zu verdrängen sucht; dem er durch Pflicht- und Lerneifer, zeugnisbeschwert, durch bürgerliches Wohlverhalten vom beständigen Wunsch nach Familiengründung bis zur Unterwerfung unter jede Form von Obrigkeit auszuweichen trachtet.

Es half dies alles nichts. Am Ende siegte immer die Komposition, Bruckners Musik, die ihn zwang, jedes Abwehrverhalten, selbst gegenüber der eigenen künstlerischen Imagination, wie eine Maske fallen zu lassen. Die Lösung dieses Lebenskonflikts deutet sich im Florianer Jahrzehnt erstmals unmißverständlich an.

Wieder beginnt es mit Klagen der Vorgesetzten über angebliche Dienstvernachlässigungen, die sich Bruckner durch ein Übermaß an musikalischer Betätigung habe zuschulden kommen lassen. Dem begegnet er durch Anforderung weiterer Zeugnisse, die seine berufliche Befähigung und Ausübung im Lehramt quasi notariell beglaubigen sollen. Andererseits lösen diese Anschuldigungen offenen Mißmut über die nur schwer zu ertragenden Lebensbedingungen aus. So schreibt Bruckner im März 1852 an Josef Seiberl: *Ich habe (…) wenig Freunde, die ich wirkliche Freunde nennen kann und darf. (…) Ich sitze immer arm und verlassen ganz melancholisch in meinem Kämmerlein.*[3]

Entschieden deutlicher noch wird Bruckner gegenüber dem Wiener Hofkapellmeister Ignaz Aßmayr, dem er im gleichen Jahr das *Requiem* vorlegt (und dabei die erste Reise in die Hauptstadt unternimmt). Bruckner widmet ihm seine Komposition des *114. Psalms* und fügt ihr einen Brief bei, in dem es heißt: *Ich habe hier gar keinen Menschen, dem ich mein Herz öffnen dürfte, werde auch in mancher Hinsicht verkannt, was mir oft heimlich sehr schwer fällt. Unser Stift behandelt Musik und folglich auch Musiker ganz gleichgültig. (…) Ich kann hier nie heiter sein, und darf von Plänen nichts merken lassen.*[4]

Wenn in diesen Worten auch vielleicht übertriebenes Selbstmitleid mitschwingt – schließlich wollte Bruckner die Unterstützung eines Hofkapellmeisters bei der Suche nach einem neuen Wirkungskreis gewinnen –, enthalten sie doch die Selbstentlarvung einer gewissermaßen formalen Existenz. Allmählich, unter unendlich belastenden Zweifeln und Ängsten, entdeckt Bruckner sich selbst den Widerspruch zwischen dem sich nun deutlicher abzeichnenden, den künftigen Lebensinhalt ausfüllenden Lehrerberuf und den andrängenden Anzeichen eines künstlerischen Aus-

Westfassade der Stiftskirche St. Florian

druckswillens, der mit den hierarchisch geordneten Verhältnissen und geistigen Zielstellungen des Lehrerstandes nicht
auf Dauer in Übereinstimmung zu bringen war. Es entsteht
eine Entfremdungssituation, der sich Bruckner keinesfalls
auf geradem Wege zu entziehen weiß. Im Gegenteil: über
Jahre unternimmt er verschiedene Fluchtversuche, die eines gemeinsam haben: die immer stärkeren Ahnungen von
seiner künstlerischen Bestimmung zu verdrängen.

Diese Fluchtversuche bekunden Bruckners tiefe Verstrik-kung in die seit frühester Jugend eingepflanzte Auffassung, daß aller Lebenssinn von religiöser Teleologie geleitet wird und Kunst darin nur als liturgisches Amt und gottgefällige Gesellligkeit Platz hat. Autonome, subjektbewußte Kunst, als Medium bürgerlicher Emanzipation ein Teil revolutio-närer Ideologiebildung, mußte da in den Geruch des Uner-laubten, Sündhaften geraten und denjenigen, der sich sol-cher Kunst verschrieb, zum Abtrünnigen machen – auch vor sich selbst. Bruckner hat ein Leben lang unter dieser anachronistischen Indoktrination gelitten, gerade weil er mit ihr wie mit einer geistigen Muttermilch aufgewachsen war und an sie ohne den leisesten Zweifel glauben zu müssen meinte. Diese Indoktrination, die zugleich Spiegel und Stütze der gesellschaftlichen Anachronismen im habsburgi-schen Österreich darstellte, führte, sobald sich an ihr Zwei-fel regten, zu schweren psychischen Irritationen, die im Falle Bruckners geradezu neurotische Züge annahmen. Die Zweifel scheinen um so belastender gewirkt zu haben, da sie quasi objektiv entstanden, als Konsequenz eines künst-lerischen Begabungspotentials, das seinem „Inhaber" nur langsam bewußt wurde und dessen Folgen er zunächst wohl gar nicht, dann nur äußerst zögernd zur Kenntnis nahm – akzeptiert in vollem Sinn hat sie Bruckner niemals.

Noch die absonderlichsten Unternehmungen, von denen die Rede sein wird, erhalten ihre Rechtfertigung aus der nach außen gewendeten Abwehr eines aufkeimenden sub-jektiv-selbstverantwortlichen Kunstverständnisses, das nicht sein konnte, weil nicht sein durfte – aber sich den-noch oder gerade deshalb nicht auf Dauer in Fesseln schla-gen ließ. Bruckner floh vor sich selbst, vor seinem Gewis-sen, und weniger vor den Verdikten der geistlichen Obrigkeit (mit der er ansonsten immer besser umzugehen wußte). Er redete sich schließlich ein, Lebensinhalt jenseits der Kunst zu finden; nur, um den „sündhaften" Konsequen-zen seiner Begabung auszuweichen (noch die späteren My-stifizierungen des reifen Werkes, etwa die Widmung der IX. Sinfonie an den „lieben Gott" oder in den exegetischen Eifererungen der Brucknerliteratur, sind unverkennbar ein Reflex dieses grundlegenden Gewissenskonflikts, der sich tief in die Wirkungsgeschichte eingraben sollte).

Die große, die „Bruckner-Orgel" in St. Florian

Bruckners Entfremdungssituation wird sowohl von sozialen wie von künstlerischen Gründen heraufbeschworen. Soziale Gründe gehen aus dem Brief an Aßmayr unmißverständlich hervor: die Stellung des Lehrers und Musikers im geistlichen Amt ist die eines Bediensteten,[5] dessen Wohlgelittensein vom vorbehaltlosen Wohlverhalten gegenüber den Behörden abhängt. Geringste Zeichen von Kritik oder auch nur von Selbständigkeit, etwa in der Ausübung des Orgeldienstes, führen sofort zu Verstimmungen, die das Ansehen des Untergebenen gefährden. Hinzu kommt, daß Bruckner über Jahre nur als „provisorischer" Stiftsorganist gehalten wird, in einer Stellung also, die, je länger, desto verletzender, eine Mißachtung seiner inzwischen auch offiziell anerkannten musikalischen Fähigkeiten bedeutete. Die Werbung um Ignaz Aßmayrs Unterstützung bleibt auch späterhin erfolglos, und es ist zu vermuten, daß die Antwort auf einen Brief Bruckners an einen *bewährten älteren Freund*[6] von 1853 ebenfalls Aßmayr zum Verfasser hat. Es sei ein „Irrweg", heißt es da, sich einen neuen Lebensweg zu suchen: „Ihnen bleibt nichts übrig, als neben Ihrem Enthusiasmus für die Musik und namentlich für die geistliche, gewissenhaft Ihre beste Kraft Ihrem jetzigen Lebensberufe zuzuwenden, wenn er auch Ihren Neigungen nicht entsprechen sollte. (...) Er kann Sie vielleicht einmal dahin führen, was Sie vorzugsweise zu wünschen scheinen, daß Sie ausschließlich der Kunst leben und in ihr zugleich einen ausreichenden Erwerb finden können."[7]

Verständlich, daß solche lauen, krämerhaften Ratschläge einen noch nicht dreißigjährigen Mann wenig begeistern können und die ohnehin heftigen Selbstzweifel nur bestärken. Auch das 1854 erbetene Zeugnis Aßmayrs über Bruckners Orgelimprovisationskünste fällt nicht ermutigender aus und erschöpft sich in der Feststellung, daß Bruckner ein „gewandter und gründlicher Organist" sei.[8]

Zu den merkwürdigsten Fluchtversuchen gehört zweifellos Bruckners Bewerbung um eine Anstellung als Schreiber beim Bezirksgericht St. Florian. Zunächst ersucht Bruckner lediglich um eine „unentgeltliche" und „aushilfsweise" Anstellung, die er später in ein festes Dienstverhältnis umzuwandeln vorhat. Hierfür setzt er ein gleichermaßen kurioses wie deprimierendes Bewerbungsschreiben auf, das die Sprache Kafkas vorausnimmt. Er hege *von Jugend an eine besondere Vorliebe für das Kanzleifach*[9], und er fügt, von A bis G signiert, eine Reihe von Zeugnissen bei, die einen lückenlosen „Nachweis" seiner Eignung enthalten: *Gestützt auf die wahrhaften Nachweisungen, und in gnädigster hoher Berücksichtigung, daß der gehorsamste Bittsteller auf alle ihm mögliche Weise mit allem Fleiße und Hingebung bemüht war, sich für das Kanzleifach auszubilden, welchen Beruf er schon lange in sich fühlt, erlaubt er sich seine ehrfurchtsvolle Bitte nochmals zu wiederholen: Hohe kk. Organisierungs-Commission wolle bei Besetzung der künftigen kk. Gerichtsstellen ihm eine Kanzellisten – oder eine seinen nachgewiesenen Kenntnissen und Fähigkeiten angemessene Dienststelle in hoher Gnade zu verleihen geruhen.*

Aber auch diese Bemühungen enden erfolglos, und es scheint, daß Bruckner daraus die Schlußfolgerung zog, sich nun wieder intensiver seiner Lehrerlaufbahn zuzuwenden. Jetzt aber immer stärker unter dem Aspekt eines weiteren furchterfüllten Fluchtversuchs aus dem Konflikt zwischen Leben und Kunst zugunsten einer „formalen" Existenzweise. Die bereits erwähnte, im Jahre 1855 glänzend bestandene Eignungsprüfung für ein Lehramt an der Hauptschule spricht dafür und auch die noch im gleichen Jahr erfolgende Aufnahme des Unterrichts bei Simon Sechter, in dem die bisher erlangten kompositionstechnischen Fertigkeiten im strengen Umkreis traditioneller Gestaltungsprinzipien zwar erweitert, qualitativ aber wohl eher nur gefestigt, (v)erhärtet werden, reiht sich hier einigermaßen nahtlos an. Bemerkenswert ist, daß der soziale Hintergrund von Bruckners Entfremdungskonflikt von den großen historischen Ereignissen jener Jahre kaum berührt zu sein scheint. Die revolutionären Unruhen 1848/49 erschütterten auch und gerade das spätfeudale Habsburgerreich, erzwangen den überfälligen Abgang des erzkonservativen Staatskanzlers Metternich und führten, trotz der militärischen Niederwerfung der Revolution, zur Annahme einer Verfassung, in der grundlegende bürgerliche Rechte verankert wurden: Verantwortlichkeit der Minister gegenüber einem Parlament, Lehr- und Religionsfreiheit.[10] Doch weder kam es zur Wahl eines solchen Parlaments, noch trat die Verfassung überhaupt in Kraft. Obwohl Bruckner 1848 in der Nationalgarde diente,[11] wurde bisher nichts darüber bekannt, welche Haltung er zu den revolutionären Ereignissen einschließlich ihres historischen Vorfeldes bezog, inwieweit er sie überhaupt wahrnahm (allerdings lassen sich leicht Vermutungen über die politische Haltung eines Lehramtskandidaten an St. Florian anstellen).

Dagegen aber dürften die Ereignisse in künstlerisch vermittelter Weise auf Bruckner Einfluß genommen haben, und zwar in dem für ihn beherrschenden Bereich kirchenmusikalischer Praxis. Der ausbrechende Lebenskonflikt wurzelt tief im wachsenden Widerspruch zwischen den konservativen Traditionen der katholischen Kirchenmusik, für die St. Florian einen Hort darstellte, und dem eigenen Ausdrucksbedürfnis, das von streng kanonisierten Gestaltungsmitteln dieser Tradition immer spürbarer gefesselt wurde.

„Sängerknabe vor Dienstantritt".
Aquarell von Leopold C. Welleba

St. Florian: das Schulhaus mit Bruckners Wohnzimmer

Die nach 1820 einsetzenden Bemühungen um eine Restauration der Kirchenmusik sind in die Restaurationsstrategie des politischen Konservatismus zielstrebig eingebettet. Kirchenmusik wurde nicht schlechthin als ein bewährtes ideologiebildendes Mittel angesehen, das zur Bewahrung des Bestehenden beitragen konnte. Es kam vielmehr darauf an, die „wahre" Kirchenmusik zu erhalten bzw. wiederherzustellen (wie die „wahre" Politik, Besitzverhältnisse usw.); eine streng liturgisch gebundene Musik also, die ihre Erfüllung in der quasi überpersönlichen Vermittlung des Gotteswortes fand und sich allen Gefahren der Säkularisierung, etwa durch Einflüsse von aktuellen Strömungen künstlerischer Produktion und Rezeption, entzog. Dabei kam es innerhalb der Restaurationsbewegungen zu einer Polarisierung im Verständnis dessen, was als „wahre" Kirchenmusik zu bezeichnen und zu fördern sei: einerseits die zum Caecilianismus führende Entwicklung einer asketischen, auf Gregorianik, Kirchenlied und Palestrina-Stil aufbauenden, geringstimmig besetzten vokal-instrumentalen Musik, andererseits die Kanonisierung der prunkvollen klassischen Orchestermessen, deren Komponisten, von Haydn bis Schubert, bereits genannt wurden. Beide Pole eint die konservative Orientierung auf eine als abgeschlossen dekretierte, in die Liturgie fest eingefügte Kunstausübung, unberührt vom „Zeitgeist" und seinen symptomatischen „Verfallserscheinungen". So blieb der Streit zwischen den „Puristen", die sich in Deutschland um den 1868 gegründeten „Caecilienverein" scharten, und den „Klassizisten", zu denen die Mehrheit der kirchenmusikalischen Praktiker gehörte, ein recht formaler, der zu keiner Lösung führen konnte – und brauchte. Der eigentliche ideologische Zweck wurde von beiden Richtungen einsinnig verfolgt. Ihr wirklicher Kontrahent bildete sich in der säkularisierten Musik mit geistlichen Texten heraus, die den liturgischen Rahmen sprengte und damit auch die Klassifizierung als Kirchenmusik gegenstandslos machte: beginnend mit Beethovens Missa solemnis (1818–1822) bis zu den Messen und Requiems von Berlioz, Liszt, Brahms oder Verdi.

In St. Florian kreuzten sich die Restaurationsbestrebungen: hier wurden sowohl die aufwendig-glanzvollen Orchestermessen wie das einfache Kirchenlied gepflegt,[12] welches

Requiem d-Moll, Autograph

auch vom protestantischen Choral beeinflußt war. Mit seinen rund 60 Stücken, die bis 1855 entstanden, unterwarf sich Bruckner bedingungslos den reformistischen Forderungen und Zielen des Stifts. Diese Unterwerfung aber scheint ein weiteres Moment jener Fluchtstrategie zu sein, mit deren Hilfe sich der Komponist vor den als beängstigend empfundenen Aussichten auf eine säkularisierte Kunstproduktion zu schützen suchte. Neben dem „beruflichen" legt er auch „künstlerisches" Wohlverhalten an den Tag. Da hat es wenig Sinn, aus den bescheidenen Kompositionen dieser Jahre Anzeichen für künftige Entfesselung herauszulesen, Keime, aus denen die späteren Sinfonien erwachsen (dies geschieht auf anderem Gebiet, in der Praxis der Orgelimprovisation). Die den regressiven Forderungen angepaßten frühen Werke vollziehen eine Art Mimikry, sie geben eine Schutzhülle ab, unter der sich Bruckners künstlerische Phantasie zunächst gefesselt verbirgt, allmählich bis zum Bersten anspannt, bis sie diese Hülle schließlich wie in einem Handstreich abwirft.

Aber der Handstreich teilt Bruckners Werk nicht in ein „uneigentliches", künstlerisch nahezu „sprachloses", da fern aller fortschrittlichen Kunstentwicklung entstandenes Frühwerk und in ein quasi voraussetzungslos sich entfaltendes Werk der Reife. Da das Frühwerk in die Fluchtbewegungen eingeschlossen ist, trägt es dazu bei, die eigentümlichen schöpferischen Bedingungen zu schaffen, aus denen die späteren Kompositionen hervorgehen. Nicht als ein mehr oder weniger verschlüsselter Materialfundus, als eine Materialschmiede, sondern als Ausformung einer sensitiven Disposition, die, aus der Anhäufung negativer Bestimmungen, aus selbstauferlegten Verweigerungen und Tarnungen geboren, die Tore zu neuen kompositorischen Erfindungen öffnet.

Die Arbeiten der Florianer Jahre wurden sämtlich, wie schon die vorausgehenden, von mehr oder weniger bemer-

Bösendorfer-Flügel, den Bruckner vom Stiftsschreiber Franz Sailer geerbt hatte

kenswerten Anlässen gesteuert, wobei die Gelegenheiten zu absichtsvoller Widmung, sprich: Huldigung, dominieren. So widmete Bruckner das „Requiem" (WAB 39) von 1848/49 dem Stiftsschreiber und Gerichtsangestellten (!) Franz Seiler, der ihm testamentarisch einen Bösendorfer Flügel vermacht hatte. Ob darüber hinaus eigene juristische Ambitionen vortastend im Spiele waren, möge dahingestellt bleiben. Für das „Requiem", in d-Moll und in der Besetzung: Solostimmen, gemischter Chor und Orchester (3 Posaunen, Streichquintett, Orgel), wird immer wieder[13] das Mozartische „Requiem" (1791) als Vorbild genannt. Dies trifft insoweit zu, als Mozarts Werk zum Prototyp des liturgischen Genres erhoben worden war, der allen nachfolgenden, für den katholischen Ritus bestimmten Kompositionen die gestalterischen Bahnen vorzeichnete. Doch Bruckner bleibt, über ein halbes Jahrhundert nach Mozart, weit und in jeder Hinsicht unter der kanonisierten Norm.

Die strukturelle, formale, klangliche und auch die dynamische Durcharbeitung ist äußerst einfach gehalten, der Chor agiert entweder im schlichten vierstimmig-homophonen Satz oder im behutsam gehandhabten sukzessiven Stimmeneinsatz, wobei selbst eine Doppelfuge („Quam olim Abrahae") den schulmäßigen Zuschnitt nicht übersteigt. Die Textvertonung erfolgt in der Regel syllabisch, wiederholte Worte erhalten gleiche Rhythmisierung, so daß der Rhythmus noch nicht zur Motiv- bzw. Variantenbildung herangezogen wird. Eine aufschlußreiche Passage enthält das „Dies irae" (Takt 43–101). Es ist eine Folge von Soloeinsätzen, die jeweils eine doppeltaktige Struktur aufweisen. Die Doppeltakte ergeben sich aus der Aneinanderreihung von minimalen Vorder- und Nachsätzen, zwischen denen sich variative Bezüge ausprägen:

2   Requiem, Dies irae, Takt 43–50

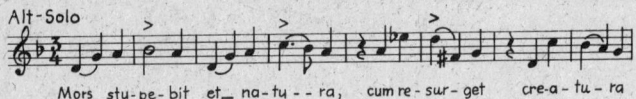

Der mosaikartige Aufbau gründet offensichtlich nicht im Text. Vielmehr resultiert er sowohl aus gewissenhaft befolgten Beschränkungen, welche „offizieller" Kirchenmusik auferlegt waren, als auch aus den Beschränkungen des subjektiven Gestaltungsvermögens. Beide Ebenen, die sich kaum auseinanderhalten lassen, sind der Nährboden für jene sensitive Disposition, in der kompositionstechnische Verfahrensweisen der späteren Werke heranreifen. Auf eine Formel gebracht: die schöpferischen Nöte, die objektive Beschränkung und subjektiver Mangel aufzwingen, werden von Bruckner, der sich niemals restlos von ihnen befreien kann, in Tugenden eigenartig-selbstbewußter Gestaltung verwandelt. Aus dem ursprünglichen Defizit erwachsen die unabdingbaren Voraussetzungen des eigenen Stils.[14]

Prinzipiell nicht anders steht es um das umfangreichste und wohl bedeutendste Werk jener Jahre, die *Missa solemnis in b-Moll* (WAB 29) für Solostimmen, gemischten Chor und Orchester. Der Chorsatz ist gegenüber dem *„Requiem"* merklich aufgelockert, die einzelnen Stimmen finden zu größerer Selbständigkeit und erzeugen vielfältige Kontrastschattierungen zwischen Homophonie und Polyphonie. Wesentlichen Anteil daran haben das Orchester, dessen Besetzung trotz der Aussparung von Flöten, Klarinetten und Hörnern einem klassisch-romantischen Klangstandard entspricht, sowie unterschiedliche Kombinationen von konzertierenden Vokal- und Instrumentalstimmen. Gerade in dieser Hinsicht dürfte sich hier das Vorbild Joseph Haydns ausgewirkt haben. Der bemerkenswerteste Satz der *Missa* ist sicher das „Qui tollis" aus dem „Gloria", das freilich und recht deutlich dem gleichen Satz aus Haydns „Nelson-Messe" in d-Moll (1798) nachempfunden ist. In das konzertante Wechselspiel von Baß-Solo, Oboe und Violoncello schaltet sich mehrmals der Chor mit Unisono- bzw. Akkordpassagen ein, die wie ein Hintergrund wirken, auf dem die solistischen Konturen um so schärfer hervortreten. Diese Kontrastschärfe wird noch dadurch erhöht, daß die inhaltsschweren Worte („der du die Sünden der Welt trägst") mit einer „auffälligen" Intervallfolge gekoppelt werden:

3   Missa solemnis, Qui tollis, Takt 1 ff.

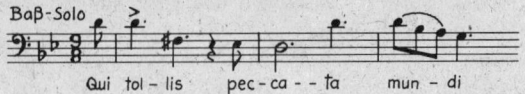

und die Satzstruktur im weiteren Verlauf ebenso „auffällige" Modulationen aufweist:

4   A. a. O., Takt 12 ff. (harmonischer Verlauf)

$$g \to D \to c^6 \to F \to B \to B^7 \to Es \to c \to G^{\frac{9}{7}} \to c \to As \to G \to c \to As^7 \to Des \to | Ges$$

Dennoch durchbricht Bruckner selbst an solchen exponierten Stellen keineswegs die traditionellen Normen kirchenmusikalischer Praxis, und es fehlt, im Gegenteil, nicht an Abschnitten, die noch weit unter diesen Normen bleiben. So etwa durch naive Tonmalerei im „Et resurrexit" oder durch den merkwürdigen „Kehraus"-Ton des „Dona nobis pacem". Obwohl die *Missa solemnis* für die Amtseinführung des Prälaten Friedrich Mayr entstanden war (dem Bruckner auch noch 1855 die musikalisch wie textlich gleichermaßen schwache Kantate *„Auf, Brüder, auf zur frohen Feier"* [WAB 61] widmete), gehört das Werk in die Rückzugsbestrebungen aus St. Florian. Negativ und im allgemeinen, indem es (um einmal die Inkonsequenz zu begehen, eine Gesprächserinnerung August Göllerichs an den greisen Bruckner zu zitieren) zu jenen „Kantaten und ähnliche(m) Zeug" gehören könnte, die der Komponist „für die Prälaten" herzustellen hatte[15] und über deren Wert er sich also durchaus klar war. Der Konflikt wird noch dadurch verschärft, daß Bruckner sich im Sommer 1855 vergeblich um eine Organistenstelle in Olmütz (Olomouc) bewirbt, der Prälat aber allein schon die Bewerbung als unverschämte Abtrünnigkeit auslegt und darüber in einen Zornesausbruch gerät, der einigermaßen an die bekannte Episode zwischen Mozart und dessen Salzburger Dienstherren Colloredo erinnert.

Andererseits, und dies spricht wiederum für eine gewisse

Harmonielehreaufgaben bei Simon Sechter: der Lehrer gab die (schwarzen) „Fundamenttöne" vor, die Bruckner auszuharmonisieren hatte. Die Numerierung der Beispiele koordinierte schriftliche Anmerkungen beider

Wertschätzung des Werkes, bewirbt sich Bruckner mit der *Missa solemnis* um die Aufnahme kompositionstheoretischer Studien bei Simon Sechter in Wien – ebenfalls im Sommer 1855 und mit Erfolg. Sechters Rat, St. Florian zu verlassen und einen größeren Wirkungskreis zu suchen,[16] scheint Bruckner auch die letzten Hemmungen genommen zu haben, das Stiftsamt aufzugeben. Im November 1855 besteht er mit Glanz ein Wettspiel um die Domorganistenstelle in Linz und erhält, zunächst wiederum provisorisch, eine Anstellung, die aber schon im Januar 1856, nach einem weiteren Wettspiel, in eine definitive umgewandelt wird.

Obwohl noch im Dezember 1855 die Übersiedlung erfolgt und damit der dringende Wunsch nach einem neuen, angemesseneren Wirkungskreis Erfüllung findet, zögert Bruckner zunächst noch, sich ihm ganz zu überlassen. Zu stark ist die in frühen Erfahrungen wurzelnde Furcht vor sozialer Unsicherheit, als daß mühevoll Errungenes von der gewiß lockenden Aussicht auf größere künstlerische Freiräume sogleich aufgewogen werden könnte. Es gelingt Bruckner, von Prälat Mayr (der offensichtlich gegen den Abgang nach Linz keinen Einspruch erhob) die Zusicherung zu erhalten, daß ihm das Florianer Amt noch zwei Jahre (!) zur Verfügung steht. Das Wechselspiel zwischen Vorstoß und Beharrung mit lang andauerndem Übergewicht der Beharrung bestimmt sämtliche Lebenssphären Bruckners und schafft ein engmaschiges Geflecht von Beziehungen und Abhängigkeiten zwischen den einzelnen Bereichen, nicht zuletzt aus dem Grunde, die Vorstöße so unauffällig wie möglich anzulegen, sie gewissermaßen und recht eigentlich als Varianten der Beharrung ausgeben zu können. Dieses Mal allerdings, durch die definitive Berufung im Januar 1856, erübrigt sich die Absicherung bald.

4. Linz I (1855–1863)

Den zehn Jahren in St. Florian folgen dreizehn Jahre in Linz – Bruckner läßt sich Zeit, oder auch: er nimmt sich Zeit. Wofür? Seit dem zweiten Stiftsaufenthalt rückte das Lebensziel immer stärker ins Bewußtsein: die kompositorische Mimikry als das entscheidende Tarnverhalten unter einigen anderen abzuwerfen, „Luft von anderen Planeten" zu atmen und damit den eigenen Atem überhaupt erst zu entdecken. Daß diese Selbstenthüllung, für sich und für die anderen, weiterhin den üblichen zögernd-hinhaltenden Gang wahrt, vermag nichts an der Tatsache zu ändern, daß nunmehr der Zeitpunkt herangereift ist, der die Entscheidung erzwingt.

Zunächst aber deutet alles darauf hin, daß Bruckner in der oberösterreichischen Landeshauptstadt den vielversprechenden Weg, der sich seit St. Florian abzeichnete, zielstrebig fortsetzt. Er hatte „eine weitere Stufe des gesellschaftlichen Aufstiegs hinter sich gebracht und war in die obersten Ränge der Hierarchie in der Linzer Musikwelt vorgedrungen"[1]. Wenn auch die Amtspflichten des Domorganisten die kompositorische Arbeit fast ganz und für mehrere Jahre versiegen lassen, so ist doch nicht zu übersehen, daß Bruck-

Linz: Hauptplatz mit Altem Dom (1860)

ners „gesellschaftlicher Aufstieg" entschieden und in bisher ungekanntem Maße voranschreitet. Noch im September 1856 wird er Mitglied und im November 1860 (für ein knappes Jahr) Leiter der Liedertafel „Frohsinn", eines Männergesangvereins, der keinen unerheblichen Einfluß auf Bruckners Entwicklung nehmen sollte. Mit der angesehenen und sicher auch leistungsfähigen Liedertafel erschloß er sich, neben dem Standardrepertoire eines Männerchors, zahlreiche ältere und neuere vokalsinfonische Werke, vervollkommnete er seine Dirigiertechnik und, dies vielleicht das wichtigste, machte seinen Namen in der Öffentlichkeit bekannt. So eröffnete Bruckner im April 1861 den Linzer Landtag mit einem Konzert, in dem er Mendelssohns Ouvertüre „Meeresstille und glückliche Fahrt" sowie die Schauspielmusik „Athalia" dirigierte.[2] Noch im gleichen Jahr beteiligte sich der Verein unter Bruckners Leitung an den Sängerfesten in Krems und Nürnberg. Insbesondere letzteres Ereignis ist bemerkenswert, da sich zu ihm rund 6000 Sänger zusammenfanden und Bruckner erstmals einen

Anton Bruckner als Leiter der Chorvereinigung „Frohsinn"

auswärtigen Dirigentenerfolg verzeichnen konnte.[3] Der absolute Höhepunkt seines Wirkens mit der Liedertafel fiel jedoch zweifellos in das letzte Linzer Jahr. Im Januar 1868 wird Bruckner nochmals zum Chormeister gewählt. Zugleich wird beschlossen, Richard Wagner die Ehrenmitgliedschaft anzutragen und zu diesem Anlaß ein Chorwerk des Meisters zu erbitten. Bruckners entsprechende Anfrage beantwortet Wagner nicht nur mit dankbarer Zustimmung, sondern auch mit dem Hinweis auf die noch unaufgeführten „Meistersinger von Nürnberg". So gelangen am 4. April 1868 die Ansprache des Hans Sachs und der Schlußchor auf dem Gründungsfest des „Frohsinn" zur Uraufführung, außerdem erklingen ein weiterer Chor Wagners aus dem „Tannhäuser" sowie Bruckners *„Vaterlandslied".*[4] Die Erschließung gesellschaftlicher Öffentlichkeit mittels einer exponierten Stellung im Chorwesen mußte zwangsläufig dessen künstlerische Grenzen überschreiten und auch Bruckner, obwohl nur wenige konkrete Anhaltspunkte auszumachen sind, den politischen Hintergrund dieser Massencharakter annehmenden Bewegung erkennen lassen. Wie vor allem in Deutschland, so auch in Österreich: die sprunghaft ansteigende Zahl von Chorvereinigungen seit etwa 1820 war ein unmittelbarer Reflex der politisch-ökonomischen Misere unter dem Restaurationsregime der Habsburger, von der insbesondere die bürgerlichen Schichten erfaßt wurden. Eine Reihe von katastrophalen Mißerfolgen, nach der Niederwerfung der Revolution von 1848/49 die militärischen Niederlagen gegen Italien (1859) und Preußen (1866), verunsicherten das Herrschaftssystem und veranlaßten es, selbst geringfügige freiheitliche Bestrebungen zu verfolgen. Das Chorwesen wurde dabei eine der wichtigsten Organisationsformen der bürgerlichen Opposition,[5] trotz seiner reformistischen und deshalb nur allzu leicht zu manipulierenden politischen Orientierung. Aber ungeachtet der späteren „deutsch-nationalen" Ausrichtung gerade in den Chören (mit dem Doppelziel, nach außen eine „großdeutsche" Verständigung zwischen Deutschland und Österreich zu erreichen, nach innen die Vorherrschaft der „Deutsch-Österreicher" über die anderen Nationalitäten zu erhalten), verfochten sie anfänglich progressive, zumindest liberale Tendenzen, deren Kritik an den bestehen-

Franz Josef Rudigier, Bischof von Linz und einer der reaktionärsten Kleriker Österreichs

den Verhältnissen unmißverständlich war (und die gegen Jahrhundertende von den proletarischen Chorvereinigungen weitergeführt wurde).

Solchen „nationalliberalen" Tendenzen schloß sich Bruckner mit einigen Vokalkompositionen für den „Frohsinn" direkt an, nunmehr politische Anlässe zum Tarnungsmoment „Gelegenheitskomposition" wählend. *„Der Germanenzug"* (WAB 70) für Männerchor und Blechbläser entstand 1863 anläßlich eines Preisausschreibens des oberösterreichischen Sängerbundes. Die dreiteilige Komposition (zwei Chorstücke rahmen einen solistischen Mittelteil) beschwört, freilich mit einem schaurig dilettantischen Text: „Teutonias Söhne mit freudigem Mut / sie geben so gerne ihr Leben und Blut", den Siegeszug der Germanen gegen die Römer und damit die Korrektur der aktuellen Niederlage Österreichs gegen Italien. Wenig später wird die Niederlage gegen Preußen zum Anlaß für ein nicht minder poetisch elendes *„Vaterlandslied"* (WAB 92) sowie für ein *„Vaterländisches*

Weinlied" (WAB 91), und es entbehrt nicht der Komik, daß die noch kurz zuvor im historischen Gleichnis als Sieger gefeierten Germanen nunmehr, zumindest indirekt, zum Teufel gewünscht werden.

Mögen diese politischen Verwischungen auch den anhaltenden Unsicherheiten in der Bestimmung des „Deutschen" und seiner Abgrenzung vom „Österreichischen" anzulasten sein – Bruckner, wie die meisten seiner Zeitgenossen, scheinen sie nicht sonderlich irritiert zu haben. Die allgemeine Politisierung in der Chorpraxis aber wirkte sich dahingehend aus, daß sie Bruckner die provinzielle Enge seines Wirkungskreises erneut bewußt machte. Dies scheint durch eine quasi religionspolitische Entwicklung, die insbesondere die Linzer Verhältnisse betraf, noch verstärkt worden zu sein.

In Fortsetzung der nach-achtundvierziger Restaurationsbestrebungen schloß im Jahre 1855 die Monarchie mit dem Vatikan ein Konkordat ab, „das der katholischen Kirche eine Stellung im öffentlichen Leben einräumte, wie sie das fortgeschrittene 19. Jahrhundert nicht mehr für möglich gehalten hätte"[6]. Zu den vielen regressiven Zugeständnissen an den Klerus gehörte, daß er weiterhin die Schulaufsicht innehat, daß er befugt ist, „Bücher, welche der Religion und Sittlichkeit verderblich sind, als verwerflich zu bezeichnen"[7] und den Staat anzuhalten, deren Verbreitung zu unterbinden.

Einer der kompromißlosesten Verfechter des neuen, „rein mittelalterlichen"[8] Konkordats war der Linzer Bischof Franz Joseph Rudigier, der, als Ende der sechziger Jahre sich die Unhaltbarkeit der meisten Verfügungen herausstellte, mit reaktionärem Starrsinn auf ihnen beharrte und darob vom Kaiser vor Gericht gestellt wurde.[9] Rudigier aber war ja auch Bruckners oberster Amtsherr, dem er, mit unleugbar opportunistischem Hintersinn, einige Kompositionen widmete und dessen persönliche Beziehungen zu Bruckner die Fama mit lebhaften Zügen eines freundschaftlich-kunstsinnigen Einverständnisses ausstattete. Kaum etwas davon entspricht der Wahrheit, im Gegenteil: das reaktionäre Regime des Bischofs dürfte Bruckner nur bestärkt haben in dem Wunsch, der bedrängenden Enge von Linz, wie einst von St. Florian, zu entrinnen. Und dafür gibt es eine Reihe aussagekräftiger Zeugnisse.

Seit 1850/51, seit dem ersten, durchdringenden Ausbruch seines Lebenskonflikts, hat Bruckner das Ziel, sich in Wien zu etablieren, nicht mehr aus den Augen verloren. Nicht als Komponist freilich: die „Berufung" unterstand weiterhin, bis in die Mitte der sechziger Jahre, dem selbstauferlegten Tabu durch Verbergen und Verdrängung. Aber als Organist, Kapellmeister und Theorielehrer, wobei es ganz erstaunlich ist, daß Bruckner mit dem Linzer Amtsantritt und für alle Zukunft die doch einst so eifrig erstrebte Schuldienstkarriere wie auch die übrigen „Berufungen", für die er *von Jugend an eine besondere Vorliebe* verspürte, restlos fallenließ. Eindeutiger können sich Fluchtbewegungen wohl kaum enthüllen.

Linz war, wie St. Florian, in jeder Hinsicht eine Durchgangsstation auf dem Weg nach Wien. Dies ist keine teleologische Konstruktion eines Biographen, der auf gelebtes Leben als eine endliche Folge von Ereignissen schaut und dem sich das, was geschah, als einer logisch-zielgerichteten Konsequenz unterworfen darstellt. Die Anhaltspunkte für einen bewußten Lebensplan sind zahlreich. Doch ehe dieser weiter beschrieben werden kann, muß auf die Unterrichtsjahre bei Simon Sechter eingegangen werden, da sie auf die spätere Lösung des Lebenskonflikts erheblichen Einfluß nehmen.

Sechter, „nach Albrechtsbergers Tod (1809) die erste musiktheoretische Autorität Wiens"[10] und ab 1825 erster Hoforganist, wirkte von 1851 an als Professor für Generalbaß und Kontrapunkt am Konservatorium der Gesellschaft der Musikfreunde. Bekanntlich beabsichtigte noch Franz Schubert, kurz vor seinem Tode, bei Sechter Kontrapunktstudien aufzunehmen. Gewöhnlich wird diese Absicht wie mit einem „verzeihenden" Lächeln geschildert: das Genie glaubte, sich in die trockene Gelehrtenstube begeben zu müssen. Bruckners Verhältnis zu Sechter und dessen Lehre wird kaum anders dargestellt. Über Jahre absolvierte er, aus unerklärlichem Pflichtbewußtsein und aus dem Formalzwang seiner Existenz[11] heraus, ein ebenso intensives wie praxisfernes Theoriestudium, das letztlich nicht wenig dazu beigetragen hätte, die Entfaltung der eigenen Kompositionstätigkeit hinauszuzögern. Daran ist soviel wahr wie an der bereits erwähnten Feststellung, daß die Kompositionen bis 1863/64

Simon Sechter
(1840)

mit den folgenden, den „eigentlichen" Arbeiten nichts Wesentliches verbinde. Wiederum jedoch geht es um die Ausprägung jener „sensitiven Disposition", welche die produktiven Voraussetzungen für Bruckners Komponieren schafft und die auch noch weiterhin negativ bestimmt werden muß: als Tarnverhalten dessen, dem spezifische Traditionszwänge jeden unmittelbaren Zugang zu einem subjektbewußten künstlerischen Ausdruck versperren. Sechters Unterricht gehört dazu. Durch ihn werden die Stränge dieser Traditionszwänge derart gespannt, daß sie endlich zerreißen – anders kann Bruckner sich ihnen nicht entziehen. Und insofern ist auch der Unterricht eine Voraussetzung für die späteren Kompositionen.

Die Studien beginnen im Juli 1855, verlaufen zunächst unregelmäßig, dann, vom Herbst 1857 bis März 1861, äußerst konzentriert, mit längeren Aufenthalten Bruckners in Wien und einer täglichen Arbeitszeit bis zu sieben Stunden. Am Anfang steht wiederum die Harmonielehre, die Sechter nach der von Jean Philippe Rameau entwickelten Theorie des „Basse fondamentale" behandelt und im 1. Band seiner „Grundsätze der musikalischen Komposition" (1853/54) unter dem Titel „Die richtige Folge der Grundharmonien oder vom Fundamentalbaß und dessen Umkehrungen und Stellvertretern" dargestellt hatte. Quinte und Terz bezeichnen die primären Verwandtschaftsverhältnisse nicht nur zwischen den Akkorden, sondern erklären auch die Tonleiter „als eine durch die hinzuzudenkenden Fundamentschritte harmonisch verständliche Folge:

Tonleiter: h c d e f g a
Grundbaß: g c g c f c f."[12]

Die konservative Ausrichtung dieses auf Quinte und Terz gründenden Systems wurde nicht erst durch immer stärker verbreitete Chromatik und Mediantik problematisch – schon bei Johann Sebastian Bach fand Sechter „zu viele Freiheiten"[13]. Bemerkenswert aber ist, daß gerade die Chromatik und, mehr noch, die Mediantik zu den von Bruckner bevorzugt verwendeten kompositionstechnischen Mitteln gehören werden. An die Harmonielehre schließen die Kontrapunktstudien an, vom einfachen, doppelten, drei- und vierfachen Kontrapunkt bis zu Kanon und Fuge. Hierüber stellt Sechter dem Schüler insgesamt vier Zeugnisse aus, ein weiteres bescheinigt Bruckners außerordentliche Fähigkeiten in der Orgelimprovisation. Die Zeugnisse weisen nicht schlechthin Bruckners fortgesetztes Musterschülerverhalten aus; sie enthüllen Schritt für Schritt ein konkretes Ziel, das Bruckner durch Sechters Unterricht erreichen wollte. Deshalb seien sie hier vollständig aufgeführt:

„Wien, 10. Juli 1858
Zeugnis. Daß Herr Anton Bruckner, Dom- und Stadtorganist in Linz, meine Werke über die richtige Folge der Grundharmonien oder den Fundamentalbaß gründlich studiert hat, und zugleich alles dasjenige, was im Wiener-Conservatorium der Musik von diesem Gegenstande in den ersten zwei Jahren gelehrt wird, sich vollständig zu eigen gemacht hat, davon habe ich mich sowohl durch mündliche als schriftliche Prüfung überzeugt, und kann ihn daher nach meinem Gewissen als einen tüchtigen Lehrer in diesem Fache empfehlen."

„Wien, 12. August 1859
Zeugnis. Daß Herr Anton Bruckner, Dom- und Stadtpfarr-

organist in Linz, bei mir die Prüfung im einfachen Contrapunct in allen Gattungen und im Harmonisieren gegebener
Melodien, endlich im strengen musikalischen Kirchensatz
sehr ehrenvoll bestanden, und daher als einsichtsvoller und
redlicher Fortpflanzer dieser Kenntniße bestens empfohlen
werden kann, bezeuge ich der Wahrheit gemäß durch
meine eigenhändige Unterschrift und Siegel."
„Wien, 3. April 1860
Zeugnis. Daß Herr Anton Bruckner, Dom- und Stadtpfarr-
Organist in Linz, bei mir die Prüfung über den doppelten,
drei- und vierfachen Contrapunct sowohl mündlich als
schriftlich und zwar allseitig zu meiner vollsten Zufrieden-
heit abgelegt hat, und ich ihn daher als einen Meister in
diesem Fache anerkenne, so daß jedermann vollkommenes
Vertrauen zu ihm haben kann, welches Zeugnis ich ihm daher mit wahrem Vergnügen ertheile."
„Wien, 26. März 1861
Zeugnis. Daß Herr Anton Bruckner dieses Jahr die strenge
Prüfung über den Canon und die Fuge vollkommen gut bestanden hat, und also fähig ist, dieses Studium fortzupflan-
zen, d. h. selbst Unterricht in diesem Fache mit wahrem
Nutzen geben zu können, bezeuge ich mit Vergnügen mit
meiner Handschrift und meinem Siegel."[14]
„Lehrer", „Fortsetzer", „Meister" in musiktheoretischen Fächern – kann man übersehen, daß Bruckner mit dem Unterricht bei Simon Sechter, als einer unter mehreren taktischen
Maßnahmen, das strategische Ziel verfolgte, sich in Wien
als Hochschullehrer einzuführen? Und daß dabei von „eigentlichen" Kompositionen überhaupt nicht die Rede sein
brauchte, im Gegenteil: solche Kompositionen hätten das
gewünschte Bild einer angeblich unvoreingenommenen,
aus den „reinen Quellen" der Klassik schöpfenden Lehrtätigkeit nur trüben können! Dieser Gefahr aber suchte
Bruckner, um der Verwirklichung des Lebensplanes willen,
mit allen Kräften auszuweichen – in seinem Falle bedeutete dies Tarnung bis zur realen Selbstverleugnung, d. h.:
kompositorisches „Schweigen".
Die oftmals beschriebene[15] Entfremdung zwischen Musiktheorie und Kompositionspraxis, welche in Sechters Lehr-
system paradigmatisch zum Ausdruck kommt, bedarf hinsichtlich Bruckners einer die persönlichen Antriebe und

Zwecksetzungen berücksichtigenden Akzentuierung. Bruckner war sich doch offensichtlich des formalen Inhalts seiner Studien voll bewußt, wenn er einem der wenigen intimen Freunde, Rudolf Weinwurm, im Juni 1860 schreibt, spöttische Anspielungen des Chormeisters Anton Storch zurückweisend: *In Linz bin ich der Einzige der den Contrapunct studiert, aber ich senke weder mein Haupt, noch schleiche ich herum. Von mir soll Storch ja nicht voraussetzen, daß ich nach Vollendung meiner Studien glauben werde, der Kunst Genüge geleistet zu haben.*[16]

Bruckner war zwar in den Konflikt zwischen Musiktheorie als einem erstarrten Regelkanon und Kompositionsarbeit als schöpferischem Selbstausdruck gestellt, der, wie aus dem Brief zumindest andeutungsweise hervorgeht, ihn immer dringlicher beschäftigt und in Spannung versetzt haben muß. Aber er entzog sich weiterhin, aus klar erkanntem Grund, der gewiß unablässig lockenden Aufgabe, die Fesseln der Theorie abzuwerfen und die kompositorische Phantasie schweifen zu lassen. Weil aber Gründe und Erkenntnisse hier im Spiele waren, blieben die psychischen Belastungen durch den Konflikt in erträglichen Grenzen. Es liefe auf eine erneute Mystifizierung hinaus, diese Belastungen überzubetonen, mit ihnen einen Leidensweg zu begründen, der formell erst mit der Emeritierung des Wiener Hochschulprofessors geendet hätte. Denn Bruckner hielt sein Leben lang an der rigorosen Trennung von Theorie und Praxis fest. Vernachlässigt wird in dieser Konstruktion die Tatsache, daß die Belastungen aus dem Konflikt in gewissen Grenzen einkalkuliert waren, um die Wiener Professur überhaupt erst zu erlangen.

Nur wenige Monate nach Abschluß des Unterrichts bei Sechter bewirbt sich Bruckner um die Stelle des Kapellmeisters und Direktors des Dom-Musikvereins und Mozarteums in Salzburg. Obwohl die Bewerbung ohne Erfolg bleibt, ist deren Begründung bzw. die Reihenfolge der angeführten Gründe, die ja wohl auch eine Rangfolge beinhaltet, von einigem Interesse. An erster Stelle nennt Bruckner seinen *Ruf* als Orgelspieler, an zweiter seine *Kenntnisse der Harmonielehre und des Contrapunctes.* Innerhalb einer längeren Ausführung dieses Bewerbungsgrundes heißt es, daß er sich *noch im Laufe dieses Jahres (...) am Conservatorium in*

Wien einer allgemeinen öffentlichen Prüfung unterziehen (wird),
um den Titel „Professor der Harmonie und des Contrapunctes"
zu bekommen. Erst an dritter und letzter Stelle versichert
Bruckner, daß er *auch dem eigentlichen Dirigenten-Fache gewachsen* sei.[17]

Kann es verwundern, daß die Salzburger Behörde, die doch
einen erfahrenen Kapellmeister sucht, auf diese Bewerbung
negativ reagiert? Abgesehen von der Betonung des Orgel-
spielers, die uns in späterem Zusammenhang noch beschäftigen wird: kann man die gezielte Halbherzigkeit des Gesuchs übersehen, das mit „Salzburg" recht eigentlich
„Wien" meint? In dieses Gesuch ist ein zweites einge-
schleust, das einzig gilt. Und in der Tat wendet sich Bruckner – man ist versucht zu sagen: folgerecht – im Oktober/
November 1861 wiederholt an die Gesellschaft der
Musikfreunde mit der Bitte, eine Prüfung zwecks Verleihung des Titels „Professor der Harmonielehre und des Contrapunctes"[18] ablegen zu dürfen. Da die Gesellschaft jedoch
„nicht das Recht habe einen solchen (Titel) zu verleihen"[19],
bescheidet sich Bruckner schließlich mit der Bitte, *als Lehrer*
der Harmonie und des Contrapunctes für Conservatorium befähigt
zu werden.[20] Allerdings sieht er sich außerstande, seiner Bewerbung durch Beifügung kompositorischer Arbeiten größeren Nachdruck zu geben. Der Grund, den er hierzu an-
führt, wirft ein weiteres Mal ein bezeichnendes Licht auf
Bruckners Theorieverständnis: *Erst jetzt nach der Prüfung* [bei
Simon Sechter; M. H.] *will er sich der freien Komposition wid-*
men. Durch vieles Fantasieren auf der Orgel suchte Gefertiger sich
vor T r o c k e n h e i t zu bewahren, so wie durch vieles Anhören ge-
diegner Musik in Wien.[21]

Am 19. November legt Bruckner die Prüfung in den theoretischen, am 21. November in den praktischen Fächern ab,
d. h. im Orgelspiel. Dessen Kern- und zugleich Glanzpunkt
wird die Improvisation über ein ad hoc vorgegebenes
Thema. Der Prüfungskommission gehörten, neben Joseph
Hellmesberger, Direktor des Konservatoriums, Otto Des-
soff, Hofopernkapellmeister, und Simon Sechter, auch der
damalige Leiter der Wiener Gesellschaftskonzerte, Johann
Herbeck, an, von dem das Improvisationsthema stammte
und der nach Bruckners Spiel geäußert haben soll: „Er
hätte u n s prüfen sollen!"[22] Das von der Kommission ausge-

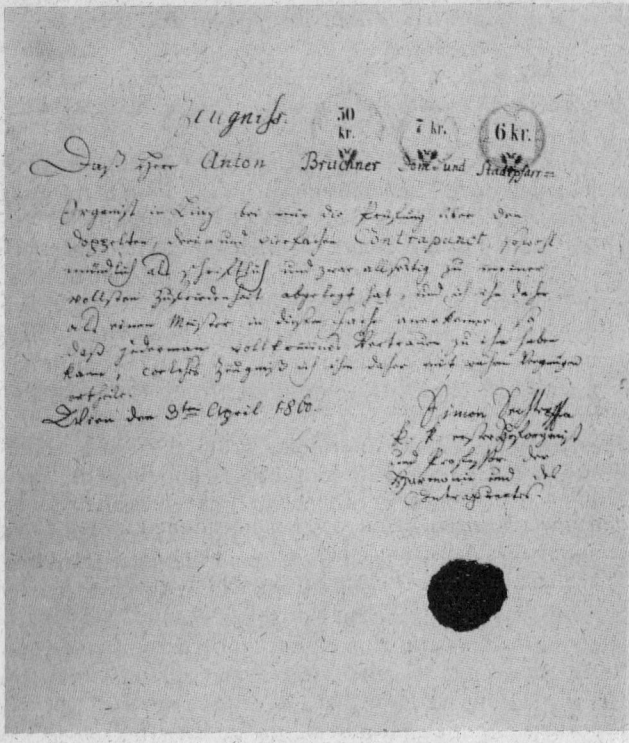

Simon Sechters Zeugnis für Bruckner vom 3. April 1860

stellte Zeugnis war des Lobes voll und bescheinigte Bruckner, „daß er sowohl in der Theorie der Musik als im Orgelspiel Beweise einer vorzüglichen Ausbildung abgelegt habe.
(…) Mit Rücksicht auf die hier angeführten Leistungen verdient Herr Anton Bruckner nicht nur als ausübender Musiker von vorzüglicher Sachkenntniß, sondern insbesondere
als Lehrer der Musik an Conservatorien und zur Unterweisung von Lehramtszöglingen allerorten bestens empfohlen
zu werden."[23]
Doch diese Empfehlung führt zunächst zu keinem praktischen Erfolg. Erst 1862, nach dem Tode Ignaz Aßmayrs und
der zu erwartenden Pensionierung Simon Sechters, darf
Bruckner mit der „Expektanz"[24] auf eine Stelle als zweiter

Hoforganist rechnen. Der Freund Rudolf Weinwurm schaltet sich ein und will Bruckner bewegen, mit Kompositionen nachdrücklicher auf sich aufmerksam zu machen. Bruckners Reaktion darauf ist einerseits typisch, andererseits eröffnet sie den Blick auf eine weitere, die letzte Phase kompositorischer Mimikry, welche sich im Anschluß und als ergänzendes Gegenstück zum Theoriestudium bei Sechter entfaltet:

Mit Compositionen kann ich nicht ausrücken, da ich noch studieren muß. (...) Später, künftiges Jahr werde ich wohl fleißig componieren. Jetzt sind's größtenteils nur Schularbeiten. In 3–4 Monaten bin ich fertig. Sollte eine Messe erfordert werden, so müßte ich natürlich die Studien aussetzen.[25]

An diesen Sätzen ist einmal bemerkenswert, daß Bruckner, anknüpfend an den Brief vom Juni 1860 über den künstlerischen Wert bzw. Unwert der Kontrapunktstudien, weiterhin an der Unvereinbarkeit von theoretischer und kompositorischer Arbeit festhält – sie schließen einander aus. Mit den *Schularbeiten* aber sind jene Kompositionen gemeint, die er unter der Aufsicht seines neuen Mentors, des Linzer Theaterkapellmeisters Otto Kitzler, anfertigte. Der Unter-

Josef Hellmesberger sen., Direktor des Konservatoriums der Gesellschaft der Musikfreunde

Linz: die Minoritenkirche, in der sich Bruckner unter Leitung
Dürrnbergers an Aufführungen klassischer Kirchenmusik
beteiligte

richt in Instrumentation und instrumentaler Formenlehre
begann sogleich nach der Wiener Konservatoriumsprüfung
im November 1861 (Kitzler war erst im selben Jahr nach
Linz engagiert worden), und der einhellige Prüfungserfolg
dürfte nicht unwesentlich dazu beigetragen haben, daß
Bruckner sich nunmehr den relativ neuen, weitgehend un-

vertrauten „Fächern" zuwendet. Für die Formenlehre zieht Kitzler vor allem die Klaviersonaten Beethovens heran, für die Instrumentation die „Kompositionslehre" von Adolf Bernhard Marx, deren III. und IV. Teil (1845–1847) eine „Angewandte Kompositionslehre" mit Beispielen bis zu Mendelssohn und Meyerbeer enthält.[26]

Nachdem also Bruckner die satztechnischen Studien bei Sechter beendet hatte, richtet er sein gewissermaßen systematisch forschendes Interesse auf die Instrumentalmusik in den „methodisch" abgesteckten Grenzen der klassisch-romantischen Tradition zwischen 1750 und 1840/45. Und gerade dieses „Methodische" ist es, das beide Unterrichtsphasen verbindet, sie als Komponenten eines einheitlichen Ausbildungsprozesses bestimmt, der allem künstlerischen Ausdrucksbedürfnis fernsteht. Bruckner geht es darum, „fertig" zu werden, theoretisch-praktisches Rüstzeug zu erwerben, das ihm die „eigentliche" Komposition ermöglicht. Und er glaubt dies nur erreichen zu können, indem er, bis zur Selbstverleugnung, einen formalen Bildungsgang einhält, dessen Abschluß erst den Weg ins Freie öffnet.

Dementsprechend vermitteln sämtliche unter Kitzlers Anleitung geschriebenen Stücke: *Streichquartett c-Moll* (WAB 111), *Marsch für Orchester d-Moll* (WAB 96), *Drei kleine Orchesterstücke* (WAB 97), *Ouvertüre g-Moll* (WAB 98) und die *Sinfonie in f-Moll* (WAB 99) das gewohnte Tarnverhalten. Bruckner geht es, wie früher beim Palestrina-Kontrapunkt oder bei der Bachschen Fugentechnik, um eine quasi abstrakte Beherrschung nunmehr instrumentalmusikalischer Kompositionstechniken von der Kammermusik bis zur Sinfonik, von der Formbildung bis zur Instrumentation. Die gewissermaßen unverbindliche Lernsituation enthält auch eine befriedigende Erklärung dafür, daß die Kompositionen nicht schlechthin eklektisch sind, sondern daß das Eklektische, als pädagogische Voraussetzung, eine bemerkenswerte kompositorische Beweglichkeit, einen erstaunlichen musikalischen Gestaltenreichtum zu erzeugen scheint. Indem Bruckner die klassisch-romantischen Vorbilder, mit Mendelssohn und Meyerbeer als Modernitätsgrenzen, nachahmt und erklärtermaßen jeden Kunstanspruch ausschließt, vermag er seine Arbeiten mit einer „geborgten" Lockerheit und Flexibilität, selbst mit Eleganz auszustatten, die er später, mit der ersten „eigentlichen" Komposition, der „0." *Sinfonie,* sofort und restlos fallenläßt. Darin ist zugleich der entscheidende Nachweis zu sehen, daß Sechters und Kitzlers Einwirken auf Bruckner zusammengehören, zwei Ebenen eines Prozesses bilden, in dessen Verlauf jene bereits genannten Traditionszwänge, als psychische Sperren für das eigene Komponieren, bis zum Zerreißen gespannt und dadurch überwunden werden.

Den schwächsten Eindruck machen zweifellos die drei *Orchesterstücke* in *Es-Dur, e-Moll* und *F-Dur,* vor allem durch ihren simplen dreiteiligen Formaufbau: 1. Thema, 2. Thema und Reprise des 1. Themas. Im 3. Stück wird allerdings das 2. Thema durch eine geschlossene trioartige Episode ersetzt. Beachtenswert an Nr. 1 und 2 sind die Ansätze zu einer pulsierenden Einstimmungsfläche in den jeweils ersten Takten, die zumindest in Nr. 2 an das Mendelssohnsche Violinkonzert erinnert. Überhaupt ist der ganze „Ton" dieses Stücks von Mendelssohn geprägt. Sein 1. Thema entfaltet sich in vielgliedriger, weitschwingender Kantabilität und vermittelt einen charakteristischen Eindruck von jener angedeuteten adaptiven Beweglichkeit, zu der sich Bruckner hier aufschwingt:

5 Orchesterstück Nr. 2, Takt 2 ff.

Die Orchesterstücke sind einheitlich mit je zwei Fl*, Ob, Kl, Fg, Hr, Tp, einer Pos, zwei Pk und Streichern besetzt, also mit dem klassisch-romantischen Standardinstrumentarium. Unverkennbar verwendet Bruckner erhebliche Anstrengungen darauf, schematische Trennungen von Solo und Begleitung zu überwinden und durch verschiedene durch die Stimmen „wandernde" solistische Passagen ein aufgelockertes, „durchbrochenes" Satzbild zu erzielen.

* Siehe Abkürzungsverzeichnis der Instrumente im Anhang.

Darin und in der Stimmengestaltung überhaupt geht der *Marsch d-Moll* noch etwas weiter. Kombinationen von punktierten Rhythmen und Triolen, obwohl allgemeine Marschcharakteristika, geben dem Stück einen federnden Schwung, der im Hauptteil an den 2. Satz aus Beethovens Klaviersonate A-Dur op. 101 erinnert. Das knappe, gebundene Trio hingegen trägt Schumannsche Züge.

Die *Ouvertüre g-Moll* und die *Sinfonie f-Moll,* die beiden letzten unter Kitzlers Aufsicht entstandenen Arbeiten, treiben den Effekt, aus eklektischer Unverbindlichkeit eine ebenso unverbindliche kompositorische Fülle, eine scheinbare Vielgestaltigkeit zu erzeugen, am weitesten. Es ist, als ob Bruckner – ein letztes Mal – das Gelernte durchspielen möchte, große Mühe und Sorgfalt darauf verwendend, auch nicht das geringste Detail zu vergessen. In der Ouvertüre wirkt sich dies, durch das Bestreben, kein Instrument oder gar eine Instrumentengruppe über mehrere Takte hin unbeschäftigt zu lassen, als permanente Überzeichnung des Klangbildes aus. Dementsprechend überladen zeigt sich auch die motivische Arbeit. Zwei Themen binden das Ausgangsmaterial. Da jedoch das 2. Thema in einer „Solo"- und einer „Unisono"-Fassung erscheint, könnte sich hier die für Bruckner typische Sinfonieexposition mit drei Themen ankündigen.

Hinsichtlich der motivisch-thematischen Turbulenz einschließlich dichter Ableitungsbeziehungen zwischen den Hauptthemen geht die *Sinfonie* noch über die *Ouvertüre* hinaus. Doch betrifft dies im wesentlichen nur die ersten beiden Sätze. Im Scherzo und Finale wird die eklektische Beweglichkeit zugunsten einer geradezu quadratischen Formstrenge reduziert. Insbesondere das Scherzo gemahnt durch thematische Belanglosigkeit und pedantisch wirkende Formknappheit an eine einigermaßen unwillig erledigte Schulaufgabe. Nur eine Passage mit wandernder Harmonie (vor Takt 20: c – Des – F^7 – Ges – G → c) weckt einiges Interesse. Wenig anders ist die Situation im Finale: der heroisch gemeinte Gestus bleibt leer und lärmend. Ein überwiegend akkordischer Satz mit punktierter Rhythmisierung bei schwach ausgeprägter Thematik erinnert etwa an das Finale aus Schumanns II. Sinfonie, das sicher ebenfalls nicht zu dessen starken Eingebungen gehört.

Der erste Satz verfügt über einen ausgedehnten, 84 Takte umfassenden Hauptthemenkomplex, dessen einstimmiger Einsatz (1. Vl) sich zwar durchaus als originell, in der starren Trennung von Vorder- und Nachsatz aber zugleich auch als archaisch erweist:

6   Sinfonie f-Moll, 1., Takt 1ff.

Bedeutungsvoller sind innerhalb des Hauptthemenkomplexes wiederholte Vorausnahmen des 2. Themas (Takt 38ff. und 71ff.), die bewirken, daß das neue Thema einen „Schein des Bekannten" erhält, welcher den traditionellen Themenkontrast zumindest mildert. Solche Kontrastverwischung berührt auch das 3. und 4. Thema, mehr noch: sie ergreift über das Thematische auch die Formbildung, indem die üblichen Zäsuren zwischen den Formteilen überspielt werden. Hierin kündigt sich nun wahrhaft ein wichtiges Formmoment des späteren Bruckner an, das aber noch nicht offen ausgestellt werden soll: im Gegensatz zum gleitenden Übergang Exposition–Durchführung erscheint der Übergang Durchführung–Reprise lediglich gemildert, und die vorbereitenden Vorausnahmen des 2. Themas in der Reprise des 1. Hauptthemenkomplexes werden ganz eliminiert. Noch immer ruft sich Bruckner zur schulgetreuen Pflicht und Ordnung zurück …
Der originellste Satz des gesamten „vorkompositorischen" Frühwerks ist zweifellos das Andante: die Barrieren wider die befreite Phantasie sind zerbrechlich schmal geworden. Das folgende Scherzo und das Finale können sie nurmehr

mühsam und notdürftig noch einmal verstärken. Die Thematik des Andante setzt sich partikelartig zusammen, aus
Elementen, die kaum eine scharfe Kontur aufweisen. Die
Melodik bildet eine Folge von Zellen, die sich in ständiger
diastematischer Variation befinden. Die rhythmische Bewegung orientiert sich an den leichten Taktteilen und bevorzugt synkopische Bildungen:

7   Sinfonie f-Moll, 2., Takt 1 ff.

An solchen Stellen entsteht permanente Verwandlung des
„gesetzten" Materials, auf allen Ebenen, eine Aneinanderreihung von Übergangssituationen, ein Fließen und damit
auch Verfließen der kompositorischen Konturen. Diese
„Unschärfe" wirkt um so stärker und provozierender, je
simpler das Material, vor allem die Motivik, gehalten ist, das
solche Übergangspermanenz zu tragen hat. Hier deutet sich
ein entscheidender wirkungsgeschichtlicher Konflikt an –
aus dem die unversöhnliche Gegnerschaft von Bruckners
Apologeten und Kritikern erwuchs. Die einen sahen nur
die „Simplizität" des nach außen Musizierten und verklär-
ten es als Reinheit und mystische Tiefe; die anderen sahen
nur Konfusion und Anarchie, in der sie nichts anderes als
Dilettantismus erblicken konnten.
Als ob Bruckner diesen Konsequenzen noch einmal aus-
weichen sucht, gibt er dem weiteren Verlauf des Satzes
einen traditionellen Zuschnitt. Ein B-Teil, in g-Moll (die
Grundtonart ist Es-Dur), hat eine kleingliedrige Thematik mit bewegter Arpeggio-Begleitung und erinnert an
den Mittelteil des 2. Satzes von Mozarts Klavierkonzert
d-Moll, KV 466. Die Reprise des A-Teils ist stark gerafft
und verliert dadurch erheblich an variativer Beweglichkeit.
Die *Sinfonie f-Moll* entstand zwischen Februar und Mai

1863. Im Juli endeten die Konsultationen bei Otto Kitzler mit einem „Freispruch", nach dem sich Bruckner gefühlt haben soll „wie ein Kettenhund, der sich von seiner Kette losgerissen hatte"[27]. Im Oktober 1863 nimmt Bruckner die Arbeit an einer *Sinfonie in d-Moll* (WAB 100) auf, welche, obwohl er sie später als *ungiltig* verwirft, als sogenannte *„0." Sinfonie* den Weg zu den kommenden Meisterwerken sichtbar werden läßt.

5. Linz II (1863–1868)

Mit dem „Freispruch", mit dem „Losreißen von der Kette", unter der wir, nach allem Bisherigen, ein ganzes Bündel von materiell-sozialen, ideellen und spezifisch musikalischen Zwängen zu verstehen haben, richten sich Bruckners Bemühungen immer dringlicher darauf, das Ziel „Wien", die Hofkapelle, das Konservatorium, die Universität, zu erreichen. Linz muß ihm dabei um so unerträglicher werden. Bereits im Februar 1861 heißt es in einem Brief an den vertrauten Freund Rudolf Weinwurm: *Ich freue mich schon herzlich Linz hinter dem Rücken zu haben. Werde Dir Manches erzählen worin Du echte Krähwinkler-Charaktere ahnen, ja deutlich erkennen wirst.*[1]
Und im März 1864, ebenfalls an Weinwurm: *Ich bin hier oft sehr mißmutig und traurig. Falsche Welt – jämmerliche Pagage.*[2]
Diese Klagen entspringen wohl nicht nur den deprimierenden Erfahrungen mit den provinziellen Verhältnissen in der Landeshauptstadt, sondern auch und vielleicht noch mehr aus der unsicheren „Expektanz" auf die Wiener Hoforganistenstelle: Bruckner fühlt sich „hingehalten", zu Recht. Denn schließlich wird nicht er, sondern ein gewisser Pius Richter mit diesem Amt betraut.[3] Bruckners zorniger Ausbruch, in einem weiteren Brief an Weinwurm vom Oktober 1864: *Gehen wir nach Rußland und wo immer hin wenn man uns im Vaterland nicht kennen will,*[4] könnte durchaus als Reaktion auf die Mißachtung zu verstehen sein, der sich der Komponist allenthalben ausgesetzt fühlt.
Doch es wäre ungerecht (und Bruckner muß es sein, da er

Richard Wagner. Das Foto erhielt Bruckner bei seiner ersten
Begegnung mit dem verehrten Meister geschenkt

unablässig das ihm bislang verschlossene Wien vor Augen hat!), die positiven Erfahrungen, auch die ersten größeren Aufführungserfolge, nicht genügend zu beachten. So erlebt er im Februar 1863, noch unter der Leitung Kitzlers, eine Aufführung von Richard Wagners „Tannhäuser", die ein genaues Studium der Partitur zur Folge hat.[5] Bis 1865 lernt Bruckner auch „Lohengrin" und den „Fliegenden Holländer" kennen, die ihn nicht minder beeindrucken. Überhaupt gehört die Entdeckung Wagners und damit der heftig umstrittenen musikalischen Moderne unmittelbar zum kompositorischen Aufbruch Bruckners. Gefördert werden diese Entdeckungen durch den Geiger und 2. Kapellmeister des Linzer Theaters, Ignaz Dorn, der ihm neben Kompositionen Wagners auch solche von Berlioz und Liszt erschließt. Anfang 1865 unternimmt Bruckner eine Reise nach Budapest, um Liszts Oratorium „Die heilige Elisabeth" zu hören, und im Mai nach München zur Uraufführung von Wagners „Tristan und Isolde". Doch der angesetzte Aufführungstermin (15. Mai) kann nicht gehalten werden. Während der zwei Wochen, die er in München wartend verbringt, gelingt es Bruckner, Hans von Bülow für seine *I. Sinfonie* zu interessieren und durch dessen Vermittlung eine Begegnung mit Wagner zu erreichen, der *ungemein lieb und freundlich zu mir* war.[6] Das Sängerbundfest vom 4. bis 6. Juni ruft Bruckner nach Linz zurück, so daß er erst Mitte Juni wieder in München sein und die inzwischen dritte Aufführung des „Tristan" hören kann. Schließlich führt ihn eine letzte von Linz aus unternommene „Kunstreise" im Dezember 1866 nach Wien, zur Aufführung von Berlioz' „Faust's Verdammung".

Die wichtigste, lebensbestimmende Konsequenz des „Freispruchs" von 1863 besteht freilich in der Entfaltung der eigenen, ungehemmten schöpferischen Produktivität, die, gleichsam als eine erste Phase, bis in das Jahr 1868 anhält. Nach der *„0." Sinfonie,* die im Mai 1864 abgeschlossen war, beginnt Bruckner die Arbeit an der *Messe in d-Moll* (WAB 26), die im September des gleichen Jahres beendet ist. 1865/66 entstehen die *I. Sinfonie in c-Moll* (WAB 101), die *Messe in e-Moll* (WAB 27), und mit der *Messe in f-Moll* (WAB 28) wird 1867/68 dieser erste Schaffensaufschwung abgeschlossen.

Die Uraufführung der *d-Moll-Messe* fand am 20. November 1864 in der Linzer Domkirche statt und hatte, wie übrigens auch die späteren Messen, einen außerordentlichen Erfolg, so daß das Werk bereits am 18. Dezember in einem „Concert spirituel" wiederholt werden konnte. Für Bruckner kam dieser Erfolg überraschend, da, wie er Freund Weinwurm nach Wien schreibt, *die Composition sehr ernst und sehr frei gehalten ist.*[7] Was Bruckner damit meint, geht aus der Aufführungsbesprechung Moritz von Mayfelds, eines Beamten und Musikliebhabers, dem er freundschaftlich verbunden war, unmißverständlich hervor: „Ist es erlaubt eine Messe in dem Style zu schreiben wie Bruckner es getan? Auf diese Frage lautet die Antwort: Nicht nur erlaubt, sondern unerläßlich geboten, wenn überhaupt ein Werk von wirklicher Bedeutung zustande kommen soll. In keinem Zweige der Kunst haben so viele Flachköpfe gesündigt, als gerade im kirchlichen. Jeder Schulmeister, mit dem Generalbaß behaftet, glaubt im musikalischen Weinberge des Herrn arbeiten zu dürfen und wählt die Kirche, wo die an anderen Orten herrschende Gefahr eines lauten Fiaskos nicht existiert, zu seinem Tummelplatze. So kommt es, daß die ohnehin schon zum Überdruß breitgetretenen, stereotypen Geleise der Kirchenmusik tunlichst noch mehr ausgefahren werden."[8]

Auch wenn man berücksichtigt, daß diese Philippika einen enragierten Wagnerianer zum Verfasser hat, so trifft sie dennoch nicht nur voll und ganz ins Schwarze, sondern entlarvt post festum Bruckners „formale" Komponistenexistenz bis 1863, die ja, für den Außenstehenden, nichts anderes als die eines „mit dem Generalbaß behafteten" Schulmeisters war. Mayfeld fährt fort: „Wenn der Satz richtig ist – und er ist richtig –, daß nur neue Gedanken zur Komposition berechtigen, und daß das handwerksmäßige Erzeugen formgerechter Stücke gar kein Gewinn für die Kunst ist, so ist Anton Bruckner ein vollberechtigter Kompositeur."[9]

Die rigorose Wende zum „eigentlichen" Komponieren kann wohl nicht schärfer, als es hier geschieht, zum Ausdruck gebracht werden. Und besonders deshalb, weil der Rezensent die Aufführung als ein gelungenes – Debüt beschreibt und mit keinem Wort weder ein früheres Werk noch eine frü-

Moritz von Mayfeld, Bruckners Freund und Förderer in Linz

here Aufführung auch nur andeutet, von denen er doch
Kenntnis gehabt haben muß. Denkbar ist, daß Mayfeld, indem er den größten Teil der Rezension auf die Kritik über-
lebter Kirchenmusikpraxis verwendet, zumindest indirekt
auch den Bruckner von einst meint, das neue Werk aber
nun zum Anlaß nimmt, den endlich erreichten Durchbruch
zum Schöpferischen zu preisen und daran zugleich die Pro-

phezeiung zu knüpfen, daß Bruckner „schon in nächster Zukunft das Feld der Symphonie, und zwar mit größtem Erfolge bebauen dürfte"[10].

Erwähnenswert in diesem Zusammenhang ist noch, daß Mayfeld seine Meinung nach einer weiteren, nicht minder erfolgreichen Aufführung der *Messe* im Januar 1868 erheblich revidieren zu müssen glaubt. Die „gewaltsame(n) Schlüsse und grelle(n) Dissonanzen" stimmten ihn besorgt, denn Musik solle „nicht mehr überraschen und staunen machen, sondern (...) erheben und erbauen"[11]. Diese Worte sind ein frühes Zeugnis für das begrenzte Verständnis selbst bei denen, die sich als „Kenner" und „Freunde" Bruckners betrachten.

Als Johann Herbeck im April 1866 zum 1. Hofkapellmeister ernannt wird, nimmt Bruckner sein Glückwunschschreiben zum Anlaß, sich nachdrücklich in Erinnerung zu bringen. Er ruft Herbeck nicht nur das begeisterte Urteil über die Eignungsprüfungen vom November 1861 ins Gedächtnis, sondern fordert ihn unumwunden auf, seinen nunmehr mächtigen Einfluß zur Geltung zu bringen: *In Ihre Hände lege ich mein Schicksal und meine Zukunft! Bitte innigst, retten Sie mich, sonst bin ich verloren!*[12]

Begünstigt durch einen Wechsel im Obersthofmeisteramt – dem 1865 verstorbenen Fürst Liechtenstein folgte der reformbereite Fürst Hohenlohe-Schillingsfürst –,[13] gelang es Johann Herbeck, Bruckners *d-Moll-Messe* am 10. Februar 1867 in der Wiener Hofkapelle aufzuführen, mit Erfolg, auch wenn die Presse von dem Ereignis offenbar keine Notiz nahm. Damit war Bruckner dem Ziel „Wien" ein gutes Stück nähergerückt. Doch da trat ein unvorhergesehener Rückschlag ein: die seit nahezu vier Jahren anhaltende Schaffenseuphorie und der aufreibende „Kampf um Wien" hatten die psychischen und physischen Kräfte erschöpft, so daß Bruckner zu einer mehrmonatigen Kur nach Bad Kreuzen reisen mußte: *Dr. Fadinger in Linz kündigte mir den Irrsinn als mögliche Folge schon an. (...) Darf noch gar nichts spielen, studieren oder arbeiten,* heißt es in einem Brief an Weinwurm vom Juni 1867.[14]

Nicht zu unterschätzende psychische Belastungen ergeben sich auch aus Bruckners lebenslang problematischem Verhältnis zu Frauen, genauer: zu jungen Mädchen, um die er ebenso unablässig wie erfolglos wirbt. In Krisenzeiten wie der des Jahres 1867 muß Bruckner diese Belastung besonders schmerzlich empfunden haben, und deshalb seien, stellvertretend für viele ähnliche Situationen, die Werbungen dieses Zeitpunktes herausgegriffen. In ihnen verwirren sich die unterschiedlichsten Motive und Wünsche, von der Sehnsucht nach menschlicher Geborgenheit bis zur nüchternen Erwägung sozialer Absicherung. In einem Brief an die siebzehnjährige Josefine Lang, wahrscheinlich aus dem Jahre 1866, schreibt Bruckner: *Meine größte und innigste Bitte, die ich hiemit an Sie, Frl. Josefine zu richten wage, ist, Fräulein Josefine wollen mir gütigst offen und aufrichtig Ihre letzte und endgiltige oder auch ganz entscheidende Antwort schriftlich zu meiner künftigen Beruhigung mitteilen und zwar über die Frage: Darf ich auf Sie hoffen und bei Ihren lieben Ältern um Ihre Hand werben? oder ist es Ihnen nicht möglich aus Mangel an persönlicher Zuneigung mit mir den ehelichen Schritt zu tun? (…) Wollen Fräulein ganz offen und aufrichtig und ganz entschieden schreiben entweder: ich darf um Sie werben, oder gänzliche ewige Absage, (kein Mittelding etwa vertrösten oder umschreiben, da bei mir die höchste Zeit bereits vorhanden ist) (zudem wird sich Ihr Gefühl nicht leicht verändern, weil Fräulein sehr vernünftig sind). Fräulein dürfen die reine Wahrheit mir unbesorgt sagen, weil selbe in jedem Falle mir Beruhigung gewähren wird.*[15]

Für die Werbung um die achtzehnjährige Henriette Reiter sucht Bruckner Auskünfte zu erhalten, über die er sich mit seinem Intimus Weinwurm verständigt: *Das Mädchen soll 3 000 fl. Vermögen besitzen. Das ist freilich blutwenig. (…) Da ich schon 42 Jahre alt werde, ist es höchste Zeit. Doch lieber noch warten, bevor ich's übereile. Das Mädchen gefiel mir wohl sehr und da ich sehr ohne — dastehe, so bitte ich doch dringend im Vertrauen auf Deine übergroße Güte, möchtest Du Dich nicht, da der Schritt so nötig ist, — nicht näher um ihre Sitten etc. um ihre pecuniären Verhältnisse erkundigen bei sicheren Quellen, bei Leuten aus der Nachbarschaft, beim Bezirksamte wegen Vermögens etc. (…) 3 000 fl. ist etwas zu wenig; und besonders wenn das Mädchen an ein nobles Leben gewöhnt wäre (…) (Daß ich 42 Jahre alt wäre, dürfte das Mädchen nicht zuerst wissen, bis sie mich öfters gesehen; denn sie möchte 36 Jahre — ich sehe noch etwas jünger aus). Was wolltest Du mir neulich aus Salzburg sagen? Welches Mädchen? hübsch? reich? lieb? Sei doch offen — denn der Moment muß nahen.*[16]

Josefine Lang, der Bruckner als Siebzehnjährigen einen seiner
zahlreichen vergeblichen Heiratsanträge machte

Der *Moment* nahte niemals oder anders: Bruckner glaubte sich ihm unablässig nahe, ohne je zu ernsthaften praktischen Konsequenzen zu kommen. Auch zwanzig Jahre später noch ist er dem *Moment* ebenso nah wie fern, doch verraten die weiterhin eifrig unternommenen Bemühungen um den Ehestand wachsende Resignation: *Was meine Heirat betrifft, so habe ich bis dato noch keine Braut; könnte ich doch eine recht passende liebe Flamme finden! Wohl habe ich viele Freundinnen; denn in letzter Zeit setzen mir die Holden sehr viel nach und meinen idealisch handeln zu müssen!*[17]

Im Herbst 1867 ist die Krise überwunden. Bruckner beginnt die Arbeit an der *Messe f-Moll,* die er im September 1868, kurz vor der Übersiedlung nach Wien, abschließen kann. Am 10. September 1867 stirbt Simon Sechter – in die Trauer um den verehrten Lehrer mischt sich erneute Hoffnung auf ein Amt in der Hofkapelle. Schon am 14. Oktober richtet Bruckner ein Gesuch an den Obersthofmeister um Anstellung als Hoforganist oder als „überzähliger unbesoldeter k.k. Vice-Hofkapellmeister"[18]. Außerdem bewirbt er sich an der Wiener Universität um eine Lehrstelle für Komposition, ein Fach, das es an der Universität gar nicht gab und das daher erst hätte geschaffen werden müssen. Verständlich also, daß das Professorenkollegium und der schriftführende Gutachter in diesem Falle, der Professor für Musikgeschichte Eduard Hanslick, die Bewerbung zurückweisen: Komposition gehöre als Einzelunterricht an das Konservatorium und nicht als Kollegfach an die Universität.[19]

Diese neuen Enttäuschungen (auch die Bewerbung bei der Hofkapelle erscheint wenig erfolgversprechend) veranlassen Bruckner, sich ein weiteres Mal um die Ämter als Domkapellmeister und Direktor des Mozarteums in Salzburg zu bemühen und hierzu die *d-Moll-Messe* einzureichen. Doch auch dieses Gesuch wird abschlägig beschieden, wenn auch gewissermaßen unter mildernden Umständen: man verbindet die Ablehnung merkwürdigerweise mit der Verleihung der Ehrenmitgliedschaft im Mozarteum und begründet dies mit Bruckners Anteilnahme und Unterstützung des Instituts.[20]

Einen Lichtblick brachte dagegen Bruckners Wiederwahl zum Chormeister der Liedertafel „Frohsinn" im Januar

Hofkapellmeister
Johann Herbeck
(1858)

1868, der die bereits erwähnte Ehrenmitgliedschaft Richard Wagners und die Uraufführung des Schlußstücks aus den „Meistersingern" folgten. Entschieden wichtiger jedoch wurde die Uraufführung der *I. Sinfonie* am 9. Mai im Linzer Redoutensaal. Obwohl die Aufführung nur mittelmäßig gewesen sein dürfte (Bruckner, der selbst dirigierte, stand lediglich eine einfache Bläser- und eine ebenfalls reduzierte Streicherbesetzung zur Verfügung), fand das Werk eine wohlwollende Erwähnung in der einflußreichen Wiener „Neuen Freien Presse", die kein Geringerer als Eduard Hanslick veranlaßt haben kann. Die Sinfonie, so heißt es, „fand bei dem zahlreichen, sehr gewählten Publicum, wie bei der Kritik außerordentlich günstige Aufnahme. Der Componist wurde wiederholt gerufen. Wenn die Nachricht von Bruckners bevorstehender Anstellung am Wiener Conservatorium sich bestätigt, können wir dieser Lehranstalt nur gratulieren."[21]

In der Tat werden nun Sechters Hoforganistenamt und eine Lehrstelle für Kontrapunkt und Orgelspiel am Konservatorium zur Besetzung ausgeschrieben. Einer der namhaften Befürworter Bruckners für diese Ämter ist Johann Herbeck, der jedoch nicht vergißt, Bruckner daran zu erinnern, daß dessen Position in Wien nicht so abgesichert sein würde wie in Linz. Bruckner zeigt sich auch wirklich verunsichert und sieht einen Ausweg – in der Bewerbung als Hoforganist oder „Vice-Hofkapellmeister" in München, wobei er mit Wagners Unterstützung rechnet. Der entsprechende Brief an Hans von Bülow vom 20. Juni 1868 (der wohl unbeantwortet blieb) kreuzt sich mit Herbecks energischer Aufforderung, das Wiener Angebot wahrzunehmen, „Jammer und Verzweiflung" zu lassen und keine „überspannten Briefe" zu schreiben: „Also nicht ‚aus der Welt' sondern ‚in die Welt' gehen, keine eines Mannes und Künstlers Ihres Schlages unwürdige Verzagtheit. Sie haben keine Ursache dazu."[22]

Diese väterliche Zurechtweisung durch den (sieben Jahre jüngeren!) Herbeck scheint einige Zweifel zerstreut zu haben, aber immer noch nicht alle: bevor Bruckner sich endgültig auf Wien einläßt, verschafft er sich vom Linzer Bischof Rudigier die Zusage, ihm das Domorganistenamt *für einige Jahre gnädigst reservieren zu wollen.*[23] Was auch geschieht – bis Juli 1870!

Schließlich aber fallen doch die letzten Hürden, am 1. Oktober 1868 wird Bruckner als Professor für Generalbaß und Kontrapunkt sowie einer „neuzuerrichtenden Orgelschule"[24] an das Konservatorium der Gesellschaft der Musikfreunde berufen. Zuvor, am 4. September, erhielt Bruckner ein von Herbeck unterzeichnetes Ernennungsschreiben zum „k.k. Hoforganisten", womit allerdings lediglich und aufs neue eine „Expektanz" verbunden war.

Damit erfüllte sich ein Lebensziel, das vor fast zwei Jahrzehnten, in der Krisenphase der Florianer Jahre, gesteckt worden war. Die Verwirklichung dieses Lebensziels bedeutete auch und nicht zuletzt einen beachtlichen sozialen Aufstieg, vom Dorfschulgehilfen zum Hochschulprofessor. Insbesondere in neuerer Literatur[25] wird der Aufstieg zu Recht als aussagekräftiger Beweis gegen übliche leidverklärende Darstellungen gewertet, gegen das Klischeebild vom stets befeuchtelten Untertanen und verkannten Musiker, den noch in der Großstadt provinzielle Enge als angemessener Nährboden umgab. Der, der sich angeblich niemals selbst zu helfen wußte, entwickelte in Wahrheit, wenn auch oft-

mals im verborgenen oder getarnten, eine geradezu berech-
nende Aktivität, um der Lebensbahn die gewünschte Richtung zu geben. Doch es hieße, diese Aktivität mit einem
blanken Karrierismus gleichzusetzen (und damit lediglich
eine leicht angestaubte Mystifikation durch eine neuzeitlich
gefärbte zu ersetzen), wenn Bruckners sozialer Aufstieg,
wie auch sein eigentümlicher künstlerischer Ausbildungsweg, nicht dem eigentlichen und übergreifenden Lebensziel unterstellt würde: der Entfaltung der kompositorischen
Arbeit.

Dieser Behauptung könnte nun wahrlich der Vorwurf teleo-
logischer Konstruktion gemacht werden, da konkrete biographische Anhaltspunkte oder gar authentische Äußerungen kaum vorliegen. Doch die Rechtfertigung der
Konstruktion ergibt sich aus der Realität der Kompositionen: auf sie konzentriert Bruckner nicht nur letztlich alle
Anstrengungen und Unternehmungen, jetzt und in der Zukunft. Bemühungen um Aufführungen oder die Lehramts-
verpflichtungen folgen, auch wenn sie noch so sehr den
Ehrgeiz beschäftigen und Zeit beanspruchen, in bemesse-
nem Abstand. Ein kleiner, aber nicht unwichtiger Anhaltspunkt für diese Interessenschichtung darf in den bald wieder einsetzenden Klagen über die Lebensverhältnisse
gesehen werden, die sich, was das kompositorische Exi-
stenzverständnis betrifft, auch in Wien nicht sonderlich
verändern konnten.

Die Komposition als künstlerischer Selbstausdruck wurde
also parallel zu sozialem Aufstieg wie zu Unterricht und
Selbststudium (welche das Kompositions-„Verbot" enthiel-
ten) angestrebt, und im Zusammenspiel aller dieser Komponenten bildete sich jene bereits mehrmals genannte „psychische Disposition" heraus, deren Eigenheiten nicht nur
Bruckners kompositorische Arbeitsweise steuern, sondern
auch ihren explosionsartigen Beginn verursachen. Insofern
aber diese Disposition gewachsen ist, das Ergebnis eines
durchaus langwierigen Reifeprozesses darstellt, ist sie auch
Ausdruck einer spezifischen schöpferischen Kontinuität,
welche den explosionsartigen Beginn relativiert – vielleicht
zum Extremfall von Kontinuität. Zu den relativierenden,
vorbereitenden Momenten gehört ein weiteres, auf das
ebenfalls schon verschiedentlich hingewiesen wurde, das

aber nun etwas genauer betrachtet werden soll: Bruckners Wirken als Organist.

Der Sohn und Enkel von Dorfschullehrern wurde von früher Jugend an mit dem Orgelspiel vertraut, mit einer Organistenpraxis, in der die Improvisation seit dem 17. Jahrhundert schon einen bedeutenden Platz einnahm. Diese Improvisation, als Einrahmung und Begleitung kultischer Handlungen, formte frühzeitig Bruckners kompositorische Vorstellungskraft und bald auch die ihm eigenen kompositionstechnischen Voraussetzungen, die sich nie mehr verlieren, im Gegenteil: die immer weiter entfaltet und verstärkt werden sollten. Improvisation als Ausbildung und Vorzeichnung von Komposition ist alles andere als ein ungewöhnliches Phänomen, es beherrscht die musikalische Produktion des 17. und 18. Jahrhunderts, und nicht nur die an die Orgel gebundene. Bei Mozart und Beethoven bilden sich wesentliche kompositorische Elemente aus der Variation als gleichsam geronnener Improvisation heraus oder auch aus aufführungspraktischen Gepflogenheiten, unter denen die Improvisation (z. B. in den Klavierkonzerten Mozarts) eine nicht unwesentliche Rolle spielt. Mit und nach Beethoven erfolgt, zumindest in den auf ihn sich berufenden Entwicklungen, eine entschiedene Trennung von Improvisation und Komposition. Erstere wird zur bevorzugten Angelegenheit der bald massenhaft auftretenden Virtuosen, welche die Komposition quasi als Vorgabe für die Demonstration höchster spieltechnischer Schwierigkeiten benutzen. Die eigentliche Komposition, als „Ideenkunstwerk", erhält den Charakter eines „definitiven Textes", der keinen Raum für Improvisation läßt.[26] Doch sie ist, unvereinbar mit der subjektiv geformten und deshalb zwangsläufig „definitiven" Kompositionsidee und -struktur, nicht einfach ausgegrenzt oder überwunden. Improvisation wird sublimiert und verschmilzt mit der Komposition, wie etwa in Schumanns „Carnaval": einerseits wird dieser Stückzyklus motivisch, durch ein sigelartiges Motto, fest verklammert, fester und auch starrer, als je eine Beethovensche Klaviersonate. Andererseits nimmt Schumann das Motto zum Anlaß für frei schweifende, improvisatorisch wirkende musikalische Erfindung, die sich zu einem lockeren Variationszyklus formt. Bruckner geht zunächst andere Wege, um

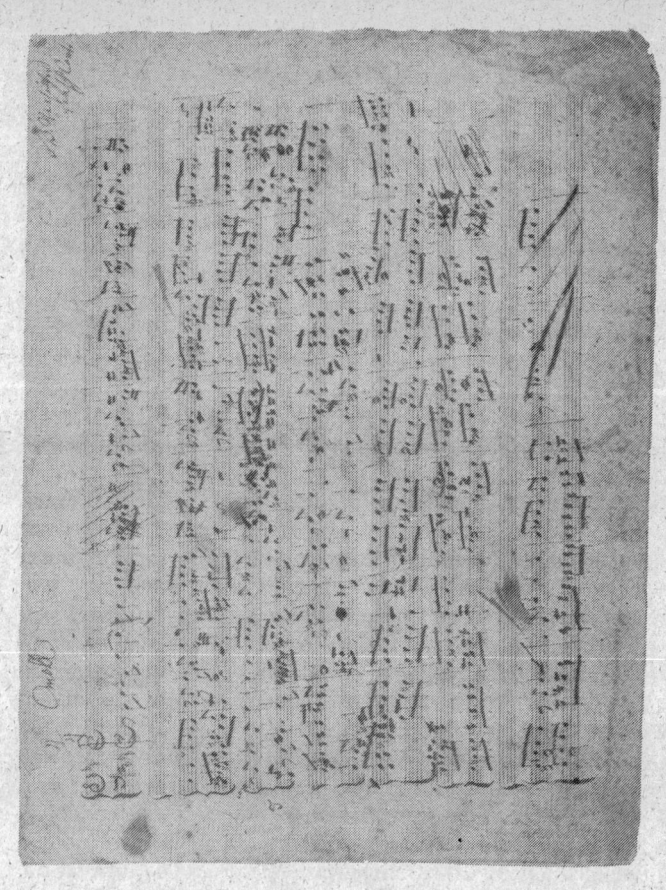

Vorspiel und Fuge c-Moll für Orgel. Bruckners wenige Orgelstücke bleiben von der Kunst des virtuosen Improvisators unberührt schließlich ebenfalls, aber auf seine Weise, die Verschmelzung von Improvisation und Komposition zu erreichen. Mit der frühzeitig einsetzenden Spaltung von Theorieunterricht und Kompositionspraxis, die, in diesem Bereich, ein über Jahrzehnte ertragenes und auch selbst auferlegtes Kompositionsverbot zur Folge hatte, übernimmt die Orgelimprovisation ersatzweise die Funktion der Komposition. Der bereits zitierte Brief vom 10. November 1861 an die Direktion der Gesellschaft der Musikfreunde beweist, daß Bruckner diesen Zusammenhang klar erkannt hatte: *Durch vieles Fantasieren auf der Orgel suchte Gefertigter sich vor Tro k kenheit zu bewahren,* d. h. vor der *Trockenheit* des theoretischen Studiums wie der musikalischen Gelegenheitsarbeiten für Kirche und Geselligkeit. Auch die frühe Bruckner-Literatur enthält hierüber bereits bemerkenswerte Feststellungen. So schreibt Max Graf im Jahre 1896: „Alle Elemente der Brucknerschen Kunst sind hier" [in der Orgelimprovisation; M. H.) „gegeben. Die ungeheuer starre Größe seiner Tongebilde, die ausschweifende Phantastik, die Vertrautheit mit den Tiefen der Töne, die Freude am Zierrat und Geflecht, an der hundertfachen Verwandlung der Form."[27]

Rudolf Louis bezeichnet die Improvisation als Bruckners „eigentliche Inspirationsquelle"; der Versuch, sie zu „monumentalisieren", führte zur Sinfonie.[28] Louis zieht dann einen aufschlußreichen Vergleich mit Franz Liszt und dessen Wandel vom virtuosen Klavierspieler-Komponisten zum Autor bekenntnishafter Oratorien und Sinfonischer Dichtungen. Ein Brief Wagners an Liszt bringt diesen Wandel, wenn auch in einer einigermaßen verquollenen Diktion, zur Sprache: „Die Wunder Deiner persönlichen Mitteilung" [als Pianist; M. H.] „mußtest Du in einer Weise zu erhalten suchen, welche vom Leben Deiner Person selbst sie unabhängig machte. Somit mußtest Du, ohne zu suchen, darauf verfallen, Deine persönliche Kunst durch das Orchester zu ersetzen, das heißt durch Kompositionen, die vermöge der unerschöpflichen Hilfsmittel des Vortrags im Orchester Deine Individualität wiederzugeben imstande waren, ohne daß es in Zukunft Deiner individuellen Person dabei bedurfte. So gelten mir Deine Orchesterwerke jetzt gleichsam als eine Monumentalisierung Deiner persönlichen

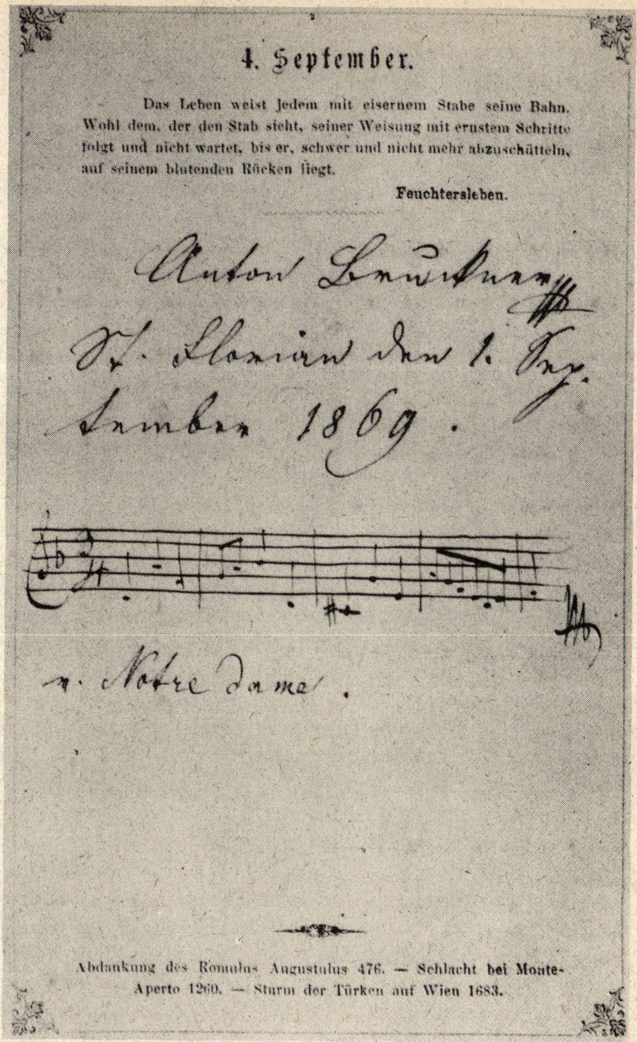

4. September.

Das Leben weist jedem mit eisernem Stabe seine Bahn. Wohl dem, der den Stab sieht, seiner Weisung mit ernstem Schritte folgt und nicht wartet, bis er, schwer und nicht mehr abzuschütteln, auf seinem blutenden Rücken liegt.

Feuchtersleben.

Anton Bruckner mp.
St. Florian den 1. September 1869.

v. Notre dame.

Abdankung des Romulus Augustulus 476. — Schlacht bei Monte-Aperto 1260. — Sturm der Türken auf Wien 1683.

Thema, über das Bruckner in Notre-Dame improvisierte

Kunst."[29] Bruckners Improvisation steuert durchaus vergleichbare Ziele an, aber es kommt noch hinzu, daß sich aus dieser Spielpraxis wesentliche kompositionstechnische Eigenheiten und Elemente der künftigen Sinfonien herausbilden. Einige von ihnen klingen in den Zitaten schon an, etwa die „ausschweifende Phantastik" oder die „hundertfache Verwandlung der Form". Nur werden deren Konsequenzen unzureichend interpretiert (sie werden uns unmittelbar im Zusammenhang mit den Sinfonien beschäftigen); es wird nicht erkannt, daß gerade die im Improvisatorischen wurzelnden Momente jenen Eindruck von Unberechenbarkeit und Anarchie des kompositorischen Verlaufs hervorriefen, den die Kritiker immer wieder aufs schärfste verurteilten. Und daß es zudem kaum ein musikalisches Element bei Bruckner gibt, das vom Improvisatorischen nicht zumindest berührt ist. Die Improvisation stellt ein weiteres Bindeglied zwischen der Studien- und der Kompositionsphase dar, relativiert also als gleichsam unterirdische Vorbereitung die Wende zur Komposition in den Jahren 1863/64. Sie mußte auch, als nichtfixierte künstlerische Produktion, in der Erinnerung selbst der Zeitgenossen bald verblassen, wodurch die späteren Kompositionen um so unvermittelter ins Blickfeld rückten und einen rigorosen Bruch in Bruckners Entwicklung mehr als nur vermuten ließen. Verständlich dies auch deshalb, weil die Reihenfolge: Instrumentalvirtuosentum mit Dominanz der Improvisation, dann kompositorische Reife zwar seit Menschengedenken bis zu Schumann oder Liszt geradezu den Regelfall bildet, bei Bruckner jedoch die erste Phase einen unverhältnismäßigen und einmaligen Raum einnimmt. Diese Phase erstreckt sich über Jahrzehnte, in denen es so gut wie keine Vorausnahmen oder Überschneidungen mit der nächsten Phase gibt. Die Ablösung erfolgte, nach außen hin, als schroffe Abwendung, welche die bisherige Improvisation schnell vergessen machte und die noch folgenden Auftritte des Organisten, bei allem öffentlichen Lob, lediglich mit Amtspflicht oder launiger Gelegenheit zusammenbringen ließ.

Die Bedeutung der Orgelimprovisation für Bruckners gesamte Musikerexistenz unterstreicht auch die Tatsache, daß er weder auf die Interpretation fremder noch auf die Komposition eigener Werke jemals ernsthafte Anstrengungen

richtete. Selbst die als theoretische Studienobjekte genaue-
stens durchforschten Orgelpräludien und -fugen von Bach
übt er, „werkelt" er sich nur widerwillig ein, und die wenigen, fast ganz dem Frühwerk zugehörigen eigenen Orgelstücke sind von geradezu liebloser Dürftigkeit, die nicht
einmal als Marginalien bezeichnet zu werden verdienten.
Während es über die faktische Ausgrenzung der Orgelkom-
position offensichtlich keinerlei Äußerungen gibt, bekun-
det Bruckner hingegen mehrfach sein Desinteresse an der
Interpretation: *Zum gediegenen Spiel fremder Meister glaube ich
werden draußen sehr tüchtige Leute in Hülle und Fülle sein,*[30] heißt
es in einem Brief an Weinwurm vom März 1864; und 1868,
noch vor der Übersiedlung nach Wien, ebenfalls an den
Freund: *Übrigens fremde Kompositionen abzuspielen, gibt's ja
auch in Wien genug Leute. Ich glaube m i c h würde nur meine eigene Art charakterisieren.*[31]
Auch in den Protokollen zu den verschiedenen Orgelprü-

Paris: Kathedrale von Notre-Dame

fungen, denen sich Bruckner unterzieht, wird niemals der Hinweis auf seine außergewöhnlichen improvisatorischen Fähigkeiten vergessen, mehr noch: sie scheinen stets die eigentlichen Glanzpunkte gesetzt zu haben. So vermerkt das Protokoll des Probespiels für das Domorganistenamt in Linz vom 26. Januar 1856: „Anton Bruckner wurde aufgefordert, ob er das von Paupie (aus Wels) als zu schwer zurückgelegte Thema in C-minor übernehmen wolle, wozu er sich auch sogleich bereit erklärte und dasselbe sowohl in einer strengen Fuge, als auch die ihm auferlegte schwierige Choralbearbeitung mit so hervorragender Gewandtheit und Vollendung zum herrlichsten Genusse verarbeitet und ausgeführt hat, daß dessen ohnedies in der praktischen Behandlung der Orgel wie nicht minder in seinen bekannten sehr gediegenen Kirchenkompositionen bewährte Meisterschaft sich neuerlich mit der Auszeichnung fest erprobte."[32]

London: The Royal Albert Hall

Nicht minder bemerkenswert ist in diesem Zusammenhang auch Bruckners Konzertreise nach Nancy und Paris im Jahre 1869. Seine Programme, die, wie sein Spiel, bei Publikum und Presse eine außerordentlich günstige Aufnahme finden, enthalten nur wenige Kompositionen (z. B. Bachs Präludium und Fuge in cis-Moll), dafür aber umfangreiche freie Improvisationen oder Improvisationen über bekannte Themen, wie etwa über die österreichische Kaiserhymne. Daß Bruckner selbst das Außergewöhnliche, ja Riskante solcher Programmzusammenstellung bewußt war, daß er durchaus bezweifelte, mit ihr neben der namhaften Organistenkonkurrenz aus Frankreich und Belgien bestehen zu können, deutet er in einem Brief an Johann Herbeck, wenn auch nur vorsichtig, an: *Meine Produktion* [wurde] *in einer Weise aufgenommen, die mich nur gerührt hat, aber die ich nicht beschreiben will. Der hohe Adel, die Pariser, die Deutschen und Belgier wetteiferten in ihren Anerkennungen, was mich umsomehr wunderte, nachdem Vilhac [...] sehr gut einstudierte französische Piecen spielte.*[33]

Im Sommer 1871 gibt Bruckner in London rund ein Dutzend Konzerte, in denen er lediglich vier Kompositionen spielt: Toccata in F-Dur und Fuge in E-Dur von Bach, Fuge d-Moll von Händel und Mendelssohns Orgelsonate in f-Moll. Ansonsten improvisiert er, zum Teil auch noch über Themen aus diesen Stücken. Obwohl den Konzerten kein so einhelliger Erfolg beschieden war wie denen in Frankreich, findet Bruckners Improvisationskunst uneingeschränkte Bewunderung – man vergleicht ihn hierin mit Liszt.[34]

Die eigene Komposition von Orgelmusik bleibt, wie gesagt, unerheblich. Doch es gibt zumindest einen aufschlußreichen Hinweis darauf, daß die Orgelimprovisation auch unmittelbar zu einem Eingriff in eine bereits abgeschlossene Komposition führte. Getreu unserem Vorsatz, mit den wuchernden Anekdoten um Bruckner äußerst vorsichtig umzugehen und nur jene in Details heranzuziehen, die glaubwürdig erscheinen, sei hier eine Erinnerung von Bruckners Schüler Karl Waldeck wiedergegeben.[35]

Im November 1867 spielte Bruckner seinem Schüler auf dem Klavier die *f-Moll-Messe* vor. Waldeck war begeistert, doch dann mißfiel ihm das „Et incarnatus est". Bruckner reagierte sofort und „improvisierte eine ganz neue, originelle Fassung dieser Komposition. (…) Und so ist es auch geblieben und in dieser Form niedergeschrieben und aufgeführt worden."

Es scheint nicht übertrieben, aus diesem Bericht über die Umwandlung einer Improvisation in einen definitiven Notentext den Schluß zu ziehen, daß solche Umwandlung keinen Einzelfall bildet; daß die Improvisation als eine kompositionstechnische Schmiede oder Rüstkammer angesehen werden muß, in der wesentliche Elemente der späteren Werke ihre charakteristische Gestalt erhielten.

Ein letzter allgemeiner Gesichtspunkt sei hier angeschlossen, der uns unmittelbar zu den „eigentlichen" Kompositionen, vor allem zu den Messen führen soll. Unter der korrigierenden Hand Otto Kitzlers setzte sich Bruckner mit der Instrumentalkomposition, vornehmlich mit Problemen des Orchesterklangs, auseinander. Nach dem „Freispruch" entsteht als erste Arbeit eine *Sinfonie,* die sogenannte *„0.".* Sie wird als ungültig wieder verworfen. Darauf folgen unmittelbar die *Messen in d-* und *e-Moll,* die der Komponist als erste gültige Werke akzeptiert. Woran Bruckner in der Sinfonie Anstoß nahm, hängt zweifellos mit der Formbildung zusammen, mit der als mangelhaft empfundenen Kontinuität und Intensität des sinfonisch-zyklischen Ablaufs. Einen Hinweis darauf könnte die Tatsache geben, daß die „gültigen" Werke eine Textbindung eingehen, die nicht zuletzt den noch bestehenden Unsicherheiten in der Formbildung entgegenwirken soll. Der Text, noch dazu der überaus vertraute Meßzyklus, fungiert gewissermaßen als Leitfaden, der die einzelnen kompositorischen Elemente umspannt und zusammenhält. Formale Unsicherheiten können somit, anders als in der „ungeschützten" Sinfonie, von vornherein zumindest gemildert, wenn nötig: verdeckt werden.

Auf diese Weise ist den Messen, aber selbst noch den späteren Vokalkompositionen wie dem *„Te Deum"* (WAB 45) und dem *150. Psalm* (WAB 38), ein merkwürdig zwiespältiger Charakter eigen. Einerseits fördert die Textbindung, neben der Formbildung, durch verbal-instrumentale Zuordnungen die Ausprägung von motivisch-thematischem Material, dessen Verwandlung, Verarbeitung den strukturellen Zusammenhalt der Werke unterstützt. Andererseits

PROGRAMME.

PERFORMANCE ON THE FESTIVAL ORGAN
BY HERR ANTON BRUCKNER,
(Court Organist of Vienna).

1. SONATA.................................... *Mendelssohn.*
2. IMPROVISATION .... *Bruckner.*
3. FUGUE, E major .... *Bach.*
4. IMPROVISATION, "Hallelujah" .... *Handel.*
5. IMPROVISATION .... *Bruckner.*

Four o'clock.

BALLAD CONCERT.

PART I.

QUARTETT . . . . *Balfe.*

MISS EDITH WYNNE, MADAME PATEY, MR. W. H. CUMMINGS,
AND MR. SANTLEY.

Azino.	Lo ! the early beam of morning Softly chides our longer stay ; Hark ! the matin bells are chiming ; Daughter, we must hence away.
Clara.	Father, I at once attend thee ; Farewell, friends ! for you I'll pray. Hark ! the matin bells are chiming ; Father, we must hence away.
Marcelia and Michel.	Lady, may each blessing wait thee ! We for thee will ever pray. Hark ! the matin bells are chiming ; From all danger haste away.

BALLAD . . . . *Attwood.*

(Words from Campbell.)

MR. W. H. CUMMINGS.

Our bugles sang truce, for the night-cloud had lower'd,
And the sentinel stars set their watch in the sky,
And thousands had sunk on the ground, overpower'd,
The weary to sleep, and the wounded to die.

When reposing that night on my pallet of straw,
By the wolf-scaring faggot that guarded the slain,
At the dead of the night a sweet vision I saw,
And thrice ere the morning I dreamt it again.

Programm für ein Konzert im Londoner Cristal Palace

schwächt solche Textabhängigkeit – als Abhängigkeit von einem nichtmusikalischen Element – das kompositionstechnische Eigengewicht des instrumentalen Motivvorats, da er, ohnehin vom vokalen Band gehalten, auf besondere Durchformung in den Details wie auf stringente Verfahren zu deren Verknüpfung oder Verflechtung nicht unbedingt angewiesen ist. Die in allen Messen sorgfältig herausgearbeiteten motivisch-thematischen Vermittlungen erscheinen eher als Reminiszenz an traditionelle Verfahren der klassischen Kirchenmusik und weniger als Vorgriff auf eigene variantentechnische Kompositionspraktiken, wie sie in den Sinfonien zur Entfaltung gelangen. Diesem Umstand, in dem sich unverkennbar eine Vermischung von quasi archaischen und eigenen, jedoch noch unentwickelten Gestaltungsweisen abzeichnet, verdanken die Messen offensichtlich in erheblichem Maße ihre sofortige und anhaltende öffentliche Anerkennung. Bereits die ersten, zustimmenden bis enthusiastischen Aufführungsbesprechungen geben hiervon einen Eindruck. So heißt es über die Salzburger Aufführung der *d-Moll-Messe* vom 1. September 1870: „Wiewohl das Werk im Ganzen auf dem prononcierten Standpunkte der neueren Musikrichtung steht, und der durchwegs dramatischen Auffassung und Wiedergabe des heiligen Meßtextes huldigt, so ist demselben dennoch einheitliche Fassung und zum Teile auch concise musikalische Ausdrucksweise nachzurühmen."[36]

In einer ankündigenden Besprechung der *e-Moll-Messe* wird hervorgehoben, daß man „überall der würdigsten Auffassung der erhabenen Textworte (begegnete), überall dem edelsten musikalischen Ausdruck. Aus tausendfach verschlungenen Wegen brausen die gewaltigen Tonwellen daher und bilden in der wundervollsten Harmonie einen mächtigen Strom, der das Herz mit Gewalt packt und fortreißt zu demutsvollster Andacht, zu frommer Begeisterung, zu freudigem Jubel wie zu der tiefsten Rührung."[37]

Anders als die *e-Moll-Messe,* die allein schon durch chorische Anlage und ausschließliche Verwendung von Blasinstrumenten auf Vorbilder aus dem 16. und 17. Jahrhundert verweist,[38] folgen die *Messen in d-* und *f-Moll* den Spuren der sinfonischen Orchestermesse. Deren Höhepunkt bezeichnete zweifellos Beethovens Missa solemnis (1818–1822), welche auch den beiden Messen Bruckners die musikalische Gestalt vorzeichnete. Neben Chor und Solistenquartett erfordern sie ein großes Orchester in der Standardbesetzung: je zwei Fl, Ob, Kl, Fg und Hr; drei Pos; Pk; Streicher. Die gewichtigeren Teile wie Kyrie, Gloria oder

Credo nähern sich durch Reprisenabschnitte sonatischer Formbildung an, welche ihrerseits den zusammenhangstiftenden Bereich motivisch-thematischer Korrespondenz unterstützt. Auch hierin ist, wie in der Motiveinheit, prinzipiell nichts Neues zu sehen, vielmehr ein recht geradliniges Fortführen von Traditionen, mit denen Bruckner seit Jahrzehnten vertraut war (und andere kannte er nicht bzw. sperrte sich gegen ihren Einfluß, beispielsweise als er Kompositionen von Berlioz oder Liszt kennenlernte).

Gleich das „Kyrie" der *Messe in d-Moll* vermittelt einen charakteristischen Eindruck von der noch immer (bezogen auf Bruckners Sinfonien) „vorsinfonischen" Motivtechnik. Über einem Basso ostinato erhebt sich ein dreistimmiger Streichersatz, der um ein Motiv aus Tritonus und kleiner Terz sowie einem synkopischen Rhythmus kreist:

8   Messe in d-Moll, Kyrie, Takt 1 ff.

Sobald der Chor mit diesem Motiv einsetzt (Takt 21), werden die prägenden Elemente Tritonus, kleine Sekunde und Synkope dergestalt gruppiert, daß ihre „verunklarenden" Eigenschaften zugunsten tonaler und rhythmischer Eindeutigkeit zurücktreten: zu einer vorangehenden rahmenden Quinte gesellen sich Tritonus und Sekunde; die Synkope rückt in die begleitenden Streicher. Die daran anschließenden „Kyrie eleison"-Folgen treiben die Verarbeitung von motivischem Material weiter: jetzt dominiert das Sekundintervall. Sein tonalitätsschwächender Charakter wird durch chorisches Unisono sowie durch gehaltene Bläserstimmen ausgeglichen, die, obwohl synkopisch angelegt, der Befestigung der harmonischen Verhältnisse dienen. Dafür verschwinden allerdings die Synkopen aus den Streicherfiguren; die Streichbässe halten weiterhin an dem pulsierenden Viertel-Schlag fest. Diese Gruppierung der Orchesterinstrumente ist typisch für die Orchestermessen Bruckners (zugleich auch für deren klassische Vorbilder), nicht aber für die späteren Sinfonien: Holz- und Blechbläser stützen in größeren Dauern die harmonischen Verläufe; die hohen und mittleren Streicher bringen die bewegteren, harmoniefüllenden Figurationen, und die Streichbässe artikulieren sich mit grundierender Pulsation oder mit Skalengängen. Auch das „Christe eleison", in solistischer Vokalbesetzung, greift auf das „Kyrie"-Motiv und seine Kernintervalle zurück, variiert sie durch Kombinationen von kontrapunktischen Umformungen wie Grundgestalt und Umkehrung[39] und bezieht die kleine Terz als weiteres Intervall ein. Eine Kontrastwirkung ergibt sich aus der vokal-instrumentalen Stimmengestaltung: die hohen Holzbläser formieren sich zu einem akkordisch-choralartigen Satz; die Viertel-Pulsation wird verdünnt durch Reduktion auf die Vc:

9   A. a. O., Takt 43–46

Die bemerkenswerteste variative Situation enthält die Reprise des „Kyrie", die mit einer „Scheinreprise" vorbereitet wird und dabei den ersten und einzigen echten Kontrast zur Motiveinheit des gesamten Satzes ausbildet: ein chorisches, von akkordisch geführten Holzbläsern sekundiertes Unisono, das in keinem Zusammenhang mit dem Grundmotiv steht. Herausgehoben werden der Oktavsprung und eine abschließende Sekundwendung (letztere offensichtlich ohne Bezug auf die „Kyrie"-Sekunde):

10   A. a. O., Takt 71 ff.

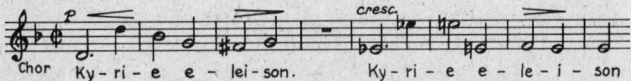

Noch zwingender und dichter nehmen sich die motivischen Beziehungen in der *f-Moll-Messe* aus, und es ist sicher nicht verfehlt, in diesem Umstand, gepaart mit geradezu demonstrativer sonatischer Formbildung, einen entscheidenden Grund für die unangefochtene Popularität des Werkes, für seinen würdevollen, Lyrik und Dramatik organisch verbindenden Ausdruck zu suchen. Verständlich auch, daß üblicherweise die entwickelte sinfonische, auf motivisch-thematische Verarbeitungsprozeduren konzentrierte Technik der Messe als ein richtunggebender Durchbruch zur Sinfonik interpretiert wird. Übersehen wird dabei jedoch, daß diese Technik mit den variantentechnischen Verfahren, mit den motivischen Mutations- und Kettenbildungen der Sinfonien wenig zu tun hat. Die Konstruktion eines gleichsam einsträngigen entwicklungsgeschichtlichen Zusammenhangs zwischen Messe und Sinfonie bei Bruckner unterstellt, daß die klassischen sinfonischen Gestaltungsprinzipien, welche für die Messen ihre Gültigkeit behalten, auch noch die Sinfonik durchdringen. Und diese Konstruktion unterschlägt eben die neuartigen Verfahren, die zwar ohne den klassischen Untergrund nicht denkbar sind, zu ihm aber seit Schubert und Bruckner bis zu Gustav Mahler ein alternatives kompositorisches Denken ausbilden.

Das Kernmotiv der *Messe in f-Moll,* eine Art „Urzelle", besteht im Quartintervall und dessen skalenmäßiger Ausfüllung:

11   Messe in f-Moll, Kyrie, Takt 1f.

Kontrastwirkungen entstehen sowohl durch Abwandlung dieses Motivs wie durch seine Kopplung mit weiteren prägnanten Intervallen, Rhythmen oder harmonischen Kombinationen. So kommt es etwa im Verlauf des „Kyrie" zu auffälligen Veränderungen durch die Verbindung der Quart mit dem im „Christe eleison" exponierten Oktavintervall sowie durch Abweichungen vom ursprünglichen Motivrhythmus ♩ ♪♪ | ♩ :

12   A. a. O., Takt 61 f.

Der Bezug zwischen Grundmotiv und seiner Veränderung, als Einheit von Kontrast und Kontinuität, fungiert auch als wirkungsvolles Moment der Formbildung, insbesondere für sonatische Repriseneinschnitte. Im „Credo" werden solche Einschnitte durch die Teile „Et in Spiritum Sanctum" (Takt 327 ff.) und „Et vitam venturi" markiert (Takt 437 ff.). Der abschließende „Credo, Amen"-Ruf (Takt 515 ff.) bringt außerdem eine Augmentation des Motivs (x), worin sich eine, freilich stark verkürzte, Coda andeutet:

13   A. a. O., Credo, Takt 515 ff.

Aus der Fülle motivischer Variation, die insbesondere die *f-Moll-Messe* auszeichnet, sei schließlich noch der Beginn des „Sanctus" herausgegriffen. Hier kommt es zu einer Verbindung zwischen dem Quartmotiv f' – b' (mit folgender kleiner Sekunde a' als Relikt der skalenmäßigen Ausfüllung des Intervalls) und der seit dem „Christe eleison" exponierten Oktave. Diese Verbindung wird jedoch erst durch den harmonischen Verlauf interessant, dessen „Umwegigkeit" an der variativen Verarbeitung der Motive teilhat: harmonischer Stufenreichtum vermittelt zwischen den Motiven, und zugleich setzt er sie voneinander ab – nichts anderes aber ist der Sinn aller motivisch-thematischen Arbeit:

14   A. a. O., Sanctus, Takt 1 ff.

Diese Beispiele aus den *Messen in d-* und *f-Moll* kennzeichnen den Entwicklungsstand motivisch-thematischer Verarbeitungprozesse, wie ihn Bruckner Mitte der sechziger Jahre erreicht hatte. Verarbeitung gründet im melodisch-thematischen Denken; sie entfaltet sich in der Variation von Basismaterial, dessen variable Elemente vor allem in Rhythmus und Harmonik liegen, dessen Konstanten von den Tonhöhen geprägt werden. Nur in Ansätzen hingegen kündigt sich das für Bruckner künftig bestimmende Verfahren einer primär vom Rhythmus gesteuerten Variantentechnik an, welche die variablen Elemente in Melodik, Harmonik und Klangcharakter ansiedelt. Solche Ansätze begegnen etwa im „Benedictus" der *d-Moll-Messe,* das mit einem geradezu archaischen Thema anhebt:

15   Messe d-Moll, Benedictus, Takt 1 ff.

Die solistischen Singstimmen setzen zunächst (Takt 17 ff.) mit gänzlich „fremdem" Material ein, nähern sich aber dann allmählich der thematischen Vorgabe. In dieser Annäherung überlagern einander melodisch wie rhythmisch gesteuerte Variantenbildungen, etwa beim Wechsel von Tenor/Baß zu Sopran/Alt Takt 24–25:

16   A. a. O., Takt 24f.

oder Takt 86–87, wo das Sext-Intervall verändert wird:

17   A. a. O., Takt 86f.

Im „Credo" der *e-Moll-Messe* erscheint eine rhythmische Figur: , die, bei wechselndem melodischem Inhalt, in annähernd gleichbleibender Gestalt mehrmals wiederholt wird. Die minimalen rhythmischen Differenzen entstammen eindeutig den Veränderungen des Deklamationsrhythmus, sind also textbedingt. Dies gibt einen Hinweis auf die obige Bemerkung, daß die Textbindung doppeldeutig sein, auch als Hindernis für die Entfaltung neuer variantentechnischer Verfahren wirken kann:

18   Messe in e-Moll, Credo, Takt 3 ff.

fa - cto-rem coe — li, et   terrae

Takt 7 f.

Takt 11 f.

Takt 13 f.

Takt 15 f.

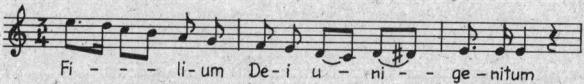

Takt 20 ff.

Doch bleiben solche variantenreiche Formulierungen, wie gesagt, auf Ansätze beschränkt: ihre Ausbildung zumal in der Vokalmusik, die einen struktur- und formtragenden Rückhalt in der Einheit von Textbindung und Motivvariation besitzt, macht sich, für Bruckner, nicht so zwingend erforderlich wie in der Instrumentalmusik, der keine außermusikalischen Variationsquellen zur Verfügung stehen.

Doch gerät auch die Textbindung zuweilen, und zwar dann, wenn relativ umfangreiche Textpassagen bewältigt werden müssen, in Gefahr, ihre formbildende Kraft zu verlieren. So etwa im „Gloria" der *d-Moll-Messe,* in dem sich die textlich abgesetzten Abschnitte in auffälliger Beziehungslosigkeit, ohne erkennbaren motivisch-variativen Zusammenhang, aneinanderreihen. Die Gliederung des musikalischen Verlaufs bewirkt eine rückhaltlose Anpassung an die jeweiligen textlichen Bedingungen, deren Übergewicht die somit isolierte motivisch-thematische Arbeit eindeutig überfordert. Auch dieses Moment trägt nicht unwesentlich zum archaischen Charakter der Messen bei, ein Moment, das jedoch, anders als die anderen „archaisierenden", bereits in den frühesten Kritiken als Mangel gekennzeichnet wurde. Der Rezensent des Wiener „Fremdenblattes" schrieb über die Uraufführung der *Messe in f-Moll* (16. Juni 1872): „Übrigens konnte der treffliche Tonkünstler dem Reize nicht widerstehen, dem Texte bis in die kleinsten Details zu folgen, ein Verfahren, das ihn (wie z. B. im Credo) allzusehr in die Breite führt und das die Gesamtstimmung des Satzes bedroht. Sodann läßt er sich von dem dramatischen Gehalte des Textes verführen, hin und wieder an das Theatralische zu streifen, wie gerade wieder im Credo, wo man sich einmal mitten in einer christlichen Wolfsschlucht zu befinden meint."[40]

Der Hinweis auf das „Theatralische" ist bedenkenswert. Gemeint ist zweifellos ein moderner, „säkularisierter" Zug in der zeitgenössischen Kirchenmusik (einschließlich wohl auch der traditionellen theatralischen Züge der klassischen Kirchenmusik), dem der Rezensent einige Skepsis entgegenbringt. Andererseits lenkt uns dieser Hinweis auf die Tatsache, daß nur in Bruckners vokalsinfonischer Kirchenmusik das Theatralische oder das Dramatische eine Rolle spielt, kaum aber in den Sinfonien. Hier verwandelt es sich zum Pathetischen als Folge des epischen Charakters, den Bruckners Instrumentalmusik immer deutlicher ausbildet. Die Verwandlung von kirchenmusikalischer Theatralik bzw. Dramatik in sinfonische Epik bzw. Pathetik gibt einen weiteren Anhaltspunkt für die unterschiedlich gelagerten Differenzen zwischen den Messen und den Sinfonien, für das Problematische einer entwicklungsgeschichtlichen Konstruktion, derzufolge die Sinfonien nahtlos aus den kirchlichen Vokalkompositionen hervorgingen. Das theatralische Moment bei Bruckner ist Relikt der im späten 18. Jahrhundert auf den Höhepunkt gelangenden Annäherung zwischen Kirchenmusik und Opera seria, welche mit der klassischen Orchestermesse Mozarts, Joseph und Michael Haydns, Cherubinis u. v. a. schließlich – ungeachtet temporärer Widerstände – ihre kanonisierte Form erhielt. Dieser

Anton Bruckner (1873)

rückwärtige Bezug trennt Bruckners Kirchenmusik grundsätzlich von den geistlichen Kompositionen Berlioz' oder Liszts, in denen parallel zur Instrumentalmusik musikalische Neuerungen realisiert werden: das „Requiem" und die „Symphonie fantastique" von Berlioz sind Geist von einem Geiste, jede Rücksicht auf kanonisierte Tradition als anachronistisch verwerfend.

Bruckner bleibt dieser Rücksicht treu. Er überwindet sie nur, indem er sie unterläuft: durch jene Verwandlung des Theatralischen ins Epische, woraus sich kompositionstechnische Konsequenzen auf nahezu allen Ebenen ergeben. Damit gelingt aber Bruckner nicht nur die Absetzung von den Anachronismen der traditionellen wie der eigenen Kirchenmusik, sondern zugleich auch von den nicht minder zum Eklektizismus verführenden bzw. zwingenden Leitbildern der Beethovenschen Sinfonien. Bruckners episches Kompositionsverfahren mit seinem Kern der Variantentechnik (von der noch ausführlicher die Rede sein muß) bildet also die Alternative zu jedweden Zwängen der Tradition, deren besondere Belastungen im Falle Bruckners wir beobachten konnten. Da dieses Kompositionsverfahren jedoch in den Messen nur zögernde Andeutung findet, gehören sie recht eigentlich noch in die „vorsinfonische" Kompositionsarbeit, gleichsam als gesteigerte Nachzügler jener Werke, die, wie die *Sinfonie f-Moll* oder die *g-Moll-Ouvertüre,* in der Adaptivphase des Unterrichts bei Anton Kitzler entstanden waren.

Obwohl die Messen demnach nur bedingt als Werke der Vorbereitung, des Übergangs zur Sinfonie verstanden werden können, darf daraus keine Unterbewertung folgen. Sie träfe der berechtigte Vorwurf der Ignoranz gegenüber einer künstlerischen Leistung, der in ihrem Rahmen, den wir abzustecken suchten, Gültigkeit zukommt. Dennoch ist nicht zu übersehen, daß in bezug auf Originalität die populären *Orchestermessen in d-* und *f-Moll* von der unbekannteren mittleren *Messe in e-Moll* einigermaßen übertroffen wird. Sie wirkt, obwohl einem synthetischen Palestrina-Stil nachempfunden, kompromißloser, auch eigensinniger als ihre klanglich üppigeren Geschwister. Allein schon die Kombination von gemischtem achtstimmigem Chor und reiner Bläserbesetzung (je zwei Ob, Kl, Fg; vier Hr; zwei Tp; drei Pos) schafft ein herbes, „unromantisches" Klangbild, in dem dissonante Ereignisse äußerst transparent erscheinen und zur Härte des Grundklangs nicht unwesentlich beitragen. Neben bereits angeführten variantentechnischen Ansätzen verdient die eigentümliche Zurückhaltung in der Entfaltung großräumiger, periodisch gegliederter Themenkomplexe hervorgehoben zu werden. An deren Stelle setzt

Bruckner oftmals einen kompakten polyphonen Stimmstrom, dessen motivische Konturen nur noch wie aus der Ferne thematisches Profil erkennen lassen. Wichtiger dagegen wird die dissonante Kraft einzelner Intervalle, insbesondere der kleinen Sekunde. Sie erscheint sowohl als isolierter Vorhalt:

19 Messe in e-Moll, Kyrie, Takt 1 ff.

wie als Leitintervall für thematische Formulierungen:

20 A. a. O., Gloria, Takt 133 ff.

In auffälliger Weise wird hier das übliche motivisch-thematische Denken von einem „Denken in Intervallen" überflügelt, das Bruckners reifer Kompositionstechnik bedeutend näher rückt und das wohl bei dem oben zitierten Rezensenten den Eindruck von den „tausendfach verschlungenen Wegen" entstehen ließ, welche wie „gewaltige Tonwellen daher(brausen)".

Der Übergang zu einem „subjektbewußten" Komponieren in den sechziger Jahren vollzieht sich auf eine bemerkens

135

wert differenzierte Weise. Einerseits haben wir die drei Messen, in denen, trotz des energisch behaupteten „Losreißens von der Kette" pädagogisch geforderter Beschränkungen, ein tastend-vorbereitender Moment noch eindringlich erhalten bleibt. Und wir haben zwei Sinfonien, welche die *d-Moll-Messe* gleichsam einrahmen: die sogenannte „0." von 1863/64 und die *I. Sinfonie in c-Moll* von 1865/66. Alle drei Werke (die Messe darf als repräsentativ für Bruckners Verständnis und Umgang mit dem Genre bezeichnet werden) verwirklichen jeweils einen spezifischen Kompositionsansatz, die zusammengenommen erst den Kompositionsübergang erhellen.

Der Messe kommt darin, wie gesagt, noch der geringere Anteil zu: ihre Einbindung in eine immer konservativere Züge tragende, ungebrochene Gattungstradition, welche nicht zuletzt auch persönliche konservativ-religiöse Hemmschwellen errichten hilft, wirkt, wenn auch nicht mehr lähmend, so doch retardierend. Ganz anders die der Messe unmittelbar vorausgehende „0." *Sinfonie.* Sie erscheint wie ein tollkühner Handstreich, mit dem Bruckner sich eine ihm gemäße sinfonische Darstellungs- und Ausdrucksweise zu erringen sucht. Die Tollkühnheit steht aber dann sogleich in einem Mißverhältnis zu den Möglichkeiten, das Eroberte zu halten oder gar abzusichern und auszubauen. Den dergestalt aufgezwungenen, freilich nur zeitweiligen „Rückzug" – um im Bilde zu bleiben – markiert die Messe, einen „Rückzug", der möglicherweise auch zur „Annulierung" der Sinfonie beitrug. Und erst mit der *c-Moll-Sinfonie* eröffnen sich jene Möglichkeiten, das neue sinfonische Terrain zu behaupten. Sie als *I. Sinfonie* zu deklarieren, trifft voll und ganz den Charakter und den entwicklungsgeschichtlichen Stellenwert des Werkes.

Ehe dies jedoch anhand einiger analytischer Details etwas eingehender verfolgt werden soll, bedarf es zumindest des Hinweises auf die äußerst konfliktgeladene musikgeschichtliche Situation, in der sich Bruckners Kompositionsübergang ereignete.

Die klassische Instrumentalmusik, insbesondere Beethovens Sinfonik und Kammermusik, erlangte für die deutsche Musikkultur ab den dreißiger und vierziger Jahren, zumindest für deren leistungsstärkste Träger auf dem Gebiet der

Komposition, einen Vorbildcharakter, der diese Klassik zur „Norm" im Sinne von „unerreichbarem Muster" werden ließ. Ob Schumann oder Mendelssohn, Liszt oder Brahms – sie alle haben die Verpflichtungen dieses Erbes und damit die Belastungen für das eigene Schaffen überdeutlich empfunden und auch unmißverständlich zum Ausdruck gebracht. Schumann und Mendelssohn suchten, um den ebenso verehrten wie gefürchteten Vorbildern gewissermaßen gerecht zu werden, ihr Heil in der Flucht. Sie wandten sich nachdrücklich jenen musikalischen Formen zu, auf welche die Klassiker kein besonderes Interesse gerichtet, in denen sie auch keinesfalls ihre Stärken auszuspielen hatten: Lied und Klavierstück, die irreführenderweise, aber durchaus zeitgemäß (angesichts der Favoritenstellung von Oper, Oratorium und Sinfonie) als „Kleinformen" bezeichnet wurden. Diese „Kleinformen" durchdrangen auch die sinfonischen „Großformen" mit bekannten Konsequenzen: Verlust des zyklisch-dramatischen Charakters; Zerfall der Werke und auch ihrer Teile (Sätze) in eine mehr oder minder lose Folge von Episoden, die ihre besten Momente in lyrisch-pittoresken, in quasi charakterstückartigen Passagen gewinnt. Zugespitzt gesagt: sinfonische Dignität resultiert nicht mehr aus dem einheitlichen Wurf dramatischer Kontinuität, innerhalb derer sich die Sätze zu einer steigernden Stufenfolge gruppieren. Sie resultiert, wenn überhaupt, aus den Würfen „schöner Stellen".

Zugleich, und dies ist auch hinsichtlich Bruckners von einiger Bedeutung, wurden immer wieder erhebliche Anstrengungen darauf verwendet, den Auflösungstendenzen der sinfonisch-diskursiven Gestaltung entgegenzuwirken. Das zweifellos am intensivsten genutzte Mittel wurde dabei die Motiveinheit, eine motivische Substanzgemeinschaft, welche sich nicht nur einzelner Sätze, sondern zumindest der Tendenz nach ganzer Werke bemächtigt. Strukturelle Beziehungen, vornehmlich zwischen den Themen, breiten sich wie ein Netz aus, das jedoch der Musik gewissermaßen übergeworfen wird und dergestalt ihren organischen Zusammenhang nur suggerieren kann. Anders als in der klassischen Sinfonie, in der solcher Zusammenhang aus motivisch-thematischen Entwicklungsprozessen hervorgeht, gründet die Motiveinheit bevorzugt auf einer Art „Motto" oder „Devise", die ein Werk programmatisch eröffnet und in der Folge immer wieder wie der Wegweiser des kompositorischen Verlaufs erscheint – ein dramaturgisches „Leitmotiv", das die Geschicke der musikalischen Entfaltung in die Hand nimmt und sie steuert. Erinnert sei nur an Schumanns 4. Sinfonie in d-Moll, deren langsame Einleitung gleichsam der Schoß ist, aus dem alle wesentlichen kompositorischen Ereignisse hervorgehen; oder auch an die 3. Sinfonie in F-Dur von Johannes Brahms, deren vorangestellte „Devise" den entscheidenden Bezugspunkt für das gesamte Werk darstellt. Was sich nun bei Schumann und Mendelssohn hinsichtlich sinfonischer Auflösungstendenzen und angestrebter Versuche zu deren Eindämmung anbahnte, was ihnen aufgrund außergewöhnlicher Erfindungskraft, freilich auch durch aufreibende Anstrengungen noch auszugleichen gelang, führte die sinfonische Durchschnittsproduktion jener Jahre in eine unaufhaltsame Krise. Komponisten wie Franz Lachner, Otto Nikolai, Ferdinand Hiller, Julius Rietz, Robert Volkmann, Max Bruch, Hermann Götz oder Felix Draesecke (um nur einige wenige zu nennen) liefern eine Fülle von Sinfonien, die als eklektisch zu bezeichnen noch schonungsvoll ist. In diesen Stücken ersetzt den Geist der Klassik trübe akademische Gelehrsamkeit, welche Wagner die Behauptung geradezu aufdrängen mußte, daß mit Beethoven das sinfonische Kapitel ein für allemal abgeschlossen sei. Anders als Schumann und Mendelssohn plagten Wagner auch weder Zweifel noch Ängste – Beethoven gegenüber. Im Musikdrama sah er, wie Liszt in der Sinfonischen Dichtung, die legitime Fortsetzung der Beethovenschen Sinfonie, insbesondere des Finales der IX. Von Brahms' (späteren) Konsequenzen wird in anderem Zusammenhang die Rede sein.

Ungeachtet der eigenständigen Ansätze bei Wagner und Liszt, die außerdem erst seit den späten vierziger Jahren greifbare Gestalt annehmen, wird nach dem Tode Beethovens die sinfonische Produktion von einer tiefgehenden Krise erfaßt, die sich bis in die sechziger und siebziger Jahre hinein auswirken sollte. Einer der aufmerksamsten Beobachter des Musiklebens, Eduard Hanslick, konstatiert gerade hinsichtlich des letztgenannten Zeitraums eine auffällige kompositorische „Unergiebigkeit"[41], für die er einerseits „die bewunderungswürdig gesteigerte Kunst der musikalischen Ausführung, andererseits de(n) plötzliche(n) Aufschwung der historischen und theoretischen Studien in der Musik" verantwortlich macht, welche „die schöpferische Kraft vorläufig zurückgedrängt hätte(n)". Wenn Hanslick hier auch die „schöpferische Kraft" Wagners, Liszts, aber auch von Brahms, die sich ja alle schon mächtig regen, geflissentlich übergeht, so charakterisiert er zumindest die Situation der Sinfonik zutreffend. Und nur sie soll uns an dieser Stelle interessieren. Bruckner scheint, es gibt offenbar keine anderslautenden Dokumente, das Krisenhafte der Situation überhaupt nicht empfunden zu haben – und wenn sich einmal herausstellen sollte, daß er doch davon berührt war, so hatte diese Krise jedenfalls keine einschlägigen Folgen. Denn zu Bruckners gewaltstreichartigem Versuch der „0." *Sinfonie* wäre ein skrupulöser Komponist wohl nicht im entferntesten zu bewegen gewesen. Auch die nachweisliche Kenntnis Wagnerscher Musikdramen und vokalsinfonischer Stücke von Berlioz und Liszt dürfte auf Bruckner eher allgemein stimulierend als „werkauslösend" gewirkt haben. Sein, wenn auch „annulirter" sinfonischer Erstling (im Rahmen der „Kompositionszeit") ist in einer Direktheit auf Beethovens IX. Sinfonie, und zwar auf deren Sätze 1 bis 3, nicht

Bruckners
Arbeitstisch

auf das Finale, bezogen, die, wüßten wir nicht, wie es mit Bruckner weiterging, nur als ahnungslos, vermessen, blind u. dgl. bezeichnet zu werden verdiente. Daß es aber um Bruckner anders stand, hat offensichtlich einerseits mit seinem unbelasteten Verhältnis zur sinfonischen Tradition zu tun (wobei es eben recht gleichgültig ist, worauf dieses Verhältnis gründet: ob auf Unwissenheit, Ignoranz usw.). Andererseits damit, daß Bruckner Beethovens Sinfonie keinesfalls als weltanschauliches Manifest verstand (wobei es wiederum gleichgültig ist, was er an dieser Musik nicht verstand), sondern als einen tönenden Organismus, der eigene Vorstellungen von musikalischer Form und Gestalt erweckte – mit welch dumpfen Konsequenzen zunächst auch immer. Auf diese Weise distanzierte sich Bruckner, gewissermaßen durch die objektiven Konsequenzen seines Musikbegriffs, die in der „0." Sinfonie erstmals konkrete Gestalt annahmen, sowohl von den Irritationen innerhalb der sinfonischen Beethoven-Nachfolge als auch von den ideologisch verbrämten Aus- und Umdeutungen des Beethovenschen Werkes, welche Wagner im Musikdrama und Liszt in der Sinfonischen Dichtung verfolgten. Erst diese mehrschichtige Distanzierung aber eröffnete und ebnete die kompositorischen Wege, die Bruckner mit den späteren Sinfonien einschlagen sollte. Die „0." stellt den – gescheiterten – Versuch dar, den Fuß auf sie zu setzen.

Doch es gibt auch positive, zukunftsweisende Seiten an diesem Versuch, die, obwohl sie Bruckner offensichtlich nicht an der Zurücknahme des Werkes hindern konnten, einige Beachtung verdienen. Da die Sinfonie in d-Moll nur in einer überarbeiteten Fassung aus dem Jahre 1869 überliefert ist, konzentrieren wir uns auf den 1. Satz: allen Anzeichen nach scheint er die wenigsten Veränderungen aufzuweisen und somit den ursprünglichen Zustand von 1863 noch am verläßlichsten wiederzugeben.

Der Bezug zur IX. Sinfonie Beethovens, der stellenweise und nach außen hin fast einer Nachbildung gleichkommt, ist stets vermerkt und beschrieben worden. Merkwürdigerweise beschränken sich jedoch die Hinweise nahezu ausschließlich auf den Vergleich des Beginns beider Kopfsätze. Bei Beethoven und Bruckner setzt eine pulsierende, vorspannartige Fläche ein, deren sukzessiver akkordischer Aufbau durch Auslassung der Terz harmonisch mehrdeutig bleibt und eine dynamische Steigerungskurve realisiert. Ein solcher „Vorspann", freilich in stets veränderter Form, eröffnet sämtliche Sinfonien Bruckners: als akkordischer Aufbau ebenfalls in der *III.,* als gleichmäßige Pulsation von Vierteln bzw. Achteln und Achtelpausen in der *I.* und *V.,* als Streichertremolo in der *II., IV., VI.* bis *IX. Sinfonie.* Er verdeutlicht gewissermaßen das Hörbarwerden von Klang aus dem Nichts, vermittelt aber auch den Eindruck, als ob Musik schon unendlich lange, wie im Unterirdischen, ertönte und erst in diesem Augenblick, als *I., II., V.* oder *IX. Sinfonie* Gestalt annähme. Der Vorgang ist symptomatisch vor allem für Bruckners Formverständnis, dem fließende Übergänge zwischen quasi „gesetzten" thematischen Komplexen wichtiger sind als diese Komplexe selbst. Noch die triumphale thematische Geste wird umgehend von überleitenden Auflösungsprozessen erfaßt, welche die Starre der thematischen Gebilde auffangen und dabei die musikalische Bewegung fließend machen, sie gleichsam in stets wechselnden Aggregatzuständen halten.

Doch damit haben wir bereits späteren Werken vorgegriffen. In der *„0." Sinfonie* führt der „Vorspann", anders als bei Beethoven, zu keiner festumrissenen thematischen Gestalt – sie wird lediglich durch rudimentäre Motive angedeutet, die sich aus dem pulsierenden Akkordaufbau herausheben: die große Sekunde der Ob Takt 7 und, im erneuten Anlauf des „Vorspanns" ab Takt 17, die Erweiterung dieser Figur zur Kombination von Terz und großer Sekunde, ebenfalls in der Ob:

21 „0." Sinfonie, 1., Takt 1 ff.

Während dergestalt die melodischen Qualitäten im Amorphen verharren,[42] erringt der harmonische Verlauf, wie aus dem Beispiel zu ersehen ist, eindeutig die Oberhand. Auch das ist ein zukunftsträchtiges Moment.

Takt 33 setzt dann das 2. Thema ein – recht eigentlich aber wäre es das erste. Doch wiederum ist auch dieses „2." kein „Thema" im traditionellen Sinn:

22 A. a. O., 1., Takt 33 ff.

Jeweils einen Doppeltakt füllend, besteht das „Thema" aus einem gehaltenen Ton und einer synkopierten Viertel-Folge mit kadenzartiger Abschlußwendung. In motivischer Durchbildung übertrifft es nur geringfügig die rudimentären Ansätze des ersten: beide erweisen sich für die traditionelle motivisch-thematische Arbeit als denkbar ungeeignet (in der *f-Moll-Sinfonie* zeigte sich Bruckner da weitaus beweglicher!).

Um Bruckners Ausweg aus dieser offensichtlichen Zwangslage bereits im Keim erkennen zu können – aus dem

142

schließlich das beherrschende Kompositionsverfahren für alle weiteren Werke erwachsen sollte –, ist es sinnvoll, den bisher besprochenen Beginn der *d-Moll-Sinfonie* mit entsprechenden Passagen aus der *Messe in d-Moll* zu vergleichen. Auch die Messe hebt mit einer Pulsation an, mit gestoßenen Vierteln der Streichbässe. Die von ihnen sich ablösende Streicherfiguration findet, wie in der Sinfonie, nur zu schwachem thematischem Profil. Doch dies hat hier seinen dramaturgischen Sinn: der „Vorspann" erscheint als zielgerichtete Vorbereitung des Einsatzes der Vokalstimmen; er umreißt einen Rahmen, innerhalb dessen dann die Singstimmen die Führung übernehmen. Die unvollkommenen Züge der instrumentalen Einleitung dienen der dramaturgisch sinnvollen Exponierung des Gesangs, auf ihn richtet sich alle instrumentale Gestaltung.

In der Sinfonie fehlt dieser Zielpunkt, die „Überhöhung". Die rudimentäre Motivik/Thematik wirkt als solche, kahl und unzulänglich. An dieser Stelle macht Bruckner nun die substantielle Not zur dramaturgischen Tugend, indem er das „Unzulängliche" zur Grundlage von dynamischen Steigerungen werden läßt, in deren Sog alles Fragmentarische, ja Gestaltlose hineingezogen und überdeckt wird. Damit aber ereignet sich in diesen Steigerungen das musikalisch Wesentliche, hier gewinnt Musik ihre lebenspendenden Impulse. Die Steigerungen sind zugleich auch immer „Überleitung" – oder, am Ende von Ecksätzen, „Abschluß". Das heißt, thematische Setzungen, und seien sie noch so exponiert, bleiben für den dramaturgischen Ablauf immer zweitrangig. Sie bilden in erster Linie einen Materialfundus aus melodischen, harmonischen, rhythmischen und klanglichen Elementen, von denen die gleichsam permanenten Überleitungsbewegungen gespeist werden.

Nun fehlt aber in der Sinfonie nicht nur der dramaturgische Zielpunkt, sondern auch, wie zu sehen war, ein zureichender Materialfundus. Zum problematischen Ausweg wird dabei die leidlich bekannte Sequenzierungstechnik, die um so dürftiger wirken muß, je belangloser das Material geartet ist, von dem sie ausgeht. Doch Bruckner gelingt es, auch diese Not in eine Tugend zu wenden. Indem Sequenzglieder und -folgen in ein festes rhythmisches Gerüst eingespannt werden, erhalten sie eine logische Strukturierung, die ihrerseits ermöglicht, die übrigen musikalischen Elemente, vor allem Melodik und Harmonik, aus der Starre der Sequenz zu lösen. Darin aber ist nicht mehr und nicht weniger als ein Keim der für Bruckner hochwichtigen rhythmischen Variantentechnik zu sehen: invariable rhythmische Gebilde, gekoppelt mit variabler Diastematik und/oder harmonischer Progression.

Wenn auch dies alles im 1. Satz der „0." *Sinfonie* nur erst in schwachen Ansätzen aufscheint, so läßt doch gerade dieser Umstand besonders deutlich die Wurzeln der später zur Entfaltung gelangenden Verfahren erkennen. Zu den Nöten in der Themen- und Formbildung gesellt sich nämlich noch ein auffälliger Zug zum Improvisatorischen, dessen Herkunft aus der Orgelpraxis nicht zu übersehen ist. Dieser Zug berührt schon den „Vorspann", der drastisch an Beethoven erinnert, zugleich aber auf „Einschwingvorgänge" bei improvisatorischer Darbietung verweist.[43] Improvisatorisches scheint auch die noch merkwürdig ungelenken und abrupten Steigerungswellen zu leiten, die allerdings gerade durch ihre schroffe und zerklüftete Gestalt an dynamischer Sprengkraft gewinnen. Wieder ist da ein vergleichender Blick auf die *d-Moll-Messe* lehrreich. In deren Credo, Takt 113 ff., ereignet sich eine Steigerung in wohlproportionierter Spannungszunahme: ein Steigerungsimpuls fügt sich geordnet zum anderen (Viertel der Kb – Tremolo der Pk – Tremolo von Va und Vc – rhythmische Figur der 1. Vl usw.), bis sich der Choreinsatz („Et resurrexit", Takt 141) als dynamischer Höhepunkt organisch heraushebt. Die Steigerung fügt sich also nahtlos in die vom Vokalsatz beherrschte Fortspinnungstechnik ein, sie ist ein Mittel unter anderen – und nicht fluchtartiger Ausweg aus dramaturgischen Pressionen, zu denen mangelnde Beherrschung traditioneller sinfonischer Gestaltungsweisen geführt haben. Wichtig, da folgenreich aber ist die Tatsache, daß die äußerlich entwickeltere Formbildung in der Messe zugleich die traditionellere bedeutet; und daß andererseits die kantig-unproportionierten Momente im sinfonischen Beginn erst jene kompositorische Phantasie wecken und antreiben, welche Bruckner zu eigenständigen Verfahren vordringen ließ.

Hinsichtlich der Formbildung, und zwar unter dem Aspekt

„Permanenz der Überleitung", verdient auch die „Durchführung" des 1. Satzes der *„0." Sinfonie* einige Beachtung. Obwohl „Exposition" und „Durchführung", wie stets bei Bruckner, eine klare Zäsur trennt, hat diese Zäsur mehr nur eine optische und weniger eine dramaturgische Funktion. Die „Durchführung" beginnt Takt 88 mit einer echoartigen Fortführung der Binnencoda, die den Abschluß der „Exposition" anzeigte. Angesichts der thematischen „Schwäche" nimmt es nicht wunder, daß intensivere Verarbeitungsprozeduren erst gar nicht versucht werden. Merkwürdig aber ist denn doch, daß bis Takt 135 jeder Anklang an das Themenmaterial geradezu vermieden und danach das Material nur als Steigerungs- bzw. Abbauimpuls verwendet wird. Erst eine relativ ausführliche Schein„reprise" Takt 171ff. lenkt wieder größere Aufmerksamkeit auf den kompositorischen Ablauf, der über ein ausgedehntes Feld mit wandernden Harmonien, einer absoluten Klimax (Takt 183ff.) und einem dynamischen Abbau bis zum pp (Takt 210), in die eigentliche „Reprise" mündet.

Die Schein„reprise" erweist sich unzweifelhaft als die entscheidende Passage. Recht eigentlich hat sie Überleitungsfunktion, übernimmt jedoch hier „Durchführungs"-Aufgaben, währenddessen die eigentliche „Durchführung" sich als verlängerte Binnencoda der „Exposition" herausstellt. Somit entsteht die paradoxe Situation, daß eine Überleitung „Durchführungs"charakter annehmen soll, dies aber zugleich ausgeschlossen ist, da eine Überleitung letztlich immer Überleitung bleibt. Folglich erlangen die sonatischen Formbegriffe, und mit ihnen die sonatische Formbildung insgesamt, bereits in dieser frühen Sinfonie nur noch einen formalen, keinen den realen Kompositionsverhältnissen mehr entsprechenden Sinn. (Deshalb auch wurden die Begriffe sämtlich in Anführungszeichen gesetzt.) Die realen Kompositionsverhältnisse spiegeln sich dagegen in den omnipotenten Überleitungsbewegungen wider, welche alle Teile des sinfonischen Baues erfassen und steuern. Freilich muß nochmals betont werden, daß diese grundlegende Gestaltungsweise hier noch nahezu ausschließlich an Sequenzierungsvorgänge gebunden ist, welche auch die sich geradezu aufdrängende Starre, ja Unbeholfenheit des musikalischen Ablaufs verursachen.

Die nicht zu verdeckenden Mängel behalten letztlich auch ein Übergewicht über die zum Teil bereits lebhaften Aufbrüche neuer, zukunftsträchtiger kompositorischer Darstellungsmittel: Dominanz von Rhythmik und Harmonik bei motivischen Formulierungen; dynamische Steigerungstechnik, aus der sich ein permanenter Überleitungscharakter musikalischer Bewegung entwickelt, von dem wiederum die Auflösung der traditionellen Sonatenform ausgeht. Das einigende Band für alle diese Mittel aber, die rhythmische Variantentechnik, kündigt sich erst, wie aus der Ferne, an – unwirksam noch. Damit freilich war das spätere selbstkritische Urteil über das Werk vorgegeben.

Um nun zu verstehen, warum die *I. Sinfonie in c-Moll* von 1865/66 für Bruckner der eigentliche sinfonische Erstling war, bedarf es eines weiteren Blickes auf die kompositorischen Verhältnisse, denen sich Bruckner ausgesetzt, und eines näheren auf die kompositionstechnischen Konsequenzen, zu denen er sich genötigt sah.

Die klassische Sinfonik auf der Höhe Beethovens hatte ihr Nervenzentrum in einem ausgewogenen Verhältnis zwischen Monumentalität und Differenziertheit.[44] Pathos des Ausdrucks und zyklisch aufgipfelnde Formbildung einerseits, Allgegenwart von motivischen Beziehungen, einer „Netzwerk-Motivik"[45] andererseits, halten sich die Waage. Sie erzeugen und erfüllen jene Idealvorstellung von Ausgewogenheit zwischen organisch-logischer Geschlossenheit und dynamischer Offenheit eines Kunstwerkes, welche das Adjektiv „klassisch" als qualitativer Begriff beansprucht. Für Bruckner, wie auf ihre Weise für Liszt und Wagner, hatte dieses Ideal in der IX. Sinfonie Beethovens Gestalt angenommen. Doch Bruckner gelingt mit seiner „0." *Sinfonie* bestenfalls, das Moment des „Monumentalen" zu erfassen, hinter dem die „Differenziertheit" noch hoffnungslos zurückbleibt.

Während die Mehrzahl der nachbeethovenschen sinfonischen Produktionen in verschiedene „Ausweichbewegungen"[46] ausbrechen und dabei, stark verallgemeinert ausgedrückt, sich an eines der beiden Momente halten – wobei diese Aufspaltung dann zu den schweren Verunsicherungen des sinfonischen Denkens führt, von denen bereits die Rede war –, unternimmt Bruckner, wie nach ihm Brahms und Mahler, den Versuch, die Einheit dieser Momente bzw. Komponenten auf neue und eigene Weise wiederherzustellen. Von den programmusikalischen bzw. musikdramatischen Lösungen des Problems durch Liszt bzw. Wagner wollen wir hier absehen, da sie, ungeachtet nicht zu unterschätzender kompositionstechnischer Affinitäten zu Bruckner oder Mahler, die instrumentalmusikalische Ebene, auf der zumindest Bruckners schöpferische Entscheidungen fallen, von vornherein anders, in Relation zu verbalen Ebenen, bestimmen.

Die durchgreifende Schwäche der „0." Sinfonie besteht in einem eklatanten Defizit an motivisch-thematischer Prägnanz, hinter der sich nicht zuletzt ein subjektiver Mangel an melodischer Erfindungskraft verbirgt. Dafür aber haben thematische Gesten, quantitative Steigerungen und Komprimierungen einzustehen, welche die Schwäche ausgleichen, mehr noch aber verdecken sollen. In dieser Zwangslage findet Bruckner offensichtlich die Kraft, Not in Tugend zu wenden und einen Begriff von Motiv und Thema zu entfalten, der sowohl den eigenen schöpferischen Potenzen angemessen ist als auch über die Fähigkeit verfügt, das nach wie vor geltende Ideal der Ausgewogenheit zwischen Monumentalität und Differenziertheit aufs neue zu realisieren.[47]

Bruckner konstituiert ein Thema in der Art eines „Motivkomplexes", der zwar eine gewisse Abgeschlossenheit aufweist, aber mehrdeutig ist. Die Mehrdeutigkeit resultiert aus einem relativ stabilen Verhältnis zwischen variablen und invariablen Elementen: variabel sind vor allem Diastematik und Harmonik, invariabel die Rhythmik. Anders als die klassische Entwicklungstechnik, für die sämtliche Elemente des Themas gleichberechtigt zum Motiv und damit zum Impuls für motivisch-thematische Arbeit werden können (woraus die logische Stringenz kompositorischer Verläufe folgt: jedes Detail ist determiniert, vermag aber auch die Steuerung zu übernehmen) – anders als diese Entwicklungstechnik hält Bruckners Variantentechnik an einer gleichsam hierarchischen Ordnung der Motivbereiche fest. Daraus jedoch ergeben sich vielfältige Konsequenzen, die nicht nur erlauben, sondern geradezu fordern, in dieser Variantentechnik das grundlegende Kompositionsverfahren für Bruckners Musik zu sehen.

Dessen Elemente und Funktionsweisen seien zunächst allgemein, in theoretischer Abstraktion, umrissen, ehe sie von Sinfonie zu Sinfonie an kompositorischen Details und Zusammenhängen aufgezeigt werden sollen. Bruckners Motivkomplex enthält aufgrund seines abgeschlossen-definitiven wie mehrdeutigen Charakters dynamische und statische Komponenten, welche den variablen bzw. invariablen entsprechen. Die statischen Komponenten resultieren vorrangig aus formelhaften rhythmischen Gestalten, welche, vom „eintönig" pulsierenden Ostinato bis zum verzweigtesten Gebilde, die motivisch-thematische Prägnanz eines Motivkomplexes wesentlich bestimmen. Die dynamischen Komponenten: Tonhöhen, harmonischer Zusammenklang bzw. harmonische Progression, aber auch Instrumentation, strukturelle Dichtegrade sowie dynamische Verlaufskurven steuern, indem sie in permanenter Veränderung erscheinen, die musikalische Bewegung. Beide Komponentenbereiche zusammen schaffen jenes Wechselspiel von Monumentalität und Differenziertheit, wobei jede konkrete kompositorische Situation auszumachen verlangt, welche Komponente für welche Seite bestimmend ist. In der Regel geht das Monumentale von den statischen Komponenten aus (Beispiel: die breit angelegten ostinaten Steigerungsflächen), die Differenziertheit von den dynamischen, vom wechselnden Inhalt der Motivkomplexe.

Die Mehrdeutigkeit verschiedener kompositorischer Elemente, verklammert von rhythmischer Invarianz, bedingt eine nicht minder charakteristische musikalische Entfaltung, eine Bewegungsweise der Musik, die sich von der klassischen Entwicklungstechnik, von motivisch-thematischen Verarbeitungsprozessen grundlegend unterscheidet. An die Stelle von Entwicklung durch Verarbeitung tritt ein umfassendes Mutationsverfahren: der invariable Bereich (ein formelhafter Rhythmus) erscheint durch den variablen in immer anderer Beleuchtung, ohne seine motivische (sprich: vorrangig rhythmische) Prägnanz auszuwechseln oder zu verlieren. Mutation bedeutet also praktisch eine lediglich quantitative Veränderung eines Gegebenen, Gesetzten, eine permanente Verwürfelung der variablen Details bei prinzipieller Wahrung eines invarianten Kerns. Mutation erzeugt demzufolge keine diskursiv-dialektische musikalische Bewegung, sondern Aneinanderreihung, Addition von situativen Ereignissen und Ereignisfolgen, zwischen denen durch kettenartige Verhakung der Details ein Höchstmaß an Zusammenhang, zugleich aber auch eine ständige Übergangsbeziehung geschaffen werden.

Entscheidend und von nachhaltigster Wirkung ist nun, daß die kaleidoskopartigen Verhältnisse innerhalb eines Motivkomplexes auf der Grundlage einer invarianten Klammer sämtliche anderen musikalischen Elemente und Ebenen durchdringen, daß sie Wesen und Erscheinung der Brucknerschen Musik formen. Das Mutationsprinzip erfaßt die Gestaltung nicht nur der einzelnen Sätze, sondern der Werkzyklen insgesamt, woraus anstelle dramatischer Kontraste ein „abgestuftes Nacheinander"[48] folgt, das an keine bestimmte dramaturgische Situation, innerhalb eines Satzes beispielsweise, gebunden ist.[49]

Besonders auffällige Konsequenzen hat dies für die Harmonik und die Stimmengestaltung. Durch ständigen Wechsel des harmonischen Inhalts eines Motivkomplexes entsteht ein „Kurvenreichtum" des harmonischen Ablaufs, welcher sich jedoch von der „Konsequenzlogik der Kadenz" ablöst. Unterstützt und verschärft wird diese Ablösung noch durch die entschiedene Trennung von Fundament- und Baßton.[50] Der Baßton bleibt nicht länger an harmonieklärende Sprungfortschreitungen gebunden, sondern wird seinerseits eine Melodiestimme, die für die harmonische Fortschreitung wie ein nach vielen Seiten hin bewegliches Scharnier wirkt. Dies aber bedeutet eine drastische Instabilisierung der Baßstimme, welche leittönig voranschreitet, „so daß sie die unmittelbare Aneinanderreihung beliebiger Tonarten ermöglicht"[51]. Darin also wurzelt die oftmals beschriebene Dominanz des harmonischen Elements: in der Möglichkeit kaleidoskopartiger Aneinanderreihung von harmonischen Ebenen, welche die rhythmische Variantentechnik nicht nur zuläßt, sondern geradezu fordert.

Nicht anders steht es um Bruckners Stimmengestaltung, insbesondere um seine vielgerühmte „Polyphonie" – die keine ist. Vielmehr liegt hier eine Multiplizierung, eine Projizierung von Hauptstimme(n) in vertikaler Richtung vor; eine Vervielfältigung von variablen Elementen aus einem Motivkomplex. Und keinesfalls kommt es zu melo-

disch-harmonisch ausgewogenen Kombinationen selbstän-
dig geführter Stimmen.

Im dynamischen Bereich zeigt sich die Wirkungsweise der
Motivkomplexe und ihrer Mutationen vor allem in den quadratisch komprimierenden Steigerungen einschließlich der
Steigerungen durch Themenkombination in den Finalsät-
zen: sie entstehen nicht, wie in Beethovens IX. Sinfonie,
aus der „syntaktischen Konsequenz"[52], einer zyklischen
Werkdramaturgie, sondern stellen den gewaltsamen Versuch dar, eine logische Folge der Sätze zu suggerieren, von
der die Additions- und Kettengliederung der Sätze, und damit ihre prinzipielle Austauschbarkeit, verdeckt werden
soll.[53]

Quadratische, von Taktgruppe zu Taktgruppe voranschrei-
tende Steigerungsanlage hat nicht zuletzt auch eine regi-
sterhafte Instrumentation zur Folge. Sie als ein charakteri-
stisches Merkmal vor allem aus der Orgelpraxis abzuleiten,
trifft also nur bedingt zu: Werkimmanente Gegebenheiten
und Verhältnisse wirken sich auf das Wechselspiel instrumentatorischer Darstellung nachhaltig aus.

Bruckners Begriff von Motiv und Thema sowie die daraus
entstehenden kompositionstechnischen Konsequenzen be-
dingen schließlich auch die auffällige Ähnlichkeit der Sinfonien, von der stereotypen Zahl der Themen und ihrer Beziehung untereinander in den ersten und letzten Sätzen
über die Satzcharaktere bis hin zur Gesamtanlage der
Werke. Von diesem Begriff und seiner Entfaltung geht
Bruckners eigenartige Lösung des sinfonischen Problems
aus, eine Lösung, die, in ihrer Verbindung von methodi-
scher Rigorosität und „hörbarer" Neuartigkeit, bestürzend
wirken mußte. Allein Franz Schubert dürfte als Wegberei-
ter Bruckners geltend gemacht werden – Mutationsverfahren und Kettengliederung formaler Anlagen sind etwa in
der großen C-Dur-Sinfonie (D 944), aber auch in den späten Klaviersonaten, Streichquartetten und dem Streichquintett nicht zu übersehen. Doch es bleibt mehr als fraglich, ob
Schuberts Bedeutung in dieser Hinsicht in den sechziger
und siebziger Jahren bereits erkannt wurde – und ob es
Bruckner überhaupt gelang, jemals derartige Anknüpfungspunkte bewußt aufzuspüren.

Um so unvermittelter traf seine Musik die Zeitgenossen:

verständlich, daß selbst Kenner und Freunde irritiert wurden. Denn Bruckner verunsicherte mit den Konsequenzen seines Kompositionsverfahrens stärker noch als Liszt oder Wagner die Fundamente der klassischen Musik: extreme Divergenzen in der Urteilsbildung über Bruckner waren eine geradezu logische Folge. Ob die Apologeten das Neuartige als stabilisierende Naivität rühmten oder die Gegner es als unwissenden Anarchismus geißelten, bleibt, da beides unzutreffend ist, letztlich gleich. In beiden Fällen mußte ein historisch verständliches – Unverständnis die Urteilsbildung leiten: Bruckners Musik schien voraussetzungslos zu sein. Dieses Unverständnis aber ließ keine andere Wahl als die Flucht in mystifizierende Verherrlichung oder aggressiven Verriß.

Daß die Uraufführung der *I. Sinfonie* am 9. Mai 1868 ein bemerkenswerter Erfolg wurde (wie auch einige weitere Uraufführungen in späteren Jahren), braucht dieser Feststellung keinesfalls zu widersprechen. Obwohl nahezu sämtliche Eigenheiten des Brucknerschen Sinfonietyps mehr als nur angedeutet oder vorgezeichnet sind, bleiben doch auch etliche traditionelle Züge erhalten, die das Werk einigermaßen problemlos in geläufige sinfonische Praxis einordnen lassen. So kommt zwar das variantentechnische Verfahren bereits wirkungsvoll zur Geltung, es wird aber von einigen „retardierenden" Momenten verdeckt und, zumindest nach außen hin, entschärft.

Dieses Wechselspiel bleibt, wie immer auch das Verhältnis von „retardierenden" und „progressiven" Momenten in den künftigen Sinfonien sich verändern wird, für das gesamte Werk Bruckners, für seine musikalische Sprache schlechthin, ein bestimmender Faktor. Denn allein schon aus der theoretischen Darstellung der Variantentechnik geht hervor, daß ihre Konsequenzen nicht nur den klassischen Kompositionsbegriffen entgegengesetzt sind, sondern daß sie neue Begriffe entwerfen, die ein gänzlich verändertes sinfonisches Denken anbahnen. Dieses Denken kann hier nur schlaglichtartig angedeutet werden, setzt es doch zu seinem Verständnis Bruckners Gesamtwerk voraus.

Der zentrale Punkt besteht darin, daß durch die Variantentechnik die diskursive Entwicklungsdramaturgie der klassischen Sinfonik außer Kraft gesetzt wird und an ihre Stelle eine offene, auf motivische, d. h. rhythmische Invarianten bezogene Formbildung rückt. Also keine zielgerichtete Bewegung (Entwicklung) mehr, sondern eine kreis- bzw. spiralförmige Entfaltung, deren Ereignisfolge einer Kette von scharnierartig ineinandergreifenden, „kreisförmigen" Ereignissen gleicht. Gerade die scharnierartige Verhakung der kompositorischen Details bringt jene offene, stets nach verschiedenen Richtungen hin zum Aufbruch bereite musikalische Bewegung hervor. Je nachdrücklicher nun diese Bewegung vom klassischen Entwicklungsgedanken abweicht, um so deutlicher zeichnen sich Gestaltungsprinzipien ab, die recht eigentlich erst in der Musik des späteren 20. Jahrhunderts zur Geltung kommen. Ohne daß Bruckner auch nur die geringste Vorstellung von solchen Perspektiven gehabt haben dürfte, war er doch offensichtlich von Beginn an darauf bedacht, die befremdend neuartigen Aspekte seines Komponierens nach außen so unauffällig wie nur irgend möglich zu halten. Bevorzugtes Mittel hierfür wird ihm eine geradezu überdeutliche Konturierung von Motiven und Themen, welche den Anschein erwecken, als ob von ihnen unablässig Verarbeitungsprozesse ausgehen.

Wenn sich dies auch, durch die tiefergreifende Wirkungsweise der Variantentechnik, als unzutreffend herausstellt, so bleibt doch zumindest die Tatsache bestehen, daß in den Motiven und Themen Keimzellen eingelagert sind, auf denen der Zusammenschluß des gesamten motivisch-thematischen Materials eines Werkes gründet bzw. gründen kann. Also eine Substanzgemeinschaft, die durchaus an das „Mottowesen" in den Sinfonien von Schumann bis Brahms erinnert. Bruckners Substanzeinheit jedoch ist in dem Sinne „formal", daß sie vor allem als verschleierndes Gegengewicht zu den variantentechnischen Ereignissen dient. Sie gemahnt eher an die barocke Variationensuite, deren variative Bezüge auf ein eingangs gesetztes „Motto" ebenso formal blieben, keinen Einfluß etwa auf die Charaktere der einzelnen Sätze nahmen.

Bruckner bezeichnete seine I. Sinfonie später, im Zusammenhang mit einer Überarbeitung des Werkes, scherzhaft als *kecken Besen*[54]. Das Wort trifft in mehrfacher Hinsicht zu. Wenn es auch nicht abwegig wäre, zunächst und vorrangig an das oftmals verwirrende Wechselspiel von motivisch-thematischer und variantentechnischer Gestaltung zu denken, meint Bruckner doch wohl eher den forsch zupackenden, erstaunlich selbstbewußt wirkenden Ausdruck in allen Sätzen, der sich, vielleicht einige Teile des Finales ausgenommen, erheblich von der überwiegend leeren Gestik der „0." *Sinfonie* unterscheidet – aber auch den verhalteneren Ton in den Messen hinter sich läßt. Das „Losreißen von der Kette": in dieser Forschheit kommt es erst ganz zur Geltung. Die Formulierung der drei Hauptthemen hat daran bereits keinen geringen Anteil. Sie weisen eine deutliche melodische Konturierung mit klar gegliederten Phrasen auf, die zunächst sogar auf periodische Zusammenschlüsse hinzusteuern scheinen:

23 Sinfonie Nr. I, 1.,
        a Takt 1 ff.

        b Takt 45 f.

        c Takt 94 ff.

Sowohl der drangvoll-explosive wie lyrisch-expressive Charakter dieser Themen einschließlich ihrer Kontrastierung als „Haupt-" und „Seiten"thema sowie des „summierenden", bei Bruckner obligatorischen 3. Themas bestimmen den Ton des gesamten Satzes, dem sich auch das forsche Scherzo und das tumultuose Finale gleichsinnig anschließen. Insbesondere das 1. Thema, dessen aufreißende Marschgestik den Satz nicht nur unvermittelt in Bewegung bringt, sondern das ganze Werk in Spannung zu halten scheint – dieses Thema darf, ungeachtet seiner formalen Archaismen, als musikhistorisches Novum angesehen werden. So ist noch keine Sinfonie eröffnet worden; und später erst wieder Gustav Mahlers VI. Das Thema erinnert in seiner unaufhaltsam scheinenden Marschbewegung einzig an Schubert, etwa an eine forcierte Variante des Andante con moto aus dessen großer C-Dur-Sinfonie (D 944):

24   Schubert, Sinfonie Nr. VII, 2., Takt 1 ff. und 8 ff.

Ein traditionelles Moment, das unter der Oberfläche innovatorischen Musizierens gelagert ist, besteht nun in den motivischen Beziehungen zwischen Themen aus allen Sätzen des Werkes. So verschränken sich insbesondere im 1. Thema des 1. Satzes motivisch-thematische und variantentechnische Darstellungsweisen. Im ersteren Sinne wirkt die Zentrierung des Themas um einige „Leitintervalle": kleine und große Sekunde, kleine und große Terz, zu denen sich dann noch weitere Intervalle durch variative Ausweitung der Melodieführung gesellen:

25   Sinfonie Nr. I, 1., Takt 2 ff. (Intervalle)

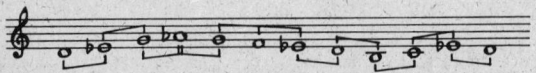

Zweifellos kommt unter den eingeführten Intervallen der kleinen Sekunde das größte Gewicht zu. Sie ist es auch, die als An- oder Abstieg, Vorhalt oder Wechselnote nahezu alle Themen zusammenbindet und die Substanzgemeinschaft des Werkes begründet. Die kleine Sekunde kommt in diesem Sinne auch in der Vertikalen, in harmonischer Progression zur Geltung, wie etwa die Weiterführung des 1. Themas erkennen läßt.

Nun ist es aber auch aufschlußreich, dieses Thema von seinen rhythmischen Verhältnissen her zu analysieren, von invarianten rhythmischen Zellen, die mit wechselndem melodischem, harmonischem oder instrumentatorischem Inhalt ausgefüllt werden:

26   A. a. O., Takt 2 ff. (Rhythmik)

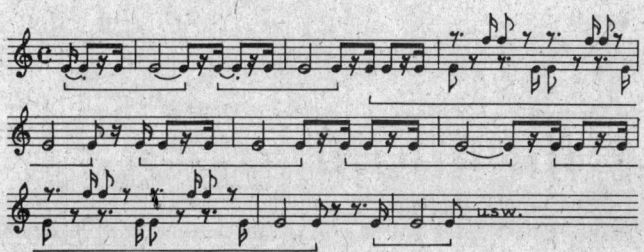

Der variantentechnische Aspekt erweist sich, richtet man vor allem den Blick auf das kommende sinfonische Geschehen, als tiefgreifender: er erfaßt die dynamische Bewegung, welche vom Thema oder besser: vom Motivkomplex ausgeht und zunächst auf die Konstituierung eines 2. Themas gerichtet zu sein scheint. Trotz allem thematischen Profil gelangt die oben angenommene periodische Gliederung zu keiner nachhaltigen Wirkung – es mangelt ihr an jeder kadenzierten Befestigung. Hingegen wird ein „offener" Impuls immer stärker: der Motivkomplex setzt sich mit einer ostinatoähnlichen Kette von Punktierungen fort, die in der einleitenden, vorspannartigen Pulsation vorgebildet, von ihr in Bewegung gebracht wurde:

27   Sinfonie Nr. I, 1., Takt 13 f.

Aus dem „Thema" hat sich unmerklich eine Überleitungssi-
tuation ergeben, die, als dynamische Steigerung angelegt,
auf ihrem Höhepunkt ein Motiv in Vc und Kb bringt, das
als weiteres, neues Überleitungselement hervortreten
wird:

28   Sinfonie Nr. I, 1., Takt 18 ff.

Ein Überleitungselement verbindet sich hier also mit einem
anderen, das allmählich die Führung übernimmt – und
noch einmal zum 1. Motivkomplex zurückleitet. Der irritie-
rende Punkt daran ist, daß diese Überleitung sowohl melodisch und rhythmisch (durch auskomponierte Verlangsa-
mung der Bewegung) als auch harmonisch (die modulatori-
sche Richtung zielt über den Dominant-Sept-Akkord auf
die neue Tonika As-Dur) ein 2. Thema, ein „lyrisches Seitenthema", erwarten läßt, diese Erwartung „enttäuscht" und
statt dessen in recht ruckartig-ungeglätteter Manier noch
einmal dem 1. Thema Raum gibt:

29   Sinfonie Nr. I, 1., Takt 28 ff.

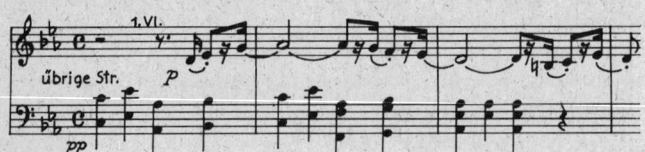

Hier deutet sich ein für das klassische Kompositionsver-
ständnis „ungebändigtes", „undomestiziertes" Element an,
das eine Konsequenz aus der kaleidoskopartigen Muta-
tionsbreite der Variantentechnik darstellt. Sie steht zu jeder
logisch-entwickelnden Satz- und Werkdramaturgie in
schroffem Gegensatz. Da aber dieses Element noch in thematische Fülle gehüllt ist, welche den Gestus der traditionellen Melodik zu wahren scheint, halten sich die „anarchi-
schen" Auswirkungen der Brucknerschen Musiksprache
noch in Grenzen, im Inneren und somit noch im Verborgenen.
Während das 2. Thema (Takt 45 ff.) vor allem durch seine
Typisierung als „lyrisches Seitenthema" einigermaßen kon-
ventionellen Zuschnitt hat (s. NB 23b), bricht das 3. Thema
aus solcher „Wohltemperiertheit" rücksichtslos aus. Trotz
der unüberhörbaren Anklänge an Wagners „Tannhäuser"-Ouvertüre ertönt hier – vielleicht zum ersten Male im
Instrumentalen – echtes Brucknersches Pathos (s. NB 23c).
Die rhythmisch-intervallischen Zerklüftungen dieses Themas fordern variantentechnische Verwandlungen geradezu
heraus. Wie schon beim 1. Thema, so erscheinen die
rhythmisch invarianten Zellen wie Versatzstücke, die mit
wechselndem Inhalt gefüllt und baukastenartig verwendet
werden:

30   Sinfonie Nr. I, 1., Takt 127 ff.

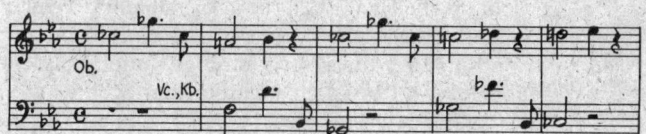

Das harmonische Gefälle ist nicht minder bewegt und
durchmißt auf knapper Distanz entlegene Tonartberei-
che:

31   Sinfonie Nr. I, 1., Takt 94 ff.

$$Es \to c \to as^6 \to B \to f^6 \to g^7 \to C \to Des^{\flat 7} \to B \to F^{\flat 9}_{\flat 7} \to \ | \ Es$$

157

Die harmonische Progression, für die wir ein recht beliebiges Beispiel herausgegriffen haben, das für Bruckner den „Normalfall" darstellt, folgt keineswegs der logisch-syntaktischen Konsequenz eines „Tonartenplans", wie ihn die klassische Sonatenhauptsatzform entwickelt hatte. Vielmehr ergibt sich die Progression aus den Variantenspielräumen zwischen Klängen, welche durch einen invarianten Rhythmus verklammert sind. So vielfältig und auch umwegig harmonische Verläufe geraten können: die scharnierartige Verbindung zwischen den Harmonien ermöglicht zugleich auch schroffen Wechsel, selbst und gerade von weit auseinanderliegenden Tonartbereichen, und damit den Verzicht auf sorgfältig vorbereitende Modulation, um eine neue Tonikaebene zu installieren. Es genügen oftmals Rückungen in mediantischer oder Sekunddistanz.

Das Nebeneinander von motivisch-thematischer und variantentechnischer Strukturierung wirkt sich notwendigerweise auch auf die Formbildung aus, dergestalt, daß nicht allein eine gewisse traditionelle Kontrastsituation zwischen den Themen erhalten bleibt, sondern auch dadurch, daß die Durchführung noch bevorzugter Ort für motivisch-thematische Arbeit ist: NB 30 etwa kann auch mit Ableitungs- oder Abspaltungsvorgängen in Verbindung gebracht werden. Doch träfe diese Sichtweise nurmehr in Details zu – auf die Gesamtverhältnisse des Satzes bezogen, verfehlte sie die neuralgischen Punkte. Die Durchführung ist in fünf ineinandergleitende, wellenartige Abschnitte gegliedert, welche allesamt einigermaßen mehrdeutig sind. Es dominiert entweder die Verbindung von „Durchführungs"- und „Überleitungs"-Tendenzen, oder eine Durchführungstechnik, die, wie in NB 30 angedeutet, sich recht eigentlich in ein Mutationsverfahren verwandelt hat. Damit aber verliert die Durchführung, als kompositorische Technik wie als zentraler Formteil der klassischen Sonate, ihren traditionellen Sinn. Indem das Mutationsverfahren sich über den gesamten Werkorganismus ausbreitet, wird der Kontrast zwischen thematischer Setzung („Exposition") – Verarbeitung („Durchführung") – Wiederherstellung der thematischen Setzung („Reprise") immer wirkungsloser, letztlich aufgehoben (wir halten deshalb an den Begriffen nur noch wegen der formalen Kennzeichnung von Satzabschnitten fest).

Die Durchführung beschränkt sich auf Material aus dem 1. und 3. Thema, das des 2. Themas wird ausgelassen. Dafür erscheint dann das 3. Thema nicht mehr in der Reprise. Auf den ersten Blick ist dieser Vorgang nicht ungewöhnlich, soll doch die Reprise oftmals eine konzentrierte, d. h. auch: verkürzte Wiederherstellung der Exposition bieten. In Bruckners Falle aber liegen die Dinge anders. Das 3. Thema wird nicht einfach ausgespart, sondern durch ein Motiv ersetzt, das erstmals in der Exposition auftauchte und dort einige Verwirrung stiftete:

32   Sinfonie Nr. I, 1., Takt 67f.

Zunächst mutet es wie ein 3. Thema an, dann jedoch erweist es sich als Überleitungsimpuls zum eigentlichen 3. Thema. Indem dieses Motiv nun in der Reprise wirklich das 3. Thema vertritt, seine ursprünglich untergeordnete Rolle mit der eines sich mächtig ausbreitenden Motivkomplexes vertauscht; kommt eine weitere Konsequenz der Variantentechnik zum Ausdruck: da zwischen den Motivkomplexen und ihren Varianten keine logisch-syntaktischen Beziehungen mehr bestehen, können sie auch als ganze ausgewechselt werden. Dieses Moment der Austauschbarkeit, welches nichts Geringeres bedeutet als die prinzipiell unbeschränkte Assoziationsmöglichkeit zwischen sämtlichen Motivkomplexen, unterstreicht schließlich noch die Tatsache, daß das genannte Motiv außerdem die rhythmische Grundstruktur des 1. Finalthemas vorausnimmt:

33   Sinfonie Nr. I, 4., Takt 1f.

Das Adagio ist, was die bisher angesprochenen neuartigen kompositionstechnischen Verhältnisse betrifft, der kompromißloseste Satz des Werkes. Dabei erscheint sein formaler

Bau recht unkompliziert. Es gibt drei Themen, die sich in jeweiligen Abschnitten ausbreiten und variiert wiederholt werden, also: A (Takt 1–20) – Zwischenspiel (21–29) – B (30–43) – C (44–111) – A′ (112–134) – Zwischenspiel (135–140) – B′ & C′ (141–158) – Coda (158–168).

Die Simplizität der äußeren Form steht allerdings in einem bemerkenswerten Widerspruch zu den Komplikationen innerhalb der motivischen, rhythmischen und harmonischen Faktur, wobei jedoch Differenziertheit und Lapidarität nahtlos ineinander übergehen. Die Fiber des Satzes ist eine permanente Überleitungsbewegung in dem Sinne, daß praktisch jedes „gesetzte" Element, ob ein Thema, eine Tonart usw., umgehend und mit bisher nicht gewagter Konsequenz in auflösende, umdeutende Weiterführung gelangt. Kein Element kristallisiert sich aus, etwa, indem es durch Fortspinnung oder Verarbeitung bestätigt, gefestigt würde. Die Musik breitet sich gleichsam lavaartig aus, erreicht und umschließt keine voraussehbaren Situationen und Ereignisse – ihre Wege scheinen unberechenbar und die ständige Irritation ihre absichtsvolle Gangart. Um dies zu beschreiben, müßten die verschiedenen Elemente, die Charakter und Bewegungsweise der Musik bestimmen, wie beim Hören synoptisch erfaßt werden. Da dies nicht machbar, sind wir gezwungen, als Nacheinander darzustellen, was sich in Überlagerung und Verklammerung ereignet.

Die Irritierungen beginnen damit, daß das 1. Thema kein rechtes Thema ist und werden will: es setzt sich aus unterschiedlichen Floskeln oder Fragmenten zusammen, welche wie nachahmende Gesten eines Themas wirken:

34   Sinfonie Nr. I, 2., Takt 1 ff.

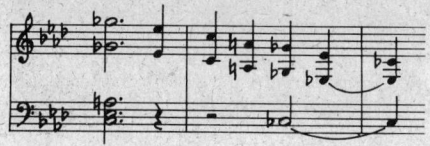

Um so schwungvoller blüht das 2. Thema auf – als ob es die „Sprachlosigkeit" des 1. ausgleichen müßte:

35   Sinfonie Nr. I, 2., Takt 31 f.

Aber auch die Harmonik trägt zu den merkwürdigen Verschleierungen des Satzverlaufs erheblich bei. Die Grundtonart ist As-Dur. Doch sie wird vom ersten Takt an, wo sie die Terz as–c andeutet, unablässig nur im Durchgang erreicht (z. B. Takt 7, 13, 20, 22). Da das 2. Thema sich dann vornehmlich in B-, das 3. Thema in Es-Dur bewegt, kommt As-Dur hier ebenfalls nur im Durchgang vor. Genaugenommen kommt die Grundtonart als ausharmonisierte, kadentiell halbwegs gefestigte Tonika erst in der Reprise des 1. (Takt 115 ff.) und 2. Themenabschnitts (Takt 148) zur Geltung. Das heißt, die Grundtonart wird, parallel zur Entfaltung einer Scheinthematik im 1. Abschnitt, versteckt. Sie wird von zumeist chromatischer Stimmführung überwuchert, die einen Harmoniestrom auslöst, in dem die Grundtonart bestenfalls als einsame Insel auftaucht. Dieses (Ver-) Strömen erfaßt auch die Baßführung als frei beweglichen „Fundament"-Gang, der zur Konsolidierung tonikaler Zentren nurmehr wenig beiträgt.

Das 3. Thema gibt einen geradezu lehrbuchartigen Einblick in die Wirkungsweise der Variantentechnik. Insgesamt reihen sich elf Themenvarianten aneinander, für die ein bestimmtes rhythmisches Gerüst verbindlich ist. Außerdem schließt diese Variantenkette auch die beigeordnete Baßstimme ein:

36 Sinfonie Nr. I, 2., Takt 44f. Takt 48f.

Takt 52f. Takt 56f.

Takt 60f. Takt 64f.

Takt 66f.

Nicht genug damit, münden die Varianten nach diesen „Ausschweifungen" keineswegs in geordnetere Bahnen, etwa in die Reprise eines weiteren Themas. Sie geben vielmehr einzelne Motive frei, um diese als selbständige Figur bzw. Figurenkombination eine Überleitungsbewegung ausführen zu lassen:

37 Sinfonie Nr. I, 2., Takt 83ff.

War also schon in der Variantenkette Takt 50ff. ein starkes Überleitungsmoment wirksam, so wird dies durch die Verselbständigung der Motive noch gesteigert. Hinzu kommt, daß die Überleitung nicht nur äußerst umwegig ist, sondern eigentlich auch keinen festen Zielpunkt zu erreichen oder überhaupt nur anzusteuern scheint: die zu erwartende Reprise eines anderen Themas unterbleibt – statt dessen taucht ein charakteristischer Rhythmus aus dem Finale auf:

38   Sinfonie Nr. I,

2., Takt 101   4., Takt 260

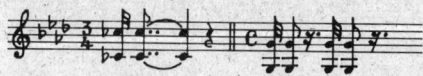

Die Überleitungen – das möchte aus dem bisher Gesagten hervorgehen – stellen nicht mehr untergeordnete, Hauptteile verbindende Formabschnitte dar, sondern enthalten bereits und recht eigentlich die kompositorischen „Ernstfälle", welche Verlauf und Ziel, besser: Ziellosigkeit der Musik bestimmen.

Das Scherzo weist gegenüber dem Adagio, aber auch dem 1. und 4. Satz, recht archaische Züge auf. Das wird sich auch in den künftigen Werken nur wenig ändern, hat doch dieser Satz allein durch sein stark genreartiges Gepräge eine größere Affinität zur klassischen Sinfonik, vor allem natürlich zum Scherzo aus Beethovens IX. Sinfonie. Die Verbindlichkeiten des Scherzos, zu denen vornehmlich die Dominanz des Rhythmus – als Relikt des ursprünglich tänzerischen Charakters des Satzes – gehört, stehen etwas quer zu Bruckners variantentechnischem Verfahren. Indem der Rhythmus demonstrativ auch die Außenseiten des musikalischen Verlaufs steuert, in jeder Hinsicht also „Thema" ist, zu dem Melodik, Harmonik, Klangbild und Dynamik lediglich hinzutreten, können seine inneren Funktionsweisen, die variantentechnische Verklammerung der dynamischen Elemente, nur bedingt zur Geltung kommen.

So herrscht nicht nur im Scherzo der *I. Sinfonie* eine rhythmisch-thematische Darstellung vor, die sich auf einige wenige, aber unterschiedliche Elemente stützt – der Rhythmus ist, gerade weil er offen motivische Funktion übernimmt, den übrigen musikalischen Ebenen nebengeordnet.

Das Hauptthema mit den „Leitintervallen" kleine und große Sekunde umfaßt einen kurzen „Vorspann", eine pulsierende Fläche der Holzbläser und Streicher, sowie einen auftaktigen Gedanken, dessen melodische Kurve von Wechselnoten gelenkt wird:

39   Sinfonie Nr. I, 3., Takt 1 ff.

Auf das Finale braucht nicht ausführlicher eingegangen zu werden, stimmen doch seine kompositorischen Verhältnisse mit denen des 1. Satzes auffällig überein. Wieder haben wir drei Themen mit entsprechendem Ausdruckskontrast, der Grundton ist jedoch insgesamt lärmender – der „Kehraus" läßt sich nicht überhören. Dies macht, daß sich für das 1. Thema Schumannsche Vorbilder geradezu aufdrängen und dem 3. choralhafter Glanz zukommen soll, der aber, anders als dann etwa in der *V. Sinfonie,* in einigermaßen leerem Pathos sich erschöpft:

40 a Sinfonie Nr. I, 4., Takt 58 f.

40 b Sinfonie Nr. I, 4., Takt 315 ff.

Die Absetzungen innerhalb der sonatischen Formdisposition werden, durchaus analog zum 1. Satz, durch Überleitungen aufgelöst, wobei bemerkenswerterweise ein rhythmisch-melodisches Motiv aus dem ansonsten wenig exponierten 2. Thema, eine punktierte Trillerfigur, sich besonders wirkungsvoll geltend macht. Selbstverständlich sind Punktierung und Triller (= Folge kleiner Sekunden) nichts anderes als die mit dem Beginn des 1. Satzes entfalteten materialen Keimzellen des ganzen Werkes. Die stark verkürzte Reprise bewegt sich entschieden auf das schmetternde Choralfinale zu, wobei die sonatengetreue Einschaltung des verhaltenen 2. Themas nur stören kann. Und wahrhaftig: Bruckner behandelt es, als ob er sich seiner entledigen müsse, und findet dafür eine Lösung, die geradezu bestürzend wirkt:

41   Sinfonie Nr. I, 4., Takt 298 ff.

Die Überleitung zum 2. Thema endet auf einem Zwitterklang aus G-Dur mit Sept (Ober- und Mittelstimmen) und dem Grundton C (Baßstimmen), von dem einzig das grundierende Pk-Tremolo auf C übrigbleibt. Darüber erhebt sich nun das 2. Thema in a-Moll, verunsichert allerdings durch die anfänglich fehlende Terz sowie durch den chromatischen Abstieg in den Vc. Es entsteht ein ganz und gar polytonaler Eindruck, der aber auch nur einfach „falsch" wirkt (wie etwa entsprechende „falsche" Stimmführungen in Mozarts sogenanntem „Dorfmusikanten-Sextett"). Dies könnte damit zusammenhängen, daß hier eine „regelmäßige" Situation (das 2. Thema darf in einer Reprise nicht fehlen) mit den „werkgemäßen" Verhältnissen nicht mehr übereinstimmt. Der unausweichliche Konflikt wird nun nicht zu vertuschen gesucht, sondern durch demonstrative Übertreibung – nicht gelöst, aber produktiv gemacht: das

165

„falsch" eingeführte Thema übt objektiv Kritik am falschen
Pathos, das es freilich nicht aufhalten kann; und der Kontext insgesamt stellt die Unangemessenheit von kanonisierten Formbegriffen angesichts neuartiger Kompositionsverfahren aus.

Gerade dieses letzte Detail, das keineswegs unauffällig
bleibt, versammelt noch einmal entscheidende Merkmale
und Folgerungen der Variantentechnik, die sich Bruckner
mit der *I. Sinfonie* erobert: nach dem gescheiterten Gewalt-
streich der *„0." Sinfonie* nun also der geglückte Geniestreich,
den als *kecken Besen* zu bezeichnen ins Schwarze trifft.

6. Wien I (1868–1876)

Seit den sechziger Jahren veränderte sich das Antlitz der
österreichischen Hauptstadt in Ausmaßen und in einem
Tempo, die jeden Vergleich mit Vergangenem gegenstandslos machten. Kaiser Franz Joseph selbst war es, der, obzwar
auch darin zäher Traditionalist, daß er den Wandel „vom
Biedermeier zum Kraftmeier"[1] verachtete, 1857 den Befehl
erteilte, auf der geschleiften alten Stadtbefestigung das Monument der neuen, der „Gründer"-Zeit zu errichten: die
Ringstraße. In einer doppelten Reihe, bogenförmig geführt
und einen Prospekt von bisher nicht gekannter Breite ein-
schließend, reihten sich die Monumentalbauten aneinander. „Der Stil eines jeden Gebäudes bestimme sich durch
historische Assoziation, befand der Planer Gottfried Semper. In der Votivkirche kopierte Heinrich Ferstel die hoch-
gotische Kathedrale des französischen Mittelalters (...). Die
Wiedergeburt der heidnischen Antike hatte derselbe Ferstel vor Augen, als er die Universität im Stil der italieni-
schen Renaissance errichtete. (...) An die griechische De-
mokratie dachte Theophil Hansen, als er den Parthenon des
Parlaments hinstellte. Gottfried Semper und Karl Hase-
nauer bedienten sich im Arsenal des Barock, imitierten die
Kuppel von Val-de-Grâce in Paris und die Treppenhäuser des
Schlosses von Ceserta bei Neapel, zimmerten die Archen
des Kunsthistorischen und des Naturhistorischen Museums,
in denen Nachfahren ererbte Kleinodien über die Sintflut
der Massenproduktion hinwegzuretten suchten."[2]

166

Kapelle in der Hofburg

Die Ringstraße, die, neben den palastartig aufstrebenden Wohnbauten, dann auch noch die Neue Hofburg, die Hofoper oder das Burgtheater einschloß, wurde ein getreues Spiegelbild der anbrechenden Epoche großbürgerlicher Prosperität und der sie tragenden kapitalistischen Gesellschaftsverhältnisse. Doch auch diese Epoche entfaltete sich auf eine spezifisch österreichische Weise, gewissermaßen unter „österreichischem Vorbehalt". Die Feudalgewalten wurden nicht schlechthin abgedrängt oder gar ausgeschaltet. Man arrangierte sich. Die absolutistische Führungsschicht unter Franz Joseph und das immer finanzkräftigere Großbürgertum wählte, um des größtmöglichen gegenseitigen Nutzens willen, den historischen Kompromiß, welcher auch und nicht zuletzt im neuen Stadtbild sichtbar wird: stets repräsentiert es beide führenden gesellschaftlichen Kräfte.

Der historische Kompromiß bestand in der wenn auch nur zögernd durchgesetzten Konstitutionalisierung der Monarchie, die zu einer Gewaltenteilung zwischen dem Kaiser, dem Parlament und dem Reichsrat führte. Wobei zum „österreichischen Vorbehalt" gehörte, daß – und so sollte es bis zum katastrophalen Ende des ersten Weltkrieges bleiben – der Kaiser in allen schwerwiegenden politischen Fragen die letzte Entscheidung zu treffen hatte. Doch selbst diesen halbherzigen Kompromiß war man alles andere als freiwillig eingegangen. Er war die aufgezwungene Konsequenz aus einer Reihe von außen- und innenpolitischen Niederlagen, welche das Habsburger-Regime in den sechziger Jahren hinnehmen mußte. Eine Konsequenz, durch welche Franz Joseph das noch zu Rettende retten und das Großbürgertum das ihm längst Zustehende herauspressen wollten. Den Anfang machte 1866 die militärische Niederlage gegen Preußen, durch die Österreich aus dem Deutschen Bund ausschied und Preußen endgültig die Vorherrschaft unter den deutschen Staaten errang.

Diese Niederlage zog aber auch bedrohliche innenpolitische Veränderungen nach sich. Die ohnehin nur mühsam aufrechterhaltene Hegemonie der Deutsch-Österreicher im Vielvölkerstaat war schwer getroffen. Die Nationen, voran die Ungarn und Tschechen, forderten ihre Unabhängigkeit, zumindest ihre rechtliche Gleichstellung im Staatenbund. Da sich die Machtverhältnisse seit der Revolution von 1848/49 erheblich gewandelt hatten und gewaltsame Unterdrückung nur heftigeren Widerstand entfacht, suchten die Habsburger ihr Heil im „Ausgleich". Der geschah 1867 mit Ungarn: man teilte sich in die Macht und in die damit entstandene „Doppelmonarchie". Indem Österreich die Vorherrschaft über alle „Staatsvölker" verlor, stieg Ungarn zum

Kaiser
Franz Joseph I.
(um 1890)

Teilhegemon auf (u. a. über Rumänien, Slowaken, Kroaten). Und so sollte es vorerst bleiben. Doch schon regten sich die Tschechen, forderten gleich den Ungarn ihr Recht. Eine nationale Kettenreaktion war die Folge, die erst der Untergang des Habsburgerreiches beendete. Die Instabilität im Innern und nach außen wurde zur anhaltenden Existenzform des gesamten Staatengebildes – die Auswirkungen erfaßten alle Gesellschaftssphären. „Der Dualismus war das Lebensgesetz Habsburgs geworden. In sich selber hatte ihn Franz Joseph von Anfang an getragen, mit ihm leben müssen: der Gespaltenheit zwischen dem Amtsanspruch des Gottesgnadentums und der aufgeklärt-bürokratischen Amtsausübung, halb Franz I., halb Joseph II."[3]
Die konstitutionelle Monarchie war durch die „Dezemberverfassung" von 1867 begründet worden. Der Kaiser, ein unverbesserlicher Absolutist, suchte aus dem Unvermeidlichen das Beste (in seinem Sinne) zu machen: durch verschiedene Regierungswechsel sollten die aufbrechenden

politischen Konflikte aufgefangen und ausgeglichen werden. Eine „Schaukelpolitik", ein sprichwörtliches „Fortwursteln" war die Folge, das, historisch gesehen, nur den Vorteil hatte, daß die Positionen des Großbürgertums gestärkt und damit die Entwicklung kapitalistischer Verhältnisse beschleunigt wurden. Doch tiefgreifendere Auswirkungen sollten sich erst in den späten achtziger und in den neunziger Jahren einstellen. Die politische Instabilität wurde nicht zuletzt durch die Tatsache verschärft, daß die althergebrachte Parteiengruppierung von Liberalen und Konservativen im Laufe der siebziger Jahre zerfiel und die neuen Parteien, die zum Teil die alten Gruppierungen aufsaugten, erst im Entstehen begriffen waren: der „Deutschnationale Verein" Georg Schönerers, die „Christlich-Soziale Partei" Karl Luegers und die „Sozialdemokratische Partei" unter Führung von Victor Adler.

Symptomatisch für das politische Klima in den siebziger Jahren ist die Entwicklung der Sozialdemokratie, der Arbeiterbewegung überhaupt vor der Neugründung der Partei durch Adler um die Jahreswende 1888/89. Anders als im Deutschen Reich, wo die Arbeiterbewegung einen solchen Einfluß gewann, daß ein „Sozialistengesetz" zu ihrer Eindämmung erlassen wurde, unternahmen in Österreich sowohl die feudalen als auch die bürgerlichen Kräfte immer wieder Versuche, diese Bewegung durch Korruption und Demagogie den eigenen Interessen dienstbar zu machen. Die Regierung suchte die Gunst der arbeitenden Massen etwa dadurch zu gewinnen, daß sie das allgemeine Wahlrecht einzuführen versprach.[4] Gegenüber den bürgerlichen Schichten war das eine unmißverständliche Drohung, ihre „angestammten" Rechte zumindest einzuschränken. Und auf diese „demokratische" Weise sollten beide Seiten in Schach gehalten werden: die eine durch Versprechungen, die andere durch Einschüchterungen. Das Bürgertum wiederum, zumeist freilich im Bunde mit der Regierung, suchte die Arbeiterschaft vor allem für seine ökonomischen Interessen einzuspannen, die häufig in die Sorge um nationale Sicherheit gehüllt wurden. Besonders in Krisenzeiten appellierte es, die sozialen Gegensätze überspielend, an die „gemeinsamen" österreichischen oder eben ungarischen, tschechischen, polnischen Interessen und trug damit in erheblichem Maße dazu bei, die Arbeiterbewegung zu zersplittern. Instabilität also, wohin man blickt – und das politische Jonglieren bestimmte den Kurs des Staatsschiffs, das in diesen Jahren erst recht eigentlich Musils „Kakanien" wird, eine „Despotie, gemildert durch Schlamperei", ein „Völkerkerker – aber ein angenehmer".[5] Insbesondere unter der konservativen Regierung des Grafen Eduard Taaffe (1879–1893) breitete sich eine trügerische Ruhe aus, welche die noch Jahrzehnte später verbreitete und geglaubte Legende von der ausgleichenden Gerechtigkeit des Habsburgerreiches entstehen ließ. Es herrschte „der Zustand wohltemperierter Unzufriedenheit", wie sich Taaffe etwas zutreffender ausdrückte.[6]

Obwohl es die „Ruhe vor dem Sturm" war und obwohl diese Ruhe eher eine allgemeine Lähmung bedeutete, die nicht zuletzt eine immer schwerfälligere, im Taktieren und Lavieren sich erschöpfende Bürokratie erzeugte,[7] erlebten Kultur, Kunst und Wissenschaft eine späte, aber farbenreiche Blüte. Sie allein mit der Tatsache begründen zu wollen, daß angesichts der ins Wanken geratenen Machtpositionen die Herrschenden um so dringlicher eine glanzvolle Selbstdarstellung erstrebten und hierfür in der Kultur ein zweckdienliches Mittel sahen, reicht nicht aus. Der kulturelle Aufschwung im letzten Jahrhundertdrittel hatte unverkennbar mit der „Legende Alt-Österreich" zu tun, mit dem Idealbild einer „österreichischen Schweiz", einer von Gerechtigkeit geleiteten Völkerföderation – mit einer Illusion also, die auch den Künstlern die Stimme tönte – auch die Musik von Johannes Brahms, Anton Bruckner und Gustav Mahler.

„Wien war die Hauptstadt eines großen Reichs, und gerade diese Tatsache, verbunden mit seiner Größe und kulturellen Tradition, zog immer wieder die besten und fähigsten Menschen aus der ganzen Monarchie dorthin. Und jeder, der kam, fand nicht nur früher oder später sein Auskommen, sondern vor allem seine Ecke, seinen Kreis von Gesinnungsgenossen, weil es – ob es sich nun um Archäologie, um den Brunnenbau in Galizien, um Heilung durch Hypnose oder um Bodenreform handelte – eben nichts gab, wofür man sich in Wien nicht interessiert hätte. Es war diese Buntheit und Vielseitigkeit, diese neuen Menschen

Wien: das alte Gebäude der Gesellschaft der Musikfreunde

und neuen Gedanken, die ständig hereinströmten, die Wien seinen Glanz und seine Größe gaben."[8]
Wenn auch im Falle Bruckners wohl weniger die intellektuelle Vielfalt der Hauptstadt anziehend gewirkt haben dürfte, so scheint es doch nicht lediglich Zufall gewesen zu sein, der ihn gerade in dieser anbrechenden „liberalen" Phase nach Wien übersiedeln ließ. Auf dieses Ziel hatte Bruckner, wie wir gesehen haben, über Jahre hingearbeitet, an dieses Ziel knüpfte er die Erwartung, daß sich sein Lebensplan erfülle: Wien sollte ihm endlich die ersehnten Schaffensbedingungen bieten, unter denen die andrängenden künstlerischen Imaginationen Gestalt annehmen können. Das ist und bleibt Bruckners Leitgedanke. Ihm sind alle anderen Überlegungen und Unternehmungen zu unterstellen, d. h.: ihm gegenüber sind sie zu relativieren – von der bis ins Hysterisch-Krankhafte gesteigerten Sorge um soziale Sicherheit bis zu den offenen Absonderlichkeiten in Charakter und Verhalten.
Am Konservatorium der Gesellschaft der Musikfreunde hat Bruckner als Professor für Orgelspiel von Oktober bis Juli

drei Wochenstunden zu unterrichten; drei weitere Stunden sind der Musiktheorie gewidmet. Außerdem übernimmt er, als Nachfolger Simon Sechters, die Fächer Harmonielehre und Kontrapunkt, unterrichtet sie streng nach der Methode seines Lehrers: reine Handwerksübungen ohne jede kompositorische Ambition.

Etwas komplizierter verhält es sich mit Bruckners unbesoldeter Anstellung als Organist der Hofkapelle. Er nimmt eine „mittlere Bedienstetenstellung"[9] ein und hat die liturgischen Anforderungen mit weiteren Organisten (Rudolf Bibl, Pius Richter) zu teilen. Ein Kapellmeisteramt, zu dem ein Organist nach gebührender „Expektanz" durchaus aufzusteigen vermag, wird Bruckner niemals verliehen.[10] Ob er allerdings ein solches Amt, das ausschließlich mit Kirchenmusik verbunden ist, jemals ernsthaft anstrebte, darf bei einem Komponisten, dessen Interessen sich so dezidiert auf die Sinfonik richteten, bezweifelt werden. Offensichtlich aber haben selbst die erfolgreichen Orgelgastspiele in Frankreich (Frühjahr 1869) und England (Sommer 1871) Bruckners Stellung an der Hofkapelle nicht verbessern können.

In den Sommerferien 1869 hält sich Bruckner in Linz und in St. Florian auf. Doch obwohl er vom Kultus- und Unterrichtsministerium ein einjähriges Stipendium „zur Herstellung größerer symphonischer Werke"[11] erhält, stockt die Kompositionsarbeit bis in den Herbst 1870 hinein. Er überarbeitet lediglich die *Messe in f-Moll,* versucht sich vergeblich an einer Revision der *„0." Sinfonie,* und auch der Plan einer Sinfonie in B-Dur wird bald wieder fallengelassen. Dies hindert ihn jedoch nicht daran, immer wieder neue und auch dringlichere Gesuche um finanzielle Unterstützung zu stellen, die nach außen eine – grundlos befürchtete – soziale Gefährdung abwenden, eigentlich aber ein unabhängiges Schaffen ermöglichen sollen. Diese oftmals geradezu aufdringlichen Gesuche, in einer merkwürdigen Mischung aus Devotion und Schroffheit formuliert, tragen Bruckner in der Öffentlichkeit alles andere als Wohlwollen und Verständnis ein. Aufschlußreich hierfür ist ein Brief, den die Witwe des Obersthofmeisters Hohenlohe-Schillingsfürst, eine Tochter Franz Liszts, an den Bruckner-Biographen August Göllerich schrieb: „Mein Mann trennte sehr scharf den

Künstler Bruckner, dem er als einheimischen Komponisten alle Geltung zu verschaffen suchte, von dem Menschen, der wegen seiner biedermeierlichen Pose viel Beliebtheit in einigen Hofkreisen genoß. (...) Diese Art war Liszt's Besonderheit zuwider – aber mein Mann und ich fanden auch, daß Bruckner mit seinen Beziehungen zum Hof recht gut Reclame zu treiben verstand. Viele seiner Äußerungen darüber, die in der Öffentlichkeit colportiert wurden, entbehren jeder Spur von Wahrheit. (...) Sie werden auch Gelegenheit gehabt haben, den Komponisten in vollster Natürlichkeit zu kennen – und ein so gewaltiges Talent muß auch Urwüchsiges an sich gehabt haben. Uns zeigte er sich leider in garstiger Vermummung –, es lag eine gewisse Berechnung der selbstgefälligen Plumpheit seinen Hofmanieren zugrunde."[12]

Es macht wenig Sinn, diese „Berechnung" als menschliches Verhalten, unabhängig von der Sorge um die kompositorischen Ziele, entschuldigen oder gar rechtfertigen zu wollen. Bruckners Verhalten ist von seinen Zielen nicht zu trennen – aus ihnen gewinnt es gewissermaßen historische Berechtigung. Und das legt einen Vergleich mit Wagner nahe, dessen „Berechnungen" noch ganz andere Dimensionen annahmen. Wer aber wollte im Ernst, angesichts von „Tristan", „Ring" oder „Parsifal", mit Wagner rechten und etwa Brahms gegen ihn ausspielen? Brahms hatte es, mit seiner schon unheimlich anmutenden Art, Genie und Bürgerlichkeit zu verquicken, eines zur Maske des anderen werden zu lassen und sie ununterscheidbar zu machen, entschieden leichter, einen allseits gesicherten Platz in den gehobenen Gesellschaftsschichten zu finden. Brahms arrangierte sich in nahezu allen Fragen, die nicht die kompositorische Arbeit betrafen, mit der Gesellschaft, indem er ihr sein Einverständnis anbot, ihre Spielregeln einzuhalten und – auszunutzen. Wagner, und Bruckner nicht anders, haben dieses Einverständnis erst nach längeren Auseinandersetzungen gefunden, da sie es, ihrem Werk entsprechend, durch die Provokation, auch durch die Anmaßung, in jedem Falle aber durch die Verletzung von Spielregeln erzwingen mußten. Am Ende aber hatte sich jeder arrangiert – d. h. sein Werk durchgesetzt. Und nur das zählt, wie immer es auch gelang.

Bruckners Unterrichtsplan (1877): 30 Stunden wöchentlich

In diesem Zusammenhang verdient auch erwähnt zu werden, daß Bruckner, um der Aufbesserung seiner finanziellen Einkünfte willen, im Oktober 1870 eine Hilfslehrer-
stelle (!) an der Lehrerbildungsanstalt St. Anna annimmt
und dort Unterricht in Klavier- und Orgelspiel sowie in
Musiktheorie erteilt. Die Anstellung, die er bis zu einer
Lehrplanreform im Oktober 1874 innehat und die ihm ein
zusätzliches Einkommen von jährlich 540 Gulden einbringt,[13] erinnert einigermaßen an die Situation in St. Florian, an Bruckners betrübliche Versuche, sich als Gerichts-

schreiber zu verdingen. Überschlägt man alle seine
Einkünfte, so hatte Bruckner es durchaus nicht nötig, sich
mit unangemessenen Beschäftigungen abzugeben. „Statisti-
sche Untersuchungen der Zeit sprechen nämlich vom
durchschnittlichen Jahresverbrauch einer vierköpfigen (!)
Familie von 600 bis 800 Gulden. Bruckners Einkommen lag
niemals in seiner gesamten Wiener Zeit unter diesem finanziellen Niveau.“[14]

Ernster zu nehmen sind hingegen Bruckners Klagen über
die zeitraubende Unterrichtstätigkeit, die ihn 30 bis
40 Stunden wöchentlich kostet und in erheblichem Maße
daran hindert, *dem seit vielen Jahren mich leidenschaftlich erfül-
lenden Drange zum Componieren folgen zu können.*[15] Doch die
Bitte an den Unterrichtsminister, *Euer Excellenz wollen als
wohlwollender Kunstgönner gnädigst mir eine bleibende, im Budget
gesicherte und vorgesorgte Subvention zu verschaffen suchen,*[16] bleibt
unerfüllt. Ein ähnlicher Antrag an den Reichsrat hat lediglich zur Folge, daß Bruckner für 1874 ein weiteres Stipendium von 500 Gulden erhält.

Im April 1874 nimmt er die bereits 1867 einsetzenden Bemühungen wieder auf, an der Universität eine Anstellung
als Theorielehrer zu erreichen. Das entsprechende Gesuch
sei hier vollständig zitiert, weil es nicht nur die Motive für
Bruckners Wunsch aufdeckt, sondern auch ein bemerkens-
wertes Geschick in Argumentation wie Formulierung verrät
– wenn es die Umstände verlangten, entwickelte Bruckner
erstaunliche diplomatische Fähigkeiten:

Hohes k.k. Ministerium für Cultus und Unterricht!
*Der ehrfurchtsvollst Gefertigte war so glücklich, nicht nur in Öster-
reich, sondern auch in Frankreich und England durch sein Orgelspiel
ganz ungewöhnlich ausgezeichnet zu werden. Was aber für ihn
noch viel höhere Bedeutung hat, ist die besondere Auszeichnung in
der Composition durch Richard Wagner und Liszt, so wie durch
viele der hiesigen Notabilitäten der Tonkunst, wie nicht minder
durch das musikalische Publikum. Da erlaubt er sich zu erwähnen
der äußerst aufmunternden hohen Anerkennung Sr Excellenz des
Herrn Ministers selbst, bei Gelegenheit der ersten Aufführung seiner großen Messe N 3. Ferner erlaubt er sich auf die enthusiasti-
sche Anerkennung bei Gelegenheit seines Konzertes am 26. Oktober
v. J., von Seite des Publikums sowohl als auch besonders von den
Philharmonikern selbst, die ihm zu seiner größten Überraschung,*

nachdem das Publikum sich entfernt hatte, eine großartige Ovation bereiteten.

Der unterthänigst Gefertigte steht bereits im fünfzigsten Lebensjahre. Die Zeit des Schaffens für ihn ist daher eine sehr kostbare. Um dahin seine ihm vor Augen gestellte Aufgabe zu erreichen, Zeit und Muse zur musikalischen Composition gewinnen und im geliebten Vaterland bleiben zu können, erlaubt sich der Unterzeichnete ehrfurchtsvoll um Creirung einer k.k. fixen Anstellung (mit Gehalt und Pensionsfähigkeit verbunden) wo möglich an der k.k. Universität für Theorie der Musik, als Harmonielehrer etc. und zwar für sämmtliche Studirenden an den k.k. Hochschulen, Gymnasien etc. zu bitten.

Da an der k.k. Universität Geschichte der Musik und Gesang gelehrt wird, und auch in Berlin erst unlängst für einen Collegen eine solche Stelle an der dortigen Universität creirt wurde, ferner für einen anderen Collegen Ähnliches in Paris für Ähnliches (am dortigen Ministerium) gegründet worden ist, so gibt sich der unterthänigst Gefertigte der tröstlichen Hoffnung hin, daß auch er in seinem Vaterlande bei seiner höchsten k.k. Staatsbehörde nicht umsonst um Hochdero Gnade gebeten hat, weil er überzeugt ist, daß diese Höchste Behörde, an deren Spitze ein so bedeutender Kunstfreund und Kunstkenner in Hoher Person Sr Excellenz steht, nun auch nebst der Wissenschaft die Kunst sehr fördert.

Nachdem auch anderwärts über die Vorurtheile, daß dieß kein Universitäts-Gegenstand sei, weggeschritten wurde; ferner der Unterricht ja für alle Hochschulen Statt fände; nachdem jene Studenten, die so etwas studiren, ohnedies die ernstesten und fleißigsten sind, bei denen keineswegs zu befürchten steht, daß selbe ihr Hauptfach vernachlässigen; nachdem auf diese Weise viele oft ganz bedeutende Talente gefördert, und von nutzlosen und gefährlichen Unterhaltungen abgezogen werden; nachdem gewöhnlich obendrein, die meisten Studenten nicht die Mittel und auch die Zeit haben, das Conservatorium besuchen zu können: so glaubt der unterthänigst Gefertigte, daß er nicht vergebens um Gnadewaltung an der Pforte des Hohen k.k. Ministeriums gepocht haben dürfe.[17]

Bruckner zieht wirkungsvolle Register der Überredung, er scheint nichts auszulassen, um sein Ziel zu erreichen – bis hin zur unmißverständlichen Drohung, der Heimat, sollte sie ihm das Gewünschte verweigern, den Rücken zu kehren. Doch es half dies zunächst alles nichts. Eduard Hanslick, der zuständige Gutachter an der Universität, durchschaut Bruckners Absichten, und es muß ihm keinesfalls als Mißgunst ausgelegt werden, daß er das Gesuch, wie schon das frühere, abzulehnen empfiehlt: „Man sieht, daß Herr Bruckner über das Fach, daß er lehren will, sich selbst nicht ganz klar ist, sondern nur über den Zweck, zu welchem das Ministerium ihm eine Lehrkanzel gründen soll, nämlich damit Herr Bruckner sich ungestört dem Componiren hingeben könne."[18]

Doch Bruckner bleibt hartnäckig und richtet einen weiteren Antrag direkt an das Professorenkollegium der Philosophischen Fakultät.[19] Hanslicks erneute Ablehnung, deren bekannte Begründungen um die Feststellung erweitert wurden, daß „Ref." [Hanslick; M. H.] „auch hier jeglichen Nachweis [vermisse], daß Hr. Bruckner als Compositionslehrer irgendwo ersprießliche Resultate aufzuweisen habe oder hatte"[20], veranlaßt Bruckner, dem Kollegium einige Werke vorzulegen: die *f-Moll-Messe*, die *II.* und den 1. und 2. Satz der *IV. Sinfonie*. Aber auch dieser Vorstoß endet erfolglos: am 31. Oktober 1874 fällen die Professoren ihre endgültig negative Entscheidung.

Bruckner ist verzweifelt – doch man sollte nicht vergessen, daß er mitten in der Arbeit an der *V. Sinfonie*, also unter schöpferischem Druck, steht, dessen Belastungen solche Konflikte nicht unbedingt verstärken müssen, sondern auch kanalisieren und damit ausgleichen können. So klingen die Klagen in einigen Briefen an Freund Mayfeld merkwürdig rhetorisch: *Eine Sinfonie, meine ich, hätte ich in der Zeit schreiben können, die ich ganz unnützer Weise hier zu solchen Zwecken verlaufen habe.* Aber gerade das hatte Bruckner doch getan – und tat es weiter! Im selben Brief vom 13. Februar 1875 heißt es dann: *Für mich gab es nur zwei Wege: England in Betreff der Orgel; Theaterkapellmeister in Österreich. Beides habe ich nicht verstanden, bin auch nie aufmerksam gemacht worden, einen der 2 Wege zu betreten. (…) Alles ist zu spät. Fleißig Schulden machen und am Ende im Schuldenarrest die Früchte meines Fleißes genießen, und die Torheit meines Übersiedelns nach Wien eben dort besingen, kann mein endliches Los werden.*[21]

Nichts von alledem trat freilich ein, im Gegenteil: als sich Bruckner im Juli 1875 nochmals um das Universitätsamt bewirbt, nun allerdings lediglich um eine Lektorstelle, nicht um eine Professur bittet, gewinnt er endlich Hanslicks Zu-

Eduard Hanslick

stimmung: „Gegen die Bestellung Bruckners als unbesoldeter Lehrer der Harmonielehre und des Contrapunktes an
der Wiener Universität obwaltet kein Bedenken.“[22]
Obwohl ihm (im November 1875) nur die unterste Stufe
der Lehrerhierarchie zugestanden wurde, hatte Bruckner,
nach langem, hartem Ringen, sein Ziel erreicht.
Neben den Konzertreisen nach Frankreich und England,
die auch in der heimischen Öffentlichkeit nicht zu unterschätzende Beachtung finden, tragen anfangs der siebziger
Jahre einige erfolgreiche Aufführungen dazu bei, Bruckners
künstlerischen Ruf zu festigen und zu verbreiten. Bezeichnenderweise sind es die Messen, die da gewissermaßen
bahnbrechend wirken. Auf die Uraufführung der *Messe in
e-Moll* im September 1869 in Linz folgen im September
1870 in Salzburg die *Messe in d-Moll* und, am 16. Juni 1872
in der Wiener Augustinerkirche unter Leitung Johann Herbecks und Bruckners, die Uraufführung der *Messe in f-Moll*

(Bruckner dirigierte das Werk ab dem „Credo").[23] Ein sicher nicht nur äußerliches Zeichen für seine wachsende Anerkennung im öffentlichen Musikleben darf darin gesehen werden, daß man ihn im November 1870 zum Ehrenbürger von Ansfelden ernennt.

Der Lebensaufschwung bringt auch die kompositorische Arbeit wieder voran. Im Herbst 1871 beginnt Bruckner die *II. Sinfonie* (WAB 102), deren 1. Satz wegen einiger Unterbrechungen zwar erst im Juli, die Niederschrift der gesamten Partitur dann aber schon im September 1872 abgeschlossen ist. Ein sich unmittelbar anschließendes Probespiel durch die Philharmoniker unter Leitung Otto Dessoffs bringt allerdings eine herbe Enttäuschung: die Musiker lehnen das Werk als „unspielbar" ab, vielleicht wegen seiner ungewöhnlichen Längen, deren spannungsvolle Wiedergabe durch zahlreiche Generalpausen noch erschwert wird und der Sinfonie auch den mokanten Spitznamen „Pausensinfonie" einträgt. Ein Jahr später, am 26. Oktober 1873, kommt es dann doch zur erfolgreichen Uraufführung, die Bruckner nun allerdings selbst leitet. In den Pressestimmen mischen sich Wohlwollen und abwägende bis ablehnende Kritik. Eduard Hanslick, in der „Neuen Freien Presse", anerkennt den „sehr ernste(n), pathetische(n) Charakter" des Werkes, findet „zahlreiche schöne, bedeutende Einzelheiten", ihn stört jedoch eine „unersättliche Rhetorik", die „allzu breite, mitunter haltlos zerfallende musikalische Form".[24] Schärfer urteilt August Wilhelm Ambros: Bruckner sei „aufs Bedientenbrett des Wagnerschen Triumphwagens" aufgesprungen,[25] womit wohl zum ersten Mal der hinfort immer wieder strapazierte Vorwurf des „Wagnerismus" gegen Bruckner erhoben wurde.

Der Vorwurf ist verständlich, er trifft aber, auch in der Zukunft, kaum ein wesentliches Merkmal der Brucknerschen Musik. Und dies, obwohl es einige ohrenfällige Bezüglichkeiten gibt, die zu leugnen töricht wäre: etwa im Klangbild durch die häufige Dominanz des schweren Blechs, die ab der *VII. Sinfonie* durch den vollen Tubensatz noch verstärkt wird; oder in Stimmengestaltung und Dynamik durch additive Variantenverdichtung, welche an die sequenzierende Steigerungstechnik Wagners erinnert: Wagners Leitmotivik in allen ihren Spielarten ist an eine dramatische Entwick-

lungstechnik gebunden, die sich von der motivisch-thematischen Arbeit herleitet und zur „entwickelnden Variation"
tendiert (und damit zu einem zentralen Verfahren von
Brahms!). Bruckners Variantentechnik hingegen gibt das
Entwicklungsmoment auf und entfaltet sich, wie gezeigt
wurde, als spiralförmige Bewegung, die, als Gesamtbewe-
gung wie als Detailfolge, stets gleich nah auf invariantes
Motivmaterial bezogen ist.

Nun muß allerdings zugestanden werden, daß der Vorwurf
des „Wagnerismus" gegenüber der *II. Sinfonie* eine gewisse
Berechtigung insofern hat, als in ihr ein motivisch-themati-
sches und damit ein „Entwicklungs"-Moment noch einmal
stärker hervortritt und das variantentechnische dementsprechend zurückdrängt.

Mit seiner *I. Sinfonie*, dem „kecken Besen", hatte Bruckner
forschen Schrittes musikalisches Neuland betreten. Was
liegt da näher als die Annahme, daß ihre Nachfolgerin das
eroberte Terrain nicht nur wiederholend durchmißt, sondern abermals und weiter ins Unbekannte vorstößt. Doch
dem ist nicht so. Die *II. Sinfonie* wirkt in der Reihe der Sinfonien wie ein „retardierendes Moment", dessen Erschei-
nungsweisen zwar einigermaßen offenliegen, dessen Ursachen sich jedoch nicht so leicht benennen lassen. Es mag
damit zusammenhängen, daß Bruckner vor der ja nicht nur
äußerlichen Radikalität des Erstlings etwas zurückschreckte
und deshalb in der *II.* eher darauf bedacht war, Erworbenes
zugunsten einer abschwächenden „Normalität" zu festigen.
Vielleicht auch damit, daß der Sinfonie unmittelbar die
Messe in f-Moll voranging, in der ebenfalls eine gebändigtere
Sprache vorwaltet.

Auffälligster Anhaltspunkt für diese Zurücknahme ist ein
merkliches Übergewicht motivisch-thematischer Variations-
verfahren über die rhythmische Variantentechnik, ein Übergewicht, das sowohl die Themenbildung als auch die jeweilige Genese der Themen erfaßt und sogleich mit dem
1. Thema des 1. Satzes zum Ausdruck kommt:

Das Hauptthema exponiert einen motivischen Keim, der sich über das ganze Werk ausbreitet: eine erweiterte Wechselnotenfolge in chromatischer wie in tonal-skalenmäßiger Fassung („x" bzw. „y"), wobei die kleinen Sekundschritte stark leittönig wirken und an die für Bruckner charakteristische doppelte Leittonumspielung eines Zentraltones (hier die Quinte) erinnert. Dieser Folge bleiben alle weiteren Motive, bereits innerhalb des Themas, untergeordnet. Sie erscheint dann sowohl als Element anderer Themen:

43 a   Sinfonie Nr. II, 1., Takt 63 ff.

43 b   Sinfonie Nr. II, 1., Takt 97 ff.

43 c   Sinfonie Nr. II, 3., Takt 1 ff.

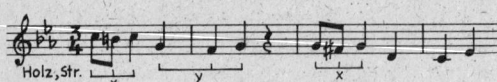

43 d   Sinfonie Nr. II, 4., Takt 1ff.

aber auch als quasi kontrapunktierende Ergänzung von
Themen:

44   Sinfonie Nr. II, 2., Takt 1ff.

Beide Funktionsweisen dieses durchaus mottoartigen Motivs können sich auch überschneiden, wie in NB **44** ersichtlich. Die absolute Dominanz eines melodischen Motivs läßt variantentechnische Strukturierungen kaum zur Entfaltung kommen, und sie hat Folgen, die in deren Rahmen auch überflüssig wären. So gilt es vor allem, die Dominanz durch entsprechende Gegengewichte auszugleichen. Dazu gehört etwa die in rhythmischer Beziehung äußerst vielgestaltige Phrasenbildung des 1. Hauptthemas im 1. Satz, an der nicht weniger als sieben verschiedene Rhythmen beteiligt sind sowie zwei begleitende, „konternde" Rhythmen: die Sextolen-Pulsation in den hohen Streichern und der punktierte Rhythmus in den Hr (s. NB 43a).
In der Überleitung zur Wiederholung des Hauptthemas (die durchaus variantentechnisch von einer Kettenbildung des letzten, punktierten Rhythmus des Themas ausgeht) taucht das sicher entscheidende Gegengewicht zum „Motto" auf, eine Kombination von rationalem und irrationalem Rhythmus, die wie ein Leitmotiv eingesetzt wird:

45   Sinfonie Nr. II, 1., Takt 20f.

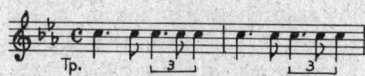

Beide Motive, das melodische wie das rhythmische, fungieren als Keimzellen, wirken mit- und gegeneinander, beherrschen Detailstruktur und Formbildung. Sie sind es, die eine Motiveinheit erzeugen, welche offensichtlich auf klassische Vorbilder verweist und dem Werk einen recht traditionellen Charakter gibt.

Bestärkt wird dieser Eindruck noch durch das ausgewogene, ja geglättete Profil sowohl des melodischen als auch des rhythmischen „Leitmotivs". Die Wechselnotenfolge umfaßt lediglich einen geringen Tonumfang, kreist um einen Ton, und diese in sich geschlossene Bewegung unterstreichen außerdem noch die durchweg gebundenen Phrasenabschnitte. Kaum anders das rhythmische Motiv: es verbindet eine klare mit einer triolisch abgeschliffenen Punktierung, wobei letztere und damit der verunklarende Rhythmus ein merkliches Übergewicht erhält.

Die kompositionstechnische „Retardierung" erfaßt auch die Durchführung in beiden Ecksätzen. Sie ist, allein mit Blick auf die *I. Sinfonie*, wieder mehr „Durchführung" im klassischen Sinn, d. h. der Ort, an dem die in den Themen gespeicherten motivischen Energien zum Ausbruch kommen. Allerdings werden die Motive nicht „verarbeitet", einer Entwicklung unterworfen, sondern kombiniert, aneinandergereiht – das Echo der Variantentechnik ist nicht zu überhören. Im Finale ist außerdem das Verhältnis von Durchführung und Reprise interessant. Das Hauptthema des Satzes ist zweiteilig: ein „Vorspann" (s. NB 43d) und das eigentliche Thema:

46 Sinfonie Nr. II, 4., Takt 33 ff.

In der Durchführung fehlt dieses zweite Themenglied, dafür rückt, neben dem „Vorspann" und dem 2. Thema, das Motto in den Mittelpunkt des Geschehens. Es verdeutlicht eine Bogenform, welche das ganze Werk umspannt – und diese Bogenform wird noch dadurch gestärkt, daß in der Reprise die Themenglieder in umgekehrter Reihenfolge erscheinen. Zugleich aber ist mit dieser Umkehrung, als Ver-

184

tauschbarkeit ganzer Satzglieder, eine weitere Erinnerung an die Variantentechnik verbunden, die allerdings angesichts des allgegenwärtigen Mottos nur in einer unteren Schicht der Komposition sich bemerkbar macht. Der 2. Satz ist als Doppelvariation angelegt: A – B – A' – B' – B'' – A'' – A''' – Coda. Neben der mehrfachen Bindung der Thematik an das Motto (s. NB 44) sind zwei Zitate aus dem „Benedictus" der *Messe in f-Moll* bemerkenswert (Takt 137ff. und 180ff.; ein weiteres Zitat, aus dem „Kyrie" der Messe, begegnet im Finale Takt 200ff.). Außer einen gewissermaßen selbstbiographischen Aspekt (die Messe ging der *II. Sinfonie* voraus und brachte dem Komponisten die bisher größten Erfolge ein) vermitteln die Zitate auf ihre Weise und ein weiteres Mal die Dominanz der melodisch-motivischen Gestaltung, nicht zuletzt dadurch, daß sie, wie das Motto, um die Kernintervalle kleine und große Sekunde kreisen:

47 a   Sinfonie Nr. II, 2., Takt 137 ff.

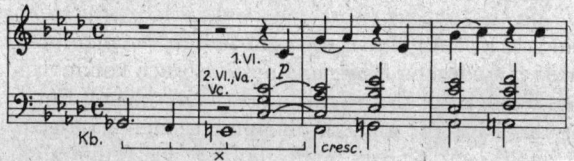

47 b   Sinfonie Nr. II, 2., Takt 180 ff.

Im Scherzo, dessen Unisono-Anfang (im Unterschied zum „Vorspann" des 3. Satzes der *I. Sinfonie*) sogleich „thematisch" ist, übernimmt ein selbständiger Rhythmus: ♪♪ ♩♪

die Rolle des ausgleichenden Elements gegenüber der allgemeinen Motiveinheit, also auch die des kombinierten Rhythmus aus den Ecksätzen. Das Trio wirkt insgesamt wie eine volkstümliche Dur-Variante des Hauptthemas des 1. Satzes:

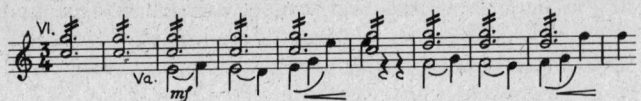

Mit der *II. Sinfonie* setzte, nach der *„0."* und *I. Sinfonie* sowie
den drei Messen (1863–1868), erneut eine intensive Schaf-
fensphase ein, die bis 1875/76 andauerte und in fast unun-
terbrochener Reihenfolge die *Sinfonien III* bis *V* entstehen
ließ. Solche „Schaffensschübe"[26] sind charakteristisch für
Bruckners Arbeitsweise und brechen noch mehrmals auf:
1879 bis 1883 (*Streichquintett, VI.* und *VII. Sinfonie*); ab 1884,
durch Alter und Krankheit in zurückgenommenem Tempo
(*„Te Deum", 150. Psalm, VIII.* und *IX. Sinfonie*). Diese Kom-
positionsphasen werden begleitet, in gewissen Grenzen
aber auch abgesetzt von Überarbeitungsphasen, in denen
die verschiedenen „Fassungen" der Werke entstehen. Insbesondere die *III. Sinfonie* (WAB 103) lenkt unsere Aufmerksamkeit zwangsläufig auf dieses komplizierte, stellenweise
noch immer undurchsichtige und deshalb auch leidige Problem. Es sei hier jedoch noch nicht so sehr auf biographisch-
schaffenspsychologische Aspekte des Problems eingegangen, vielmehr soll eine erste Annäherung an die Tatbestände
versucht werden, welche nicht zuletzt methodische Grundsätze für die vorliegende Arbeit veranlassen.
Wir wählten eine chronologisch-biographische Darstellungsweise, in welche die Werke mit dazugehörigen analytischen Anmerkungen eingeschlossen sind. Als prinzipiell
verbindliche Quelle der Werke wird die Gesamtausgabe
von Leopold Nowak herangezogen, die auch sämtliche
„Fassungen" enthält. Bei den Sinfonien allerdings beziehen
wir uns, wie einleitend vermerkt, auf die vornehmlich stu-
dien- bzw. aufführungspraktischen Zwecken dienende Ta-
schenpartiturausgabe, die ebenfalls in der Edition Peters erschienen und in jedem Falle darum bemüht ist, die
endgültigen kompositorischen Absichten Bruckners wiederzugeben.
Nun gibt es zum Teil schwerwiegende Differenzen zwischen ersten Entstehungsphasen von Werken, auf die sich
die biographische Darstellung zu konzentrieren hat, und

der Herauskristallisierung von Bruckners jeweiligem „letzten Willen", die zumeist in mehreren Bearbeitungen und über viele Jahre hinweg erfolgt. So wurde die *II. Sinfonie* in den biographischen Kontext der Jahre 1871/72 gestellt, obwohl den analytischen Anmerkungen die 2. Fassung von 1877 (entsprechend der Nowak-Ausgabe) zugrunde liegt; eine Fassung, zu der Bruckner vor allem durch die Kritik des Hofkapellmeisters Johann Herbeck veranlaßt wurde. Obwohl die Differenzen hier noch relativ unerheblich sind, die Veränderungen einige Kürzungen, aber eben auch einige Umkomponierungen umfassen, bestünde die zweifelsfreieste Lösung in der Einbeziehung sämtlicher Fassungen und ihrer Besprechung am jeweiligen biographischen Ort.

Doch dies führte zu einer heillosen Überfrachtung unserer Darstellung, verunklarte ihr Anliegen, eine Einführung in Bruckners Leben und Denken zu geben mit entschiedenem Bezug auf die in den Konzertsälen wirklich erklingenden Werke, sprich: „Fassungen".[27] Ein Kompromiß ist deshalb einzugehen, mit allen Fragwürdigkeiten, die nicht verschleiert werden dürfen, aber uns und den Leser auch nicht ständig verunsichern sollen: auf Differenzen zwischen ersten und späteren Fassungen wird „lediglich" eingegangen, wenn sie gravierend sind (wobei freilich die Fragwürdigkeit schon damit beginnt, was und was nicht als gravierend anzusehen ist).

Eine gewisse Rechtfertigung für diesen Kompromiß geht aus Bruckners Kompositionstechnik selbst hervor, aus der wachsenden Dominanz der rhythmischen Variantentechnik und ihrer Auswirkungen auf den Werkorganismus: „Addition, Mutation, Reihung und Assoziierung bedürfen einer ihnen gemäßen und durch sie realisierbaren Gesamtkonzeption, die dem jeweiligen individuellen thematischen Bestand weithin entrückt bleibt. Die originale Thematik eines Satzes hat nur relative Bedeutung für seinen Gesamtaufbau: das Verfahren regelt die großen Bezüge, die Themen passen sich an bzw. werden angepaßt. Eine im Groben vorbestimmte dynamische Konzeption und Ökonomie gehört dazu, wie im einzelnen die Einpassung komplex gedachter und begrenzter Werkstücke die Auffüllung eines vorgedachten Planes darstellt. Das Parataktische dieser Bauweise bringt das Auswechselbare oder Eliminierbare der Glieder notwendig mit."[28]

Diese Arbeitsweise ermöglicht also nicht nur, sondern rechtfertigt sogar noch die drastischsten Eingriffe Bruckners in einige seiner Sinfonien – sie erst erklärt Bruckners geradezu lässig, wenn nicht gar sorglos scheinende Bereitschaft, nicht nur entworfene, sondern eben auch abgeschlossene Werke in erheblichen Ausmaßen zu verändern, zu „bessern", auf Kritik und oftmals fragwürdige Ratschläge von Kollegen und „Jüngern" einzugehen. Hier verschränken sich bis zur Ununterscheidbarkeit die kompositionstechnischen Spielräume, welche die Variantentechnik als Reihungs- und damit auch als „Austausch"-Verfahren eröffnet, und die subjektiven Intentionen des Komponisten, ein „gültiges", d. h. ja auch: ein definitiv geformtes Kunstwerk zu schaffen. Aus diesem schwer faßbaren und noch schwieriger zu beschreibenden Wechselspiel erwächst Bruckners Musik; und aus ihm geht eine gewisse „temporäre Berechtigung" der Bearbeitungen hervor – „wenn auch kein Recht".[29]

Zu den Kernfragen der „Fassungen" gehört die Entscheidung darüber, inwieweit die „Originalfassungen" wirklich „original", also authentisch, sind und spätere Bearbeitungen den eigentlichen, ursprünglichen Charakter nur verwischt haben; oder ob durch die Bearbeitung(en) erst ein endgültiger Charakter herausmodelliert wurde, mittels Erfahrungsanreicherung die Unzulänglichkeiten eines früheren Werkes behoben werden konnten. Diese Fragen sind bis heute nicht in jedem Falle geklärt; vielleicht bleiben einige für immer offen. Und sie wirken sich auf die Arbeit der kundigsten Herausgeber aus: Robert Haas sah sich gezwungen, die Fassungen zu vermischen, um Bruckners „letzten Willen", so wie er ihn verstand, wiederzugeben. Für Leopold Nowak war dieser Weg unannehmbar, da eine quellenkritische Methode die Entscheidung für eine bestimmte Fassung einschlösse und eben gelegentlich dazu führe, auf eine glücklichere kompositorische Lösung, die aber aus einer anderen Fassung stammt, verzichten zu müssen – was Nowaks und mit ihm unser aller Bedauern hervorruft.

Eine ausgewogene und wohl auch sachlich angemessene Beurteilung des Fassungen-Problems gibt Manfred Wagner:

Das „Doppelautograph" anläßlich der Widmung der III. an Richard Wagner (1873)

„Nach heutiger Einschätzung sind die späteren Fassungen als Anpassungen zu begreifen, was aber nicht wertend zu verstehen ist, denn dadurch, daß man den zweiten oder späteren Fassungen gegenüber den Urfassungen den Vorzug gäbe, würde man letztere geringer schätzen. Anpassung kann auch für den Komponisten kritische Neubesinnung der eigenen Vorstellung zugunsten einer allgemein größeren Verständlichkeit bedeuten, was heißen kann, daß die individualistische Position zugunsten einer kommunikativeren aufgegeben wird. Tatsächlich dürften die wesentlichen Beweggründe, weitere Fassungen zu erstellen, für Bruckner darin gelegen haben, daß er eine Aufführung seiner Werke ermöglichen wollte. (...) Eine nüchterne Betrachtung läßt zu dem Schluß kommen, daß es, wären Bruckners erste Fassungen von Interpreten wie Publikum auf der ganzen Linie akzeptiert worden, wahrscheinlich nur in den seltensten Fällen zu Zweitfassungen gekommen

wäre, da Bruckner bei jenen Sinfonien, die Erfolg hatten
(die *VII. Sinfonie* beispielsweise), auf ein derartiges Vorgehen verzichtete."[30]

Mit der *III. Sinfonie* sind wir voll in das „Dilemma der Fassungen" gestellt. Bruckner begann die 1. Fassung im Herbst
1872 und beendete sie am 31. Dezember (*nachts*) 1873.
Schon am 2. Januar 1874 nahm er die Arbeit an der *IV. Sinfonie* auf. Die *III.*, mit 2 056 Takten die längste aller seiner
Sinfonien, ist ein Dokument der Wagner-Verehrung, mit
zahlreichen Zitaten aus „Tannhäuser", „Walküre", „Meistersinger" und „Tristan" durchsetzt. Im September 1873 reist
Bruckner nach Bayreuth, um dem Meister die *II. Sinfonie* und
die, allerdings noch nicht vollständige, *III. Sinfonie* vorzulegen. Wagner reagiert offensichtlich freundlich, doch die
Vorbereitungen der Festspiele nehmen ihn derart in Anspruch, daß er sich wohl kaum eingehender mit der Partitur
beschäftigen kann. Bruckners Frage, welche der Sinfonien er
ihm widmen dürfe, führt zu dem bekannten „Doppelautograph": *Symfonie in d-Moll, wo die Trompete das Thema beginnt.*
A. Bruckner. „Ja! Ja! Herzlichen Gruß! Richard Wagner."[31]

Diese erste Fassung der *III.* wurde erst im Dezember 1946
durch die Staatskapelle Dresden unter Joseph Keilberth uraufgeführt. Bereits 1874 entschließt sich Bruckner zu einer
Überarbeitung, aber neue Fassungen, die 2. und 3., entstehen erst 1876 und 1888/89, in denen nahezu sämtliche
Wagner-Zitate getilgt sind. Die letzte Fassung umfaßt nur
mehr 1644 Takte. Die Unsicherheit in der Entscheidung
darüber, worin Bruckners endgültige Absicht zu finden sei,
wird noch dadurch gesteigert, daß die Druckausgaben von
1878 und 1890 weitere Veränderungen aufweisen, die in
der späteren Ausgabe wohl unautorisierte Eingriffe von
Bruckners Schüler Franz Schalk verursacht haben. Die verläßlichste Fassung biete, so Nowak,[32] die Stichvorlage für
den Druck von 1890. Um nun einmal einen Eindruck von
den Schwierigkeiten zu geben, Licht in das Dunkel von
Bruckners (aber eben nicht nur seiner) Überarbeitungsweise zu bringen, sei der Herausgeber wörtlich zitiert.
Grundlage für die Bearbeitung der Sätze 1 bis 3 war ein Exemplar der Druckausgabe von 1878: „Bruckner änderte
daran, radierte, legte auch neue Bogen ein. Das Finale dagegen hat Franz Schalk in einer von ihm gekürzten Fassung

abgeschrieben, die Bruckner billigte und als Grundlage für seine Umarbeitung benützte. Zwei der Schalkschen Kürzungen nahm der Meister an, die dritte verwarf er und setzte eine Neukomposition an ihre Stelle. Bruckner hat diese nicht von ihm stammenden Änderungen, die er vielleicht vorher mit Franz Schalk besprochen hatte, anerkannt, das beweisen die Unterschriften in dieser Handschrift, ganz im Gegensatz zu der von Ferdinand Löwe für die *IV. Sinfonie* besorgten Vorlage, die der Meister nicht unterschrieb, wenn er auch gleichwohl ihren Druck zuließ. (…) Einige Erklärungen für alle diese Umstände gewinnt man aus dem Briefwechsel der Brüder Schalk; er gibt auch über die Arbeit Franz Schalks am Finale Auskunft. Unterm 10. Juni 1888 teilt Josef seinem Bruder Franz mit, daß Bruckner ‚leider noch immer‘ mit dem Finale beschäftigt ist, ‚Deine Striche und Übergänge sind übrigens beibehalten worden‘. Am 13. Juli schreibt Josef, daß Bruckner ‚durch den zufällig in Wien gewesenen Herrn Mahler kopfscheu‘ gemacht worden sei und ‚jetzt wieder die alte Partitur drucken lassen will‘, wogegen Josef Schalk bei Rättig, dem Verleger, ‚ein eigenmächtiges Veto einlegte‘; Josef rät, den Druck ‚hinauszuschieben‘. Von der bereits begonnenen Ausgabe mußten 50 Platten infolge der durch Mahler verursachten Sinnesänderung Bruckners wieder vernichtet werden."[33] Und so weiter.

Wodurch Mahler eine solche „Sinnesänderung" Bruckners bewirkt haben könnte, ist unschwer auszumachen. Mahler, der ab 1878, während seiner Studienzeit am Wiener Konservatorium, zeitweilig Bruckners Theorieunterricht, später wahrscheinlich auch dessen Vorlesungen an der Universität besucht und eine Klavierfassung der *III. Sinfonie* (nach dem Druck von 1878) angefertigt hatte,[34] dürfte die Bemühungen der „Brucknerianer"-Dirigenten um das Werk ihres Meisters bereits mit einigem Mißtrauen beobachtet haben. Selbst Dirigent, war Mahler doch auch als Komponist schon so erfahren, daß er genug Wissen und ein untrügliches Gefühl dafür besaß, was künstlerische Verantwortung bedeutet und verlangt. Möglicherweise erkannte Mahler, daß man Bruckner nicht nur fördern, sondern auch schützen müsse – nicht zuletzt vor seinen zweifellos wohlmeinenden Freunden und Schülern. Doch dieser biographische Aspekt

Josef Schalk

soll uns im entsprechenden chronologischen Zusammenhang beschäftigen. Die 2. Fassung der *III. Sinfonie,* die
Bruckner im April 1877 beendet hatte, wurde am 16. Dezember desselben Jahres unter der Leitung des Komponisten uraufgeführt. Dem Werk war ein katastrophaler Mißer-
folg beschieden. In Scharen verließ das zwischen Lachen
und Empörung schwankende Publikum den „Goldenen
Saal" der Gesellschaft der Musikfreunde, und nur wenige,
unter ihnen Mahler, bekundeten Bruckner Achtung und
Anteilnahme. Hanslick regte das Ereignis zu der „Vision"
an, „wie Beethovens 9. mit Wagners ‚Walküre‘ Freundschaft
schließt und endlich unter die Hufe ihrer Pferde gerät"[35].
Wie ist dieses Debakel, das alle früheren Mißerfolge übertraf, zu erklären? Etwas mußte mit Bruckner und seiner
Musik geschehen sein, das dem weitaus größten Teil des
Publikums einschließlich der Kritik ein abwägendes Urtei-

len unmöglich machte und wütende Ablehnung provozierte. Dieses „Etwas" mit den Resten an Wagner-Zitat oder überhaupt mit der Affinität des Werkes zu Wagnerschen Musiziersphären allein erklären zu wollen, griffe, obwohl Hanslicks Kritik dafür spräche, zu kurz. Der entscheidende Grund für die Niederlage dürfte vielmehr in der Tatsache zu sehen sein, daß Bruckner in der *III.* die epischen Dimensionen der Variantentechnik erstmals voll ausschöpft, woraus sich einschneidende Veränderungen auf einigen musikalischen Artikulationsebenen ergeben. Die Veränderungen berühren dabei gar nicht so sehr das äußere sinfonische Erscheinungsbild, etwa die Satzcharaktere und ihre kontrastierende Reihenfolge oder die Binnenstruktur der einzelnen Sätze: es bleibt auch künftighin bei den dreithemigen Ecksätzen mit sonatischer Gliederung, dem langsamen Satz in variationsartig erweiterter Liedform und dem tänzerisch-derben Scherzo mit ruhigerem Trio. Gewandelt aber haben sich die Proportionen im großformalen Aufbau wie zwischen den Detailstrukturen: indem das variative Potential der Themen ohne Einschränkung freigesetzt wird, nimmt die musikalische Bewegung einen permanenten Überleitungscharakter an. Die Themen entfalten sich zu weiträumigen Motivkomplexen, deren Beziehungen zueinander gewissermaßen von einem Gefühl, einem Gespür für dramaturgische Ausgewogenheit in großen Zügen, und nicht so sehr von dramatischen Konflikt-Lösungs-Spielen gesteuert werden. Dergestalt dehnt sich Bruckners Musik, wofür allerdings die neuen „Längen" nur ein äußerliches Zeichen sind: die „Ausdehnung" bewirkt einerseits die prinzipiell unbegrenzte Variantenbreite der Motivkomplexe, andererseits, aber daran gebunden, die Aufhebung der sonatischen Formgliederung durch Allgegenwart der Überleitungsbewegung. Man könnte auch sagen, daß die Musik einen permanenten Durchführungscharakter annimmt.[36]

Dies kommt nun auf mehreren Ebenen gleichzeitig zum Ausdruck: auf der Ebene der Thematik, der Formbildung, der harmonischen und klanglich-instrumentatorischen Gestaltung usw. Es ist keine Übertreibung, wenn behauptet wird, daß sämtliche Themen des Werkes, ob die „Haupt"- und „Seitenthemen" der Ecksätze, die „Gesangsperioden" des langsamen Satzes oder die Scherzothemen, einen offenen Charakter annehmen, aus thematischen Setzungen sich unmittelbar eine überleitende oder auch durchführungsartige Fortsetzung ergibt, welche in verschiedenen Wellenbewegungen den musikalischen Ablauf leitet. Auffällig und irritierend zugleich ist, daß diese „Wellen" in der Regel mit den traditionellen sonatischen Formabschnitten nicht nur übereinstimmen, sondern sie geradezu überdeutlich herauszumodellieren scheinen. So heben sich die drei thematischen Wellen der Exposition voneinander scharf ab und konstituieren unmißverständlich den Formteil „Exposition", von dem wiederum die folgende „Durchführung" mit gesonderten Wellenzügen abgesetzt ist. Andererseits wirken diese Wellen wie lediglich im „Ton" verschiedene Schattierungen eines musikalischen Kontinuums, zu dem sich die motivisch-thematischen Materialien und deren Varianten baukastenartig formieren. Was in den vorhergehenden Sinfonien bereits mehr als nur angedeutet wurde, kommt in der *III.* mit voller Konsequenz zum Durchbruch: die sonatische Formbildung bleibt, obwohl, oder besser: gerade weil sie so demonstrativ herausgestellt wird, nur noch „formal" erhalten. Ihr fehlt das entscheidende kompositionstechnische Moment: eine dualistische Disposition des musikalischen Materials. An deren Stelle tritt ein von der Variantentechnik erzeugtes wellenartiges Nacheinander der Ereignisse, das nicht mehr dem Zwang logisch-diskursiver Folgerichtigkeit gehorcht, sondern sich in freien Assoziationsspektren einer „erzählenden" Darstellung entfaltet – Erinnerung und Vorgriff können in jede „gegenwärtige" Situation einbrechen.

Das 1. Thema des 1. Satzes umfaßt einen doppelten Motivkomplex (Takt 5–17 und 31–37). Der erste Komplex besteht aus einem geschlossenen Vordersatz der 1. Tp (a) und einem offenen Nachsatz des 1. Hr (c). Deren charakteristische Elemente sind der Intervalldurchgang Quart/Quint, ein Skalengang im Quartumfang, die kleine Sekunde als Wechselnote sowie punktierter bzw. triolischer Rhythmus. Vorder- und Nachsatz werden von einem Mittelsatz (b) der Fl, Ob und Kl zusammengehalten:

Die motivischen Beziehungen zwischen den Teilen sind offenkundig: der skalenmäßige Anstieg von a setzt sich in b
diminuiert fort, die Wechselnote von b wird zum treibenden Element von c. Die Wechselnote bewirkt durch klangliche Verdichtung und weitere rhythmische Diminution eine
Steigerung, auf deren Höhepunkt der zweite Motivkomplex
erscheint:

50   Sinfonie Nr. III, 1., Takt 31 ff.

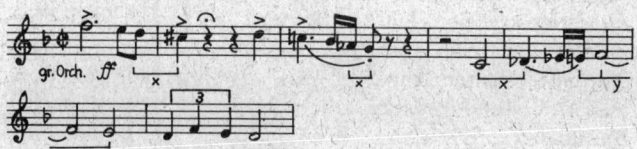

Auch in diesem zweiteiligen Komplex ist die motivische
Vermaschung nicht zu überhören: die Skalenabstiege verweisen auf die entsprechenden Partien im ersten Komplex
(a und b); die kleine Sekunde ist als selbständiges Intervall
(x) wie als Wechselnote (y) enthalten; der triolische Rhythmus erinnert an die Triole im Tp-Motiv. Das größte Gewicht
erlangt zweifellos die kleine Sekunde, die, wie schon in der
I., noch mehr in der *II.* und auch in den folgenden Sinfonien,
das beherrschende Intervall für den gesamten kompositorischen Verlauf wird. Die Sekunde zeigt aber nicht nur werkimmanente Beziehungen an (innerhalb der *III.* oder zu früheren und späteren Sinfonien), sondern ist mehr oder weniger offenes Relikt der Wagner-Zitate, welche in der 1. Fassung enthalten waren: das Intervall erscheint in seinen unterschiedlichen harmonischen Ausdeutungen wie ein Echo
des „Sehnsuchts-Motivs" aus Wagners „Tristan":

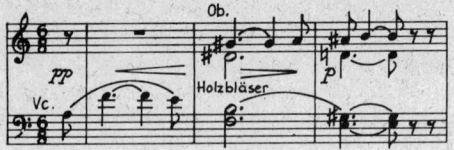

Der Nachsatz des Teilkomplexes enthält wiederum ein offenes Element, das im wesentlichen von der triolischen Figur gebildet wird. Analog zum ersten Komplex gerät diese Figur durch Kettenbildung auf verschiedenen harmonischen Ebenen in eine weitere Steigerungsbewegung, die über chromatische Klangverbindungen nach A-Dur (der Dominante der Grundtonart d-Moll) gelangt und einer stark variierten Reprise des gesamten Hauptthemenkomplexes Raum gibt. Die Variierung ist gleichzeitig als abermalige Steigerung angelegt, in deren Verlauf die variantentechnische Entfaltung der Struktur paradigmatisch zum Ausdruck kommt:

52 Sinfonie Nr. III, 1., Takt 77 ff.

Der erste Hauptthemenkomplex wird also in zwei umfassenden, verdichtenden Wellenbewegungen konstituiert, die jedoch in keinen kadenzierten Abschluß, sondern jeweils ins Offene münden – nicht in einen Punkt, sondern gleichsam in einen Doppelpunkt. Und so schließt auch, ohne ausführlichere Modulation, der zweite Hauptthemenkomplex an, den als „Seitensatz" o. ä. zu bezeichnen wenig sinnvoll ist. Denn obwohl das Thema zunächst einen lyrischen Charakter hat, formt es sich ebenfalls, analog zum „heroischen" Tp-Thema, in einer doppelten Wellenbewegung aus, auf deren dynamischem Höhepunkt dann das dritte Thema einsetzt. Und da auch dieses nicht anders behandelt wird

(selbst die Einbeziehung eines frei erfundenen „Chorals"
gibt dem Thema keine größere Festigkeit und Geschlossenheit), besteht infolgedessen die gesamte Exposition aus einem relativ gleichmäßigen, wellenartigen Anschwellen von
Themenkomplexen, zwischen denen ein „expositioneller"
Kontrast fast ganz verlorengeht.

Was soll nun, angesichts einer unablässigen „Durchfüh-
rungssituation" in der Exposition, in der Durchführung
noch eigens „verarbeitet" werden? Darauf gibt Bruckner zunächst insofern eine Antwort, als er Motive des 1. Themenkomplexes isoliert und baukastenartig gruppiert, ver-
schränkt, aneinanderreiht:

53 a   Sinfonie Nr. III, 1., Takt 283 ff.

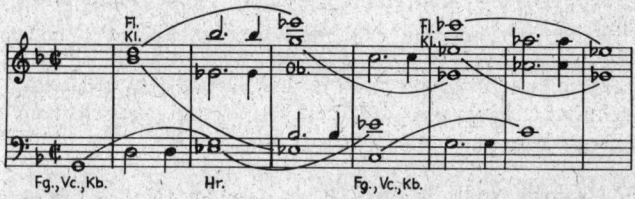

53 b   A. a. O., Takt 303 ff.

Das letztere Motiv geht, analog zu Passagen der Exposition,
durch diminuierte Verdichtung in eine Steigerung über, die
zu einer triumphalen, von choralem Glanz überstrahlten
Scheinreprise des 1. Hauptthemas führt. Doch der Ton der
Gewißheit währt nicht lange, ein anschließendes Varianten-
geflecht verunsichert die Formsituation, die Bewegung
reißt ab, und auf die rudimentäre rhythmische Überleitung
der Pk folgt das 2. Thema in der Umkehrung und in satte-
rem, „melodisiertem" Ton. Es scheint, als ob Bruckner das
Thema vergessen hätte und jetzt eilig darum bemüht wäre,

197

es nachzureichen. Doch nach wenigen Takten verschwindet
es wieder, um endgültig einer Überleitung zur Reprise
Platz zu machen, die dann auch „regelgerecht" einsetzt und,
zwar verkürzt, den Satz einschließlich einer relativ umfangreichen Coda zu Ende bringt.

Noch problematischer erweisen sich die sonatischen Verhältnisse im Finale, vor allem allerdings durch Eingriffe in
den Formaufbau bei der Herstellung der 3. Fassung. Im Unterschied zur 1. und 2. Fassung streicht Bruckner in der Reprise die Wiederkehr des 1. Hauptthemas (!), läßt sie folglich mit Teilen des 2. Themas, dann mit diesem insgesamt
einsetzen. Doch ist dies nur theoretisch der Fall. Denn
die Durchführung besteht ausschließlich aus zwei ebenfalls wellenartigen Entfaltungen des Hauptthemas
(Takt 247–278 und 279–331), d. h., daß entweder die
zweite „Durchführung" bereits Reprisencharakter annimmt
oder beide „Durchführungen" die Funktion der Reprise
übernehmen und die eigentliche Durchführung damit aus-
klammern. Drastischer kann wohl eine auf variantentechnischen Bedingungen gegründete Formbildung und deren
entsprechend variable Disposition nicht zum Ausdruck
kommen.[37]

Auch die Themenformulierung im Finale weist verblüffende Ähnlichkeit mit der des 1. Satzes auf, nicht nur in
Reihenfolge und Charakterzeichnung. Das 1. Thema ist
ebenso hymnisch und von übereinstimmender rhythmischer Gestalt: es stellt eine Variante des 1. Themas (Teilkomplex a) dar:

54   Sinfonie Nr. III, 4., Takt 9 ff.

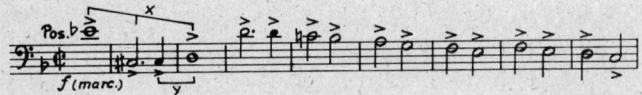

Die kleine Sekunde erlangt insofern noch stärkere Bedeutung, als sie nicht allein eine doppelte Leittonfunktion erhält (x und y in NB 54), sondern das harmonische Gefälle
der doppelten Themenentfaltung lenkt: Es → D und F → E
(in der Durchführung entsprechend: Des → C und Ges
→ F). Das 2. Thema, das mediantisch nach einem D^7-Ak-

kord in Fis-Dur einsetzt, ist von gleicher motivischer Fülle wie das des 1. Satzes. Es überlagern bzw. verflechten sich drei melodische und eine Begleitungsebene:

55   Sinfonie Nr. III, 4., Takt 65 ff.

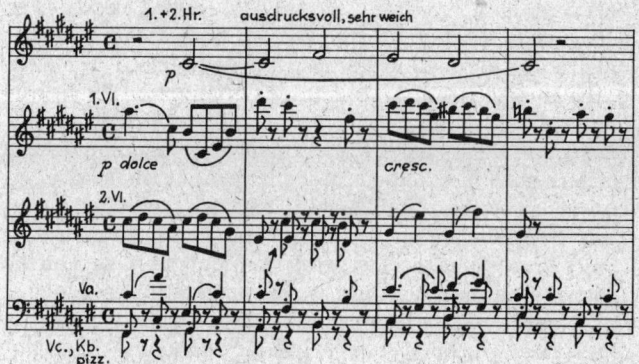

Die Bläserthematik erinnert an einen fiktiven Choral, die Streicherthematik hingegen an eine kaum stilisierte Polka. Dergestalt greift Bruckner einen Kontrast auf, der bereits zwischen dem hymnischen 1. und diesem 2. als Gesamtcharaktere besteht und nun die inneren Verhältnisse eines Themas bestimmt. Auch hierin wirkt sich offenkundig die baukastenartige Zusammensetzung der einzelnen Formteile aus: versatzstückartig werden „vorgefertigte" Elemente anderwärts verwendet. Das Thema, das ebenso weiträumig angelegt ist wie das entsprechende im 1. Satz, hat einen ungewöhnlichen Aufbau: es ist dreiteilig (A: Takt 65–80; B: Takt 81–124; A': Takt 125–136 oder 138), die Teile A und A' stehen in einem Reprisenverhältnis mit verscheidenen harmonischen Abweichungen. Ungewöhnlich ist der B-Teil, der nicht nur den größten Raum einnimmt, sondern von einer gleichsam isolierten Variantenfolge des Choral-Elements ausgefüllt wird, zu der sämtliche Streicher lediglich begleitend hinzutreten. Der Variantenimpuls aber geht, trotz lebhafter diastematischer Abwandlungen, vornehmlich vom wechselnden Klangbild, von der wechselnden Zusammenstellung der Blasinstrumente aus: Takt 81 Fl, Ob, Kl; Takt 87 Hr 1–4; Takt 91 Ob, Kl (Fl kommt Takt 95 hinzu; Takt 97 Hr 1–4, Pos 1–3 usw.). Das heißt, an diesem relativ unauffälligen Detail läßt sich die Einbeziehung verschiedenartiger Klangcharaktere in die Entfaltung von Variantenspektren beispielhaft beobachten. Der Vorgang ist für die gesamte *III. Sinfonie* verbindlich und begründet letztlich deren, im Vergleich zur *I.* und *II. Sinfonie,* verändertes Klangbild. Der von Variantenketten verursachte flächen- oder auch blockhafte Formaufbau wird noch verstärkt durch entsprechende registerartige Gruppierung der Instrumente, die nicht nur Formteile kenntlich machen, in ein unverwechselbares, zugleich wiederholbares Timbre tauchen, sondern auch in erheblichem Maße die inneren, sprich: variantentechnischen Verhältnisse und Verwandlungen dieser Teile beeinflussen. In der *III.* gelangt der spezifische Orchesterklang Bruckners erstmals konsequent zum Durchbruch – und dies, obwohl das Instrumentarium gegenüber der *I.* und *II. Sinfonie* lediglich um eine 3. Tp erweitert ist.

Der 2. Satz (Adagio, bewegt, quasi Andante) hat eine bogenförmige Anlage: A – B – C – B' – A', deren äußerliche Klarheit und Übersichtlichkeit jedoch nicht über etliche Verkomplizierungen, auch Irritierungen, hinwegtäuschen kann. Der A-Teil hebt wie ein in sich ruhender Liedsatz an:

56   Sinfonie Nr. III, 2., Takt 1ff.

Doch das ausgewogene Verhältnis zwischen Vorder- und Nachsatz wird sogleich gestört, indem der Vordersatz während des ganzen A-Teils nicht wieder erklingt und die beiden Elemente des Nachsatzes (x, y) die absolute Oberhand gewinnen. Die stringent variantentechnische Steigerung, welche von den Elementen ausgeht, war in der 1. Fassung der Sinfonie noch nicht vorhanden. Ein Vergleich der Fassungen macht geradezu überdeutlich, mit welcher Rigorosität Bruckner das neuartigeVerfahren anwendet:

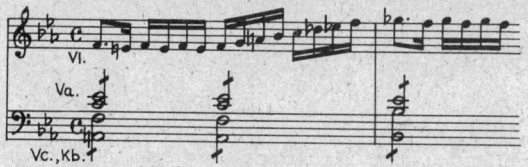

Die Reprise des A-Teils aber ist gänzlich anders angelegt: als ob die verschmähte melodische Fülle des Vordersatzes rehabilitiert werden solle, erblüht er nunmehr geradezu im Überschwang. Nicht nur erscheint der Themenkopf in bestärkender Umkehrung, nicht nur nehmen sich seiner die im Fortissimoglanz schmetternden Blechbläser an, zu denen der Nachsatz lediglich Begleit- und Überleitungsfiguren beisteuert: jetzt ist es dieser Themenkopf, welcher die variantentechnischen Steigerungszüge trägt, aus denen neuartige, freilich abgeleitete thematische Gesten heraustreten. Damit aber gerät zugleich die bogenförmig ausgewogene Formdisposition ins Wanken: die Reprise des A-Teils nimmt ein Drittel des Satzes ein, so daß die voraufgehenden B- und C-Teile zu Episoden schrumpfen. Insbesondere der C-Teil (Misterioso, langsamer), der mit seinem geheimnisvollen Streicherklang und choralartiger Harmonisierung[38] die Spitze der Formpyramide einzunehmen hätte, verliert durch die Reprisen von B und A entschieden an Gewicht.

Das Scherzo (Ziemlich schnell) wird von einem relativ umfangreichen „Vorspann" eröffnet, der den Satz wie mit einem Schwellwerk in Bewegung bringt. Die kleine Sekunde als melodisches Detail wie als einfacher und doppelter Leitton, der Quart/Quint-Durchgang des Hauptthemas erinnern den 1. Satz und weisen auf das Finale voraus. Das Trio ist ein kaum stilisierter Ländler, dessen gelöster Ton dennoch nicht auf strukturelle Bindungen verzichtet:

58   Sinfonie Nr. III, 3., Trio, Takt 1ff.

Im Zentrum des Brucknerschen Werkes stehen die Sinfonien, welche alle übrigen Kompositionen, selbst die drei großen Messen, in den Hintergrund drängen. Die Sinfonien weisen eine Vielzahl von Übereinstimmungen in der formalen, strukturellen und klanglichen Anlage auf, die es nahelegen, von einem „sinfonischen Typus" zu sprechen und die einzelnen Stücke als jeweilige Realisierung dieses „Typus" zu untersuchen und zu erklären. Ignorante Kritik schöpfte daraus das Bonmot, Bruckner habe nur eine Sinfonie, diese aber gleich neunmal komponiert. Aber selbst Apologeten kamen zu dem Schluß, daß die Sinfonien ob ihrer Ähnlichkeiten zwar immer und unverwechselbar Bruckners Handschrift erkennen ließen, daß mit gleicher Sicherheit jedoch nicht von einem spezifischen Charakter eines jeden Werkes gesprochen werden könne – von „der *III.*" oder „der *V.*", wie etwa bei Beethoven.[39] Obwohl es in hohem Maße töricht wäre, das „Typische" übersehen oder gar vertuschen zu wollen, besteht eine nicht minder große Gefahr darin, dieses „Typische" als blankes Klischee zu behandeln und ihm alles Individuelle zu unterwerfen.
Bereits aus den Anmerkungen zu den *Sinfonien I* bis *III* geht wohl unmißverständlich hervor, daß die Kompositionen unterschiedliche Lösungen des sinfonischen Problems darstellen, ausgehend freilich von bestimmten gemeinsamen Grundlagen. Es gibt Vorgriffe und Retardierungen, etwa im Verhältnis zwischen der *I.* und *II. Sinfonie,* und die *III.* unternimmt den entscheidenden Schritt zu dem, was als Inkarnation des Brucknerschen Sinfonietyps bezeichnet werden könnte: der Entfaltung eines hymnisch-pathetischen „Tons"

nicht nur in den Ecksätzen, sondern auch im 2. Satz und, trotz Turbulenz und Volkston, im Scherzo; der dem Vorgang des Ein- und Ausatmens nachempfundene Kontrast zwischen dynamischer Anspannung und lyrisch-elegischer Beruhigung, zwischen Fresko und Meditation – ein Kontrast, dem Konfliktsituationen fremd sind und der dafür, als Ausgleich, die Sprengkräfte der Variantentechnik freisetzt. Indem sonatische Dramatik vom schichtenartigen Aufbau eines epischen Kontinuums verdrängt wird, stellen die Sinfonien jeweils Abwandlungen, Schattierungen des epischen Problems dar, die es herauszuarbeiten gilt und die nur in Grenzen zu verallgemeinern sind.

So setzt sich die *IV. Sinfonie* (WAB 104) von der *III.* durch ein überwiegend strahlendes, geradezu „glänzendes" Klangbild ab, dessen ungetrübt wirkende Klarheit und Direktheit von scheinbar vereinfachten formalen, motivisch-thematischen und harmonischen Verhältnissen noch bestärkt werden. Dies, zusammen mit den pittoresken Attributen einer „romantischen" Naturszenerie, welche aus dem Werk eine Art Sinfonische Dichtung machen, dürften zu seiner späteren Popularität, erheblich beigetragen haben. Doch die Vereinfachungen erweisen sich, wie stets bei Bruckner, als trügerisch – sie berühren nur Außenseiten der Musik und sind bestenfalls in der Lage, variantentechnische Irritierungen etwas wirkungsvoller als sonst zu verschleiern.

Die 1. Fassung der *IV. Sinfonie* beendete Bruckner im November 1874, eine 2. entstand zwischen Januar 1878 und Juni 1880, parallel also zum *Streichquintett* und dem Beginn der *VI.* sowie zur Bearbeitung der *II. Sinfonie.* Die 2. Fassung, deren Instrumentarium durch eine B-Tb erweitert wurde, erhielt ein völlig neues Scherzo, das Finale wurde stark verändert. 1. und 2. Satz hingegen wahrten weitgehend die Gestalt der 1. Fassung. Eine Anfrage des in New York wirkenden Dirigenten Anton Seidl veranlaßte Bruckner im Jahre 1886, das Werk einer neuerlichen Durchsicht zu unterziehen, aus der, so Nowak,[40] die Fassung „letzter Hand" hervorging. Die Uraufführung durch die Wiener Philharmoniker unter der Leitung von Hans Richter fand am 20. Februar 1881 statt – sie wurde, anders als die Uraufführung der *III.*, ein triumphaler Erfolg, den die Kritik von Freund und Feind anerkennen mußte

– und der Bruckner die lakonische Bemerkung entlockte: *Staunenswerth.*[41]

Aus den verschiedenen Kritiken seien einige für unseren Zusammenhang aufschlußreiche Passagen angeführt. In der Zeitung „Vaterland" schreibt der Bruckner wohlgesonnene Eduard Kremser: „Bruckner ist der Schubert unserer Zeit. Es ist ein solcher Strom von Empfindungen in seinem Werke, und eine Idee drängt so die andere, daß man den Reichtum seines Geistes wahrhaft bewundern muß, keineswegs aber darüber sich verwundern sollte, daß er für eine solche Masse der köstlichen Edelsteine noch immer nicht die adäquateste Fassung zu finden weiß."[42]

Der nicht minder brucknerfreundliche Rezensent des „Neuen Wiener Tagblattes", Wilhelm Frey, läßt sich, unter dem Titel „Musikalischer Ausnahmsfall", wie folgt vernehmen: „In diesem musikalischen Herzen lebt eine solche Fülle von neuen Gedanken, in diesem Geiste sprüht es von so zahllosen neuen Kombinationen, daß man gar nicht müde wird, denselben zu folgen und nur immer beklagt, daß dieser Reichtum gar so – verschwenderisch ist. (...) Die Fülle geistvoller Ideen verleugnet sich nirgends und es ist nur ein gewisser Mangel an Sinn für einen gesunden Organismus fühlbar und wenn es denkbar wäre, daß aus dieser Masse von Bildern eine Art Anthologie gemacht werden könnte, würde man erst so recht zum Genusse des Werkes gelangen."[43]

Selbst einer der schärfsten Kritiker Bruckners, Max Kalbeck, kommt nicht umhin, das Werk mit einem gewissen Respekt zu behandeln: „Anton Bruckners neue Symphonie in Es-Dur (...) ist das Werk eines Kindes mit Riesenkräften. Ein junger Herkules, der in der Wiege zwei Schlangen erdrosselt, würde vielleicht in ähnlicher Weise Musik machen. (...) In den Gedanken des Werkes herrscht die Unordnung eines Gelehrtenzimmers, wo alles über- und durcheinander liegt und nur der Herr des Hauses sich zur Not zurecht tastet. Gerade die dürftigsten und alltäglichsten Einfälle werden bis ins Unendliche fortgesponnen und bis zum Überdruß behandelt, während das wirklich Originelle und Wertvolle unscheinbar beiseite geschoben und außer acht gelassen wird."[44]

Mehr noch als das 1. Thema der *III.* ist das der *IV. Sinfonie* zu einem Inbegriff für Bruckners Instrumentalmelos geworden: über einem raunenden Es-Dur-Akkordtremolo der Streicher erhebt sich eine solistische Hr-Kantilene, die elementare Intervalle durchschreitet und in ein Wechselspiel zwischen Holz- und Blechbläsern (1. Hr) mündet. So weit so gut. Doch die Faszination dieser Musik geht nicht allein von solch lapidaren Ereignissen, eingebettet in eine ruhevolle Atmosphäre, aus:

59   Sinfonie Nr. IV, 1., Takt 1 ff.

Lapidarität verschmilzt hier mit außerordentlichem kompositionstechnischem Raffinement, dessen „springender Punkt" in den Intervallverhältnissen und ihrer Ausbreitung liegt. Auf der Basis eines invarianten Rhythmus erfolgt die Intervallerschließung: zunächst Quintfall und -anstieg als Festigung der Dreiklangstruktur; dann die kleine Sext, wodurch zugleich, auf die Dreiklangsquint bezogen, die kleine Sekunde erscheint und echoartig von den Streichern aufgenommen wird (x). Ähnliches wiederholt sich Takt 11 ff.: den Hr-Quinten kontern nunmehr allein die Streicher mit abwärts gerichteten chromatischen Bewegungen. Dadurch wird eine Instabilität der so problemlos ausschwingenden Melodik erzielt, welche die plagale harmonische Wendung as → ES (Takt 16/17) noch steigert.

In der variativen Wiederholung des Themenkopfes Takt 19 ff. wechseln die Instabilitätsimpulse. Durch Registeränderung (die Holzbläser übernehmen die thematische Führung) geht eine Variante an das Hr, die als harmonische „Weiche" funktioniert: Intervallerschließung verbindet sich dergestalt mit der Erschließung neuer harmonischer Felder, die mittels der Hr-Variante „verhakt" werden. Dann, Takt 43 ff., greift noch das melodische Element, gekoppelt an den „Bruckner-Rhythmus" 2 + 3, ein, das die Materialerschließung zusammenfaßt, sie als den A-Teil des 1. Themas endgültig kenntlich macht und gleichzeitig eine Überleitungsbewegung zum B-Teil des Themas vollzieht.

Das heißt, ein scheinbar so ausgewogenes, in sich ruhendes Thema erlangt seine kompositorische Attraktivität erst durch eine raffiniert gewahrte Balance zwischen auseinanderstrebenden Elementen, hier vornehmlich zwischen denen der Intervallik und der Harmonik. Auch der B-Teil enthält solche „anziehenden Verunsicherungen", von denen nur eine herausgegriffen sei. Das Teilthema gibt sich als lautstarker, melodisch fülliger Kontrast, der jedoch sofort einen rein formelhaft-sequenzierenden Charakter enthüllt:

60 Sinfonie Nr. IV, 1., Takt 51f.

Erst aus dieser sequenzierenden Bewegung heraus löst sich ein thematisches Profil mit minimalem Vorder- und Nachsatz im Umkehrungsverhältnis, das nur einmal wiederholt und umgehend wieder von neutralisierenden Sequenzfolgen erfaßt wird:

61 Sinfonie Nr. IV, 1., Takt 59f.

Das Teilthema geht also nicht allein aus einer Überleitungspassage hervor (Takt 43ff.), sondern schließt seinerseits Vorbereitungselemente ein, von denen sich an einem bestimmten Punkt erst eine „eigentliche" thematische Gestalt abhebt. Und dies bedeutet nichts anderes als die Verbindung von extrem unterschiedlichen formbildenden Komponenten: von thematischer Setzung und auflösender Überleitung.

Zu den hervorstechendsten Merkmalen der *IV.* gehört, daß alle, auch die Mittelsätze, sonatischen Gestaltungsprinzipien zu folgen scheinen. Abgesehen von der variantentechnischen Dominanz, die solche Prinzipien eben nur noch „scheinbar" wirksam werden läßt, ergeben sich doch einige Situationen, in denen Bruckners fast ironisch zu nennendes Spiel mit der Form auf ebenso verblüffende wie faszinierende Weise zum Ausdruck kommt.

So endet die Exposition des 1. Satzes mit einer vereinfachten Variante des 2. Themas (Takt 169ff.), die wie ein Nachsatz wirkt und nach weiteren Materialreduzierungen in chromatisch absteigenden Linien der Holzbläser (Takt 174ff.) und Streicher (Takt 179ff.) aufgeht. Diese Linien, die zu einer Kette verminderter Akkorde zusammenrücken, muten zunächst wie ein erneuter Nachsatz an: sein Abschluß auf der Dominante B-Dur nebst Generalpause und Doppelstrich läßt den Einsatz der Durchführung erwarten. Statt dessen jedoch setzt wiederum die chromatische Akkordfolge ein, die uns vor die Wahl stellt: ist sie noch immer Nachsatz, ist sie Überleitung zur Durchführung oder gar der Beginn der Durchführung:

62   Sinfonie Nr. IV, 1., Takt 179f.   Takt 193f.

Die Entscheidung sollte offen bleiben – vielleicht entspricht dies auch am ehesten der Intention Bruckners. Denn die Einfügung von Motiven aus dem 1. Thema (Takt 196, 200, 205; dann 209ff.) verweisen auf einen wenn auch nur vagen Durchführungscharakter; die Wiederaufnahme der Akkordfolge sowie die harmonische Progression ab Takt 209 (Des[7] – f$\sharp$ – C → F) hingegen auf eine Überleitungsbewegung, an die sich denn auch ein „regelgerechter"

Durchführungseinsatz mit Streichertremolo und Überlagerungen des Themenkopfes anschließt.

Die Coda ist in allen Sinfonien zu einem selbständigen Formabschnitt ausgebildet. Im 1. Satz der *IV.* erstreckt sie sich über 73 Takte (von insgesamt 573). Ihre Bedeutung erschöpft sich aber nicht in einer mehr oder weniger belangvollen Abrundung oder Ausleitung der Formdramaturgie. Vielmehr hat sie außerdem die Aufgabe zu übernehmen, die im Lauf der Satzentfaltung aufgebrochenen Widersprüche, Irritationen usw. aufzufangen, zu schlichten, möglicherweise im nachhinein auch vergessen zu machen. Deshalb am Ende die gewaltsamen dynamischen Aufschwünge, die hymnischen Aufgipfelungen mit überdeutlicher Herausstellung der Grundtonart nach nicht minder ausführlichem Verweilen auf nächstliegenden Kadenzharmonien. In der *IV.* ist die Coda als ausgleichendes Gewicht besonders vonnöten, da sie sowohl auf die voraufgegangenen „Verwirrungen" reagieren als auch jene der folgenden Sätze, durch ihr „positives Echo", in Grenzen halten soll.

So ist der 2. Satz („Andante quasi Allegretto") auf den ersten Blick durchaus einfach und überschaubar angelegt, sein Hauptthema trägt geradezu archaische Züge im Vergleich etwa zur *I. Sinfonie:*

63   Sinfonie Nr. IV, 2., Takt 1ff.

Die verhaltene, konduktartige Marschbewegung, aber auch das Thema selbst mit seiner Reminiszenz an das Kopfmotiv des 1. Satzes (x) verweisen auf Franz Schubert, auf die langsamen Sätze des Klaviertrios opus 100 und der großen C-Dur-Sinfonie. Das 2. Thema, obwohl im Charakter wenig verschieden, hebt sich vom 1. durch eine merkwürdig ver-

kümmerte Melodiebildung ab: eingehüllt in eine choralmä-
ßig strukturierte Streicherbegleitung, schreitet es einigermaßen stockend und ziellos daher – eher ein Rezitativ oder
auch nur ein Kontrapunkt zu einer fiktiven Melodie:

64 a   Sinfonie Nr. IV, 2., Takt 51 f.

64 b   A. a. O., Takt 77

Als ob die melodische Schwäche des Themas ausgeglichen
werden sollte, schaltet Bruckner einige weitere Reminiszenzen ein: ein an Johann Sebastian Bach erinnerndes Motiv
(x) und die Wiederaufnahme der choralartigen Episode aus
der Fortsetzung des 1. Themas (Takt 25 f.). Damit aber ist
nichts anderes als ein Durchführungsmoment einge-
schleust, das bereits mit dem 1. Thema zur Geltung kam
und im Lauf des Satzes sich immer stärker ausbreitet. Dieses Durchführungsmoment geht einerseits von einem punktierten Rhythmus aus (s. NB 63 y), der das Thema öffnet
und als verselbständigte Figur, als eine rhythmische Inva-
riante, Fortspinnungsbewegungen ausführt, die zumeist
Überleitungscharakter annehmen. Andererseits bilden sich
mehrere Durchführungsabschnitte (Takt 101–104; 105 bis
108; 109–128), wobei die Durchführungsvariante
Takt 105–108 in verblüffender Weise die „Wunder-
horn"-Atmosphäre Gustav Mahlers vorausnimmt:

Darauf folgen Reprisen des 1. und 2. Themas sowie eine abschließende, wiederum Durchführungselemente einbezie-
hende Variante des 1. Themas, welche zum dynamischen
Höhepunkt des Satzes führt und am Ende einer knappen
Coda, die sich noch einmal des „Bach-Motivs" erinnert,
Raum gibt. Es erscheint nicht ganz abwegig, zwischen den
archaisierenden Momenten (die Bezüge auf Schubert, Bach
und den Choral; das „recitativo" des 2. Themas) und den
ebenso häufigen wie vordergründigen Durchführungspassa-
gen einen Zusammenhang zu sehen. Beide Male geht es um
kompositionstechnische Relikte, die inmitten variantentechnischer Strukturierung wie verfremdet wirken müssen.
Am deutlichsten wird dies an der wechselvollen „Geschichte" des rhythmischen Motivs aus dem 1. Thema, die
eine zwielichtige Unentschiedenheit zwischen Gesten der
„Verarbeitung" und der „Überleitung" vermittelt, aber auch
an den Durchführungsansätzen Takt 101 ff., die doch nichts
anderes darstellen als jeweilige Umgruppierungen von inva-
riantem Material, dem entsprechende variable Formulierungen zugeordnet werden (s. NB 65).
Dem Verwirrspiel mit der Durchführung, von dem auch
das allbekannte Scherzo (ab B-Teil Takt 93 ff.) nicht unberührt bleibt, macht das Finale gleich in mehrfacher Hinsicht
ein Ende. Einerseits, indem die sonatischen Konturen von
baukastenartiger Formbildung überflutet werden, andererseits durch das Verhältnis der Themen zueinander. So folgt
z. B. der Themenexposition eine Durchführung
(Takt 203 ff.), die eher an eine Reprise erinnert. Das 1. und
2. Thema erscheinen in der Reihenfolge der Exposition, jedoch mit verändertem Ausdrucksgehalt: vom 1. wird lediglich das vorbereitende Motiv gebracht, das 2. nimmt den

hymnischen Gestus des Hauptthemas an. Dann erst kommt die Einleitungspassage zu diesem 2. Thema, die jedoch abrupt nochmals in das nun vollständige, den dynamischen Höhepunkt des Abschnitts markierende Hauptthema übergeht. Dieses ausgedehnt-umwegige „(Ver)wechselspiel" mit den thematischen Substanzen läßt kaum mehr Platz für eine eigentliche Reprise, die eher wie eine vorgezogene Coda anmutet. Die spannungsgeladenen Querstände innerhalb der Formbildung werden noch verstärkt durch das thematische Material selbst und seine Disposition. So bleibt das 1. Thema, trotz seiner massiven, kantigen Gestalt:

66   Sinfonie Nr. IV, 4., Takt 43 ff.

stets im Schatten des Hauptthemas des 1. Satzes, das nicht nur, wie mehrfach bei Bruckner, die „Apotheose" der Coda beherrscht, sondern den gesamten Satz durchzieht – ein „geheimes" Hauptthema, das die anderen, „rechtmäßigen", ungeachtet ihrer zum Teil machtvollen, auftrumpfenden Gestik, marionettenhaft wirken läßt. Dies alles zusammengenommen muß die sonatischen Verhältnisse zwangsläufig sprengen, eine Konsequenz, die sich sowohl unmittelbar aus dem Finale als aber auch aus den im Verlauf des Werkes sich entfaltenden strukturellen Bedingungen ergibt. Es gehört nun zu den weiteren Eigenheiten der *IV. Sinfonie* (die freilich nicht auf sie allein beschränkt sind), daß die baukastenartig-kaleidoskopische Themen- und Formbildung insbesondere durch eine geschlossen wirkende, abrundend-ausgleichende Klanglichkeit aufgefangen wird – nicht nur im Umfeld von Satzeinschnitten, also bei glättenden Überleitungen, oder am befestigenden Satzende. Das Bild der „Unordnung eines Gelehrtenzimmers", zu dem Kalbeck wohl vor allem von dieser Themen- und Formbildung angeregt wurde, vermag solche schlichtenden Gesten jedoch nicht ernsthaft zu korrigieren, im Gegenteil. Sie wurden Bruckner als eine Maske der Biederkeit ausgelegt, hinter der sich ein unverbesserlicher Hang zur Anarchie verberge.

Nur wenige Monate nach Abschluß der *IV. Sinfonie,* im Februar 1875, nahm Bruckner die Arbeit an der *V. Sinfonie* (WAB 105) auf, deren 1. Fassung er im Mai 1876 beendete. Eine 2. Fassung entstand von 1877 bis Anfang 1878, ihr Instrumentarium wurde, wie schon das der *IV.,* um die B-Tb erweitert. Bruckner hat niemals eine Aufführung des Werkes hören können. An der Uraufführung teilzunehmen, die am 8. April 1894 in Graz unter Leitung des getreuen Schülers Franz Schalk stattfand, hinderte ihn altersbedingte Krankheit. Zwei Tage nach diesem Ereignis schrieb Schalk seinem Meister: „Sie werden gewiß schon mündlichen Bericht haben über die ungeheure Wirkung, die Ihre große herrliche *V.* hervorrief. Ich kann hier nur beifügen, daß der Abend für die Zeit meines Lebens zu den herrlichsten Erinnerungen zählen wird."[45]

Die *V.* gilt gemeinhin als das kontrapunktische Meisterstück Bruckners, in keiner anderen Sinfonie hat er so intensiv – aber auch so vordergründig – polyphone Darstellungsmittel angewendet. Auf sie wird vornehmlich verwiesen, wenn es darum geht, zweifelsfreie Belege für Bruckners seltsam-einzigartige Affinität zu Bach und zum späten Beethoven vorzuführen. Während die Kritiker diese Affinität als blinden Anachronismus verurteilen, hinter dem sich die schöpferischen Schwächen eines Eklektikers mühsam verbergen wollen, verklären sie die Verteidiger zum stichhaltigen Beweis für Bruckners überzeitliches Musizieren: „Die *Fünfte* ist Bruckners Monumentalsinfonie, gefährtenlos unter den Gefährten, geistoffenbarte, außenferne, ganz abgewandte Musik."[46] Ein anachronistisches Moment ist dem Werk durchaus eigen, das ein wenig anders, als Freund und Feind es getan, zu interpretieren sein dürfte. Da drängt sich zunächst ein biographischer Gesichtspunkt auf: der hartnäckige Kampf um eine Lehrstelle an der Universität, der erst im November 1875, also mitten in der Arbeit an der *V.,* zu Bruckners Gunsten entschieden wurde. „Es ist gut denkbar, daß Bruckner, getrieben von seiner Idee, Kontrapunkt zu lehren, in einer Art Imponiergehabe sich selber und der Welt beweisen wollte, was zu leisten imstande war. (...) Hier wird – weit über alle Lehren hinausgehend, die Bruckner selbst studierte und lehrte – verkündet, welche Spannweite denn die Beschäftigung mit diesem gelehrten Gegenstand auch in der realen Kunst haben kann."[47]

Doch solch taktisches Manöver scheint nur ein Aspekt zu sein; ein anderer, welcher das anachronistische Moment aus den kompositorischen Gegebenheiten heraus zu erhellen vermag, hängt unmittelbar mit der Eskalation der Kontrapunktik zusammen. Durch sie nämlich, vor allem durch thematische Kombinatorik und Fugentechnik, erlangten motivisch-thematische Gestaltungsprinzipien an Gewicht und drängen die variantentechnischen, wenn auch nur im äußeren Erscheinungsbild, in den Hintergrund. Insofern erinnert die *V.* an die *II. Sinfonie,* ungeachtet der Tatsache, daß deren archaische Züge von anderen Ursachen ausgehen.

Die Behauptung, daß Bruckner mit der *V.* einen „künstlerischen Befähigungsnachweis" vorzulegen beabsichtigte, wird nicht allein durch die verdichtete Kontrapunktik und weitere „Anleihen" bei der Klassik, etwa bei der Formbildung des späten Beethoven, gestützt. Vielmehr kennzeichnet das Werk auch eine Tendenz zur Verkomplizierung auf allen seinen kompositorischen Ebenen. Das beginnt mit der Form: zum ersten und einzigen Mal stellt Bruckner dem 1. Satz eine langsame Einleitung voran, in der wesentliche strukturelle Komponenten Gestalt annehmen; für das Finale erfährt diese Einleitung insofern eine Erweiterung, als kurze Rückblenden auf die Sätze 1 bis 3 mit der keimhaften Entfaltung des Hauptthemas verbunden werden:

67 a   Sinfonie Nr. V, 4., Takt 1 ff.

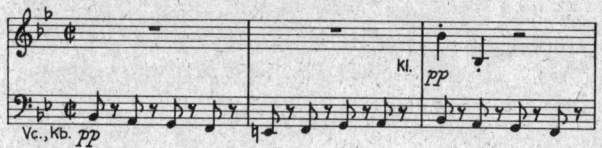

67 b   A. a. O., Takt 11 ff.

67 c   A. a. O., Takt 23 ff.

Indem die Introduktion auch in Durchführung und Coda
des 1. Satzes eindringt, erscheint sie wie ein Wegweiser des
Formverlaufs: sie fängt die Bewegung auf und lenkt sie in
eine neue Richtung. Dabei gelingt Bruckner in der Durchführung eine außerordentlich wirkungsvolle Kopplung von
kontrapunktischer und klanglicher Umgruppierung der ursprünglichen Struktur:

68   Sinfonie Nr. V, 1., Takt 247 ff.

Die Baß-Pizzicati in der Umkehrung, über denen sich das
sukzessiv einsetzende Streicherband sowie eine Kopplung
von Original und Umkehrung des Hauptthemakopfes erheben, rücken in die Holzbläser, also in die Stimmlage der
Streicher, und verschmelzen mit ihnen zu einer ebenso sug-
gestiven wie durchsichtigen Klangfläche.
Ein weiterer Anhaltspunkt für kompositorische Verkomplizierungen ist in der verstärkten Differenzierung des motivisch-thematischen Materials zu sehen. Obwohl der motivische Zusammenschluß von Themen innerhalb eines Satzes
wie zwischen den Sätzen alles andere als ein Novum darstellt, betreibt Bruckner diesen Zusammenschluß jedoch
mit einer Rigorosität, die ihre demonstrativen Absichten
nicht verbergen kann – und will. Die Rigorosität erstreckt
sich dabei nicht nur auf motivische Ableitungsprozesse,

sondern erfaßt auch satz- und werkdramaturgische Verhältnisse.

Zu den großen Leistungen der Klassiker, insbesondere Beethovens, gehört die dramaturgische Aufwertung des letzten Satzes einer Sinfonie: aus einem meist rondoartigen Kehraus wurde ein wirkliches „Finale", das die „Absicht" eines zyklischen Werkverlaufs zusammenzufassen und zu überhöhen vermochte. In der Krisenphase der Sinfonik um die Mitte des Jahrhunderts war insbesondere dieser Satz von Verfall bedroht – wankende „Absichten" zwangen dazu, in Belanglosigkeit und leeres Pathos zu flüchten. Bruckner, wie auch Johannes Brahms oder wenig später Gustav Mahler, stellte sich diesem Verfall erfolgreich entgegen. Spätestens mit der *III. Sinfonie* wurde nicht nur eine „Rehabilitierung" des Schlußsatzes eingeleitet, sondern auch das Finale gewissermaßen neu konstituiert: es erfüllt die zyklische Satzfolge und wird damit wieder zum wichtigsten Teil eines sinfonischen Werkes.

In der *V.* kommt auch dies demonstrativ zum Ausdruck. Und zwar nicht allein durch die resümierenden Rückblenden auf die vorausgegangenen Sätze am Beginn oder durch die triumphale Rekapitulation des Hauptthemas aus dem 1. Satz zum Schluß (letzteres geschieht in den meisten Sinfonien Bruckners und hat, wie Schlußsteigerungen überhaupt, eher die Aufgabe, die vielfältigen „Irritierungen" im Verlauf des Werkes zu schlichten und aufzulösen). „Final"-Charaktere entstehen vor allem aus extremen Strukturverdichtungen mittels kontrapunktischer Techniken, die in der Exposition und in der Durchführung des letzten Satzes unmittelbar als Fuge bzw. Doppelfuge erscheinen. Zu diesem Zweck aber muß das thematische Material eine äußerst konzise Gestalt annehmen – eben die eines Fugenthemas. Der entscheidende Punkt, der den Schlußsatz zum wirklichen Finale macht, liegt darin, daß mit den beiden Fugenthemen nicht nur wesentliche motivische Komponenten des ganzen Werkes zusammengefaßt werden, sondern daß sie hier erst ihre endgültige Formulierung und Anordnung finden. Das heißt, daß etwa das Hauptthema des 1. Satzes, das um diese Komponenten gelagert ist, lediglich eine Variante jenes Themas darstellt, das sich im Finale als 1. Fugenthema zu erkennen gibt:

69 Sinfonie Nr. V, 4., Takt 31 ff.

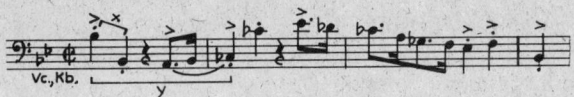

Die neuralgischen Punkte des Themas sind gleichmäßig auf die melodische, harmonische und rhythmische Ebene verteilt: die Oktave (x) als dominierendes Intervall; der doppelte Leitton (y) als melodisch-intervallisches wie harmonisches Element; der Gleichschlag plus Punktierung (z) als dominierender Rhythmus. Schlagen wir den Bogen zur Einleitung des 1. Satzes, so erkennen wir, wie sich diese Elemente herauskristallisieren. Zunächst wird, wenn auch noch auseinandergerückt, der doppelte Leitton exponiert (y):

70 Sinfonie Nr. V, 1., Takt 1f.   Takt 10f.

Die anschließende Figur vereint eine Bekräftigung des Leittons mit der Punktierung und der Oktave, welche freilich schon in der Baßbewegung ab Takt 8 auftauchte:

71 Sinfonie Nr. V, 1., Takt 15f.

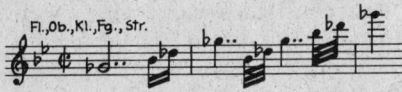

Das 1. Thema, das den Hauptteil („Allegro") eröffnet (s. NB 67b), beginnt mit einem Terz-An- und -Abstieg, der jedoch weniger als melodische Qualität denn als Relikt eines Dreiklanges erscheint, also als harmonische Qualität. Die Terz dient nämlich im Folgenden vor allem als harmonische „Weiche", durch die Klänge über eine Mediantbeziehung verknüpft werden. Ihr schließen sich die Punktierung, der

216

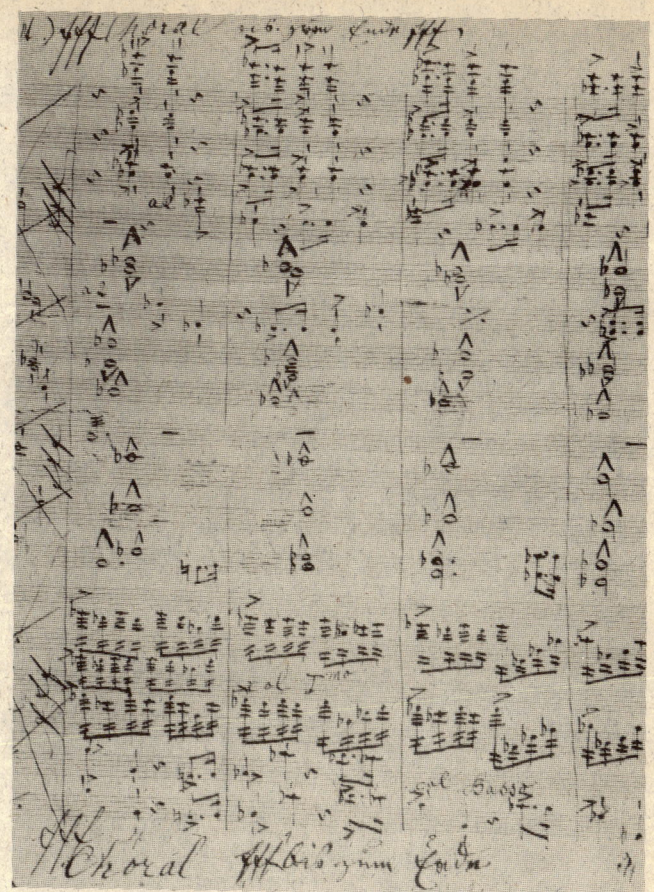

Autograph der V. Sinfonie, Choraleinsatz im Finale

doppelte Leitton und die Oktave (mit Quintdurchgang) an, gewissermaßen also in „Krebs"-Anordnung zum Fugenthema.

Das 2. Fugenthema, das zu Beginn der Durchführung des Finales auftritt (das 1. leitete die Exposition ein), faßt einen weiteren „Motivkomplex" zusammen, der in den verschiedenen Choralintonationen des 1. und in der Exposition des 4. Satzes entfaltet wurde:

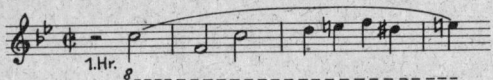

Charakteristisch sind Quint-Fall und -Anstieg sowie der
doppelte Leitton, wodurch eine lapidare Verknüpfung mit
dem 1. Thema erfolgt. Fiktive Choräle spielen bekanntlich
bei Bruckner, besonders in den Schlußsteigerungen, eine
große Rolle – sie sind ein bevorzugtes Mittel zur „Befestigung" oder „Bestätigung" einer Finalwirkung. In der *V.* wird
dies geradezu überdeutlich. Deutlich wird dabei aber auch,
daß die Choräle keine isolierten Inseln bilden, sondern als
motivisch-thematische Prägungen in das kontrapunktische
Geschehen eingebettet sind – nicht nur das 2. Fugenthema
als „Choralfuge" beweist dies. Bereits das 2. Thema des
1. Satzes ist als Choralsatz geformt, aus dem sich eine rezi-
tativartige Melodie, analog übrigens zum 2. Thema des
2. Satzes der *IV. Sinfonie* (s. NB 64), herauslöst:

73   Sinfonie Nr. V, 1., Takt 101 f. Takt 109 f.

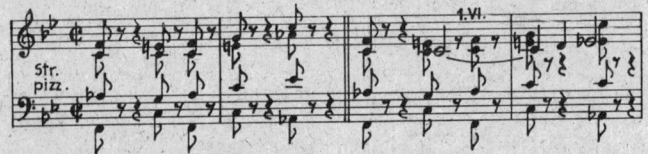

Im Verhältnis dieses 2. zum folgenden 3. Thema macht sich
eine weitere kontrapunktisch-verflechtende Komponente
bemerkbar. Neben dem Bezug der Themen auf das eingangs beschriebene Basismaterial, auf ihren gemeinsamen
motivischen „Fundus", treten auch begrenzte, gleichsam in-
terne Verbindungen auf, deren Aufgabe freilich in nichts
anderem besteht, als die übergreifenden allgemeinen Korrespondenzen zu stärken. So scheint das 3. Thema zunächst
den Holzbläsern anvertraut zu sein, denen die Streicher
und ein solistisches Horn lediglich einen begleitenden Untergrund beifügen:

74 a   Sinfonie Nr. V, 1., Takt 161 f.

Obwohl diese Konstellation nochmals und nur leicht variiert wiederholt wird, gibt sich das eigentliche Thema, das
in der punktierten Baßfigur (x) versteckt ist, erst allmählich
zu erkennen:

74 b   A. a. O., Takt 177 f.

74 c   A. a. O., Takt 199 f.

Die Holzbläserfigur (Takt 161 ff.) ist demnach lediglich, ungeachtet ihres thematischen Duktus, eine kontrapunktierende Stimme, zu der die Synkopen in den hohen Streichern als Reminiszenz an das 2. Thema hinzutreten; und
die anfänglich so unscheinbare punktierte Figur im Baß
übernimmt die thematische Führung – sie entpuppt sich als
Thema. Solche internen, unterhalb des Basismaterials gelagerten Verbindungen können auch satzübergreifenden
Charakter annehmen. So besteht der Nachsatz des Hauptthemas des 2. Satzes aus einer Folge von Sept-Intervallen
(x), die im weiteren Verlauf vor allem der Fortspinnung
dienen:

Die Sept geht dann als eine Art Keimfigur in den Nachsatz des 2. Themas des Finales ein und entfaltet sich dort immer stärker:

76   Sinfonie Nr. V, 4., Takt 67 ff.

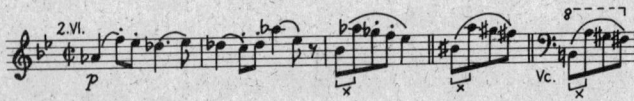

um dann die Begleitfigur (in der Umkehrung) des 3. Themas zu bilden (das seinerseits eine melodisch vereinfachte und rhythmisch vergrößerte Nachbildung des 1. Themas darstellt):

77   Sinfonie Nr. V, 4., Takt 137 ff.

Nicht genug damit, greift auch der Vordersatz des 2. Themas (s. NB 76) auf ein „Modell" zurück, auf den B-Teil des Scherzo-Themas:

78   Sinfonie Nr. V, 3., Takt 23 f.

Aus alldem wird deutlich, daß der 4. Satz auch auf der Ebene solcher internen Korrespondenzen nach zusammenfassenden, definitiven Lösungen strebt und hierdurch seinen Finalcharakter festigt.

Trotz dieser Vielfalt, von der unsere Beispiele nur einen bescheidenen Eindruck vermitteln können, wahren die kombinatorischen Verstrickungen außerhalb von Durchführungsabschnitten eine gewisse Zurückhaltung, bleiben sie noch eher in einer unteren Schicht der Musik verborgen, deren Außenseite formell von sonatischer Gestaltung geprägt wird. In den Durchführungen, und zwar in allen Sätzen, brechen dann die Kombinationen mit geradezu elementarer Gewalt und abenteuerlich anmutender Virtuosität auf: Bruckner zeigt vor, was bewährtes, altmeisterliches Handwerk im Bunde mit exorbitanter Phantasie zu leisten vermag. Hierfür nur einige wenige Beispiele.

Die Durchführung des 1. Satzes steigert sich nach knappen Anläufen zu einer massiven Kombination von Hauptthema und der vorbereitenden Dreiklangsfigur, die erstmals Takt 15 begegnete (s. NB 71):

79   Sinfonie Nr. V, 1., Takt 282 ff.

Die Originalgestalt des Themas erscheint in 3. + 4. Hr; die Umkehrung in Fl, 1. + 2. Tp, Vl; die Dreiklangsfigur aufwärts übernehmen Ob, Kl, abwärts (also in Umkehrung) Fg, Vc, Kb; die Pos fügen noch den Rhythmus der Figur hinzu. Auf der dritten Zählzeit des Taktes setzen 1. + 2. Hr und 3. Tp mit einer Variante des Themas ein, von der Originalgestalt bzw. der Umkehrung ausgehend. Takt 287 erfolgt

221

eine Rückung von a- nach b-Moll, wobei durch Stimmentausch nicht nur eine veränderte Strukturdisposition, sondern auch ein neues Klangbild entstehen.

Im 2. Satz („Adagio"), in dem zwei Themen variativ-durchführungsartig einander abwechseln, kommt es insbesondere bei der Entfaltung des 2. Themas zu aufgetürmten Kombinationen:

80   Sinfonie Nr. V, 2., Takt 131 ff.

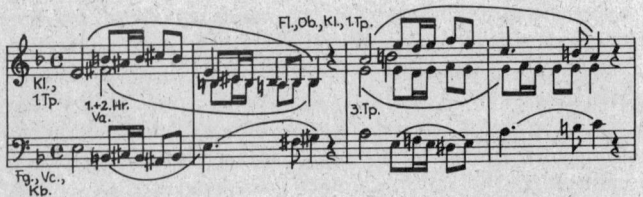

Ein Fragment des Themas liegt in der Baßregion (Fg, Vc, Kb), über der sich in Kl, 1. Tp die Umkehrung erhebt, gefolgt von kanonischen Einsätzen der Originalgestalt in 1. + 2. Hr, Va. Ab Takt 133 werden diese Kombinationen lediglich instrumentatorisch ausgeweitet. Selbst das Scherzo, das doch auch bei Bruckner sonst den formal wie strukturell übersichtlichsten Teil der Sinfonie bildet, öffnet sich kombinatorischer Akrobatik:

81   Sinfonie Nr. V, 3., Takt 189 ff.

Hier werden nicht allein die A- und B-Teile des Hauptthemas übereinandergestülpt, sondern außerdem noch einzelne Motive verflochten (s. Ob → 1. + 2. Hr).

Die *V.* also das „kontrapunktische Meisterstück" Bruckners?
Ja – und nein. Ja, weil keine andere Sinfonie so rigoros auf
das Moment der Simultaneität klanglicher Ereignisse ausgerichtet ist, von sukzessiv einsetzender Zweistimmigkeit bis
zur Doppelfuge, zum vielstimmig aufgefächerten Satz.
Nein, weil die Vielstimmigkeit nicht aus dem Aufeinander-
treffen selbständiger, von einem gemeinsamen harmonischen Band zusammengehaltener linearer Ereignisse resultiert. Sie ist vielmehr Ergebnis einer variantentechnisch
erzeugten Aufsplitterung der musikalischen Bewegung, wobei die einzelnen Varianten in Höhe und Breite auseinan-
derstreben. Das geht insbesondere aus den letzten Beispielen wohl unmißverständlich hervor: die Varianten werden
wie Bausteine behandelt, wie Versatzstücke, die aufgrund
ihrer variablen Elemente schier unerschöpfliche Kombinationsmöglichkeiten bereithalten. Die „Kontrapunktik" hingegen, selbst in den Fugen- bzw. Doppelfugenteilen, bleibt
eine Geste, ein „Als ob", die freilich das äußere Erscheinungsbild der Musik prägen – und dazu verleiten, auf sie
nicht mehr angemessene Begriffe anwenden zu wollen.
Diesen Zwiespalt, dieses Doppelspiel scheint Bruckner mit
dem Reprisenbeginn des Finales endgültig aufzudecken:
nachdem noch wenige Takte zuvor einander überstürzende
Engführungen des 1. und 2. Fugenthemas „Kontrapunkt"
spielen:

82   Sinfonie Nr. V, 4., Takt 350 ff.

formieren sich am Reprisenbeginn beide Themen zu einem
harmonischen Kontinuum, das eine „auf Lücke" bedachte
Vorordnung des motivischen Materials gewährleistet. Die
Themen stellen ihre Bindung an das Basismaterial offen
aus, geben sich als dessen Varianten zu erkennen und rela-

tivieren somit die zurückliegenden kontrapunktischen Ver-
selbständigungen – sie waren Fiktion:

83   Sinfonie Nr. V, 4., Takt 374 ff.

7. Wien II (1876–1887)

Am 25. November 1875, eine Woche nach seiner Berufung
als „unbesoldeter Lektor für Harmonielehre und Kontrapunkt" an die Wiener Universität, entwirft Bruckner eine
Antrittsrede, in der es u. a. heißt: *Wie Sie selbst aus verschiedenen Quellen wissen werden, hat die Musik innerhalb eines Zeitrau-
mes von zwei Jahrhunderten so kolossale Fortschritte gemacht, sich in
ihrem inneren Organismus so erweitert und vervollständigt, daß wir
heute – werfen wir einen Blick auf dieses reiche Material – vor einem bereits vollendeten Kunstbau stehen, an welchem wir eine gewisse Gesetzmäßigkeit in den Gliederungen desselben sowie eine
gleiche von diesen Gliedern dem ganzen Kunstbau gegenüber erkennen werden. Wir sehen, wie das eine aus dem anderen hervorwächst,
eines ohne das andere nicht bestehen kann, und jedoch jedes für sich
wieder ein Ganzes bildet.*
*So wie jeder wissenschaftliche Zweig sich zur Aufgabe macht, seine
Materiale durch das Aufstellen von Gesetzen und Regeln zu ordnen
und zu sichten, so hat ebenfalls auch die musikalische Wissenschaft
– ich erlaube mir, ihr dieses Attribut beizulegen – ihren ganzen
Kunstbau bis in die Atome seziert, die Elemente nach gewissen Gesetzen zusammengruppiert und somit eine Lehre geschaffen, welche
auch mit anderen Worten die musikalische Architektur genannt werden kann.*
*In dieser Lehre bilden wieder die vornehmen Kapitel der Harmonie-
lehre und des Kontrapunktes die Fundamente und die Seele derselben.*
Nach dem Vorausgelassenen werden Sie, meine Herren, mir zugeben

Wien: das alte Universitätsgebäude

müssen, daß zur richtigen Würdigung und genauen Beurteilung eines Tonwerkes, wobei zuerst erforscht werden muß, wie und inwieweit diesen eben erwähnten Gesetzen in demselben entsprochen wurde, sowie zum eigenen Schaffen – nämlich eigene Gedanken musikalisch korrekt verwirklichen, sie belebend machen – vor allem die volle Kenntnis von der erwähnten Musikarchitektur, beziehungsweise von den Fundamenten dieser Lehre notwendig ist.

Aus dem Entwickelten mögen Sie nun selbst entnehmen, daß die Gegenstände „Harmonielehre" und „Kontrapunkt" bei dem übrigen so weit entwickelten geistigen Leben ebenfalls einen notwendigen Platz finden müssen, wo selbe gepflegt, wo selbe auch ohne den Endzweck, ausschließlich Künstler heranzubilden, gelehrt werden können; denn sie gehören – und das mit Recht – zu den Trägern unserer geistigen Bildung; da wir durch sie in die Lage kommen, unseren Gedanken und Gefühlen nach musikalischer Richtung hin in ästhetischer Weise gerechten Ausdruck zu verleihen.[1]

Das sind erstaunliche Sätze eines, dem man gewöhnlich Dumpfheit des Denkens nachsagt; dessen nichtmusikalische Äußerungen, ob im Brief oder in der Anekdote überliefert, als Zeugnisse für einen beinahe reflexionslosen, mystisch-naturhaften Schaffenstrieb gewertet werden. Wenn einmal der authentische Teil dieser Äußerungen gesichert sein wird, so dürften sich die zweifellos vorhandenen „einfältigen" Aussagen – zum eigenen Leben und Werk, aber auch zu übergreifenden Fragen – vornehmlich als in das Kapitel „Tarnverhalten" gehörig herausstellen. Der Entwurf der Antrittsvorlesung gibt hierfür einen wohl unmißverständlichen Hinweis: wer in der Lage ist, ein solch bestechend klares Konzept zu entwickeln, kann sich bei drastischen Unterschreitungen eines dementsprechenden intellektuellen Niveaus nur verstellen. Der bemerkenswerteste Punkt am Entwurf ist der, daß Bruckner, in einer betont um „Wissenschaftlichkeit" bemühten Darstellungsweise, einen geradezu lapidaren, auf strukturelle Bedingungen und Verhältnisse konzentrierten Kunstbegriff vermittelt, der aller verschwommenen Exegetik – und damit dem bevorzugten interpretatorischen Rüstzeug der Bruckner-Apologeten – den Boden entzieht. Und dies auch dann noch, wenn man berücksichtigt, daß Bruckner aus gegebenem Anlaß ein weiteres, für ihn neues Tarnmoment heranzieht: das der „exakten" Wissenschaft.[2] Ungeachtet der Verhüllung wird uns hier die äußerst rare Gelegenheit geboten, einen wirklichkeitsnahen Aspekt seines ästhetischen Denkens aufzuspüren.

Die Antrittsvorlesung selbst fand vermutlich am 24. April 1876 statt, wenige Wochen vor Abschluß der *V. Sinfonie,* deren gesteigerte Kunstfertigkeit mit dem ambitionierten Gedankenflug vor den Studenten, die zahlreich erschienen, gut zusammenstimmte. Nachdem Bruckner anläßlich seines Einzuges in die Universität eine Huldigung durch den Akademischen Gesangsverein zuteil geworden war (der Chor führte am 3. Juli den *„Germanenzug"* auf), reiste er Mitte August zur Eröffnung der Festspiele und zur Uraufführung des „Ring des Nibelungen" nach Bayreuth. Neben der Anwesenheit bei den wenigstens nach außen glanzvollen Veranstaltungen und mehreren Besuchen in Wagners Villa „Wahnfried" wird für Bruckner vor allem die Bekanntschaft mit dem Berliner Musikkritiker und Wagner-Enthusiasten Wilhelm Tappert bedeutsam: Bruckner sieht eine Chance,

Wagners Festspielhaus in Bayreuth

seine Werke in der machtvoll aufstrebenden Hauptstadt des Deutschen Reiches vorzustellen. Vor allem geht es ihm um die Uraufführung der *IV. Sinfonie* und den taktischen Erfolg, den er sich von ihr erhofft: *Mein höchstes Streben wäre es, wenn ich so glücklich sein könnte, dies Werk (...) in der Residenz unseres großen Vaterlandes aufgeführt zu wissen (...). In Wien reiche ich selber aus gewissen Gründen nicht ein; indem bei uns die Sachen erst gut werden, wenn sie von auswärts kommen.*[3] Wie sehr Bruckner mit diesem Vorgehen recht hat, stellt sich – freilich erst Jahre später – bei der *VII. Sinfonie* heraus. Obwohl die Berliner Pläne scheitern (erst 1885 wird eines seiner Werke, das „*Te Deum*", hier aufgeführt), verdanken wir der Korrespondenz mit Tappert ein weiteres aussagekräftiges Dokument, eine Art Selbstbiographie.

In diesem Brief, vom 1. Oktober 1876, geht Bruckner zunächst und mit schon als mißachtend zu bezeichnender Flüchtigkeit auf die „vorwienerischen" Jahre ein, selbst auf den Unterricht bei Sechter und Kitzler. Um so ausführlicher dagegen beschreibt er seine Erfolge als Orgelvirtuose in Nancy, Paris und London sowie die Beziehungen zu Richard Wagner. Insbesondere hebt Bruckner dessen *schmeichelhafte Anerkennung* der *III. Sinfonie* hervor: „*Sehr brav, sehr brav, aufführen, aufführen, das muß aufgeführt werden.*" Am Schluß des Briefes, in einer angehängten *Privat Notiz*, kommt er auf ein weiteres, vielleicht das für ihn wichtigste Problem zu sprechen – auf seine angebliche Misere in Wien: *Und so lebe ich seit 1868 in Wien lebhaft bedauernd je hierher übersiedelt zu sein, da mir Unterstützung, Anerkennung und Existenzmittel mangeln. Wegen meiner Tätigkeit an der Universität, als unentgeltlicher Lector für Harmonielehre und Contrapunct ist Dr. Hanslick mir ein böser Gegner geworden. (...) Auch als Hoforganist habe ich noch keine Besoldung.*[4]

Diese Selbstdarstellung enthält einige – absichtsvolle – Übertreibungen. Abgesehen von der düsteren Schilderung der materiellen Situation, die einfach nicht stimmt: seit den siebziger Jahren findet Bruckner wachsende Beachtung in der Öffentlichkeit,[5] wobei es subjektiv verständlich ist, daß er das anhaltende Übergewicht der Kritik gegenüber auch nur wohlwollender Anteilnahme als Anerkennungsdefizit empfindet. Zu Recht wendet sich Manfred Wagner gegen die Legende vom „verkannten Genie", „als das (Bruckner) bei aller Meinungsverschiedenheit vom ersten Tag in Wien an nicht galt. Bruckner selbst stützte diese Verkleidung seiner selbst durch Äußerungen, die, herausgelöst aus dem Zusammenhang und wahrscheinlich sogar bewußt kombiniert, von den meisten Biographen systematisch dazu genutzt wurden, ihn als das Opfer einer von verschiedenen Richtungen her angreifenden und angegriffenen Gesellschaft zu malen."[6]

Nachdem Bruckner im November 1877 noch die Enttäuschung hinnehmen mußte, daß seine Bewerbung um das Hofkapellmeisteramt, als Nachfolger Johann Herbecks, zurückgewiesen und ihm Joseph Hellmesberger vorgezogen wurde, durfte er sich damit trösten, Ende Januar 1878 wenigstens zum „wirklichen Mitglied der k.k. Hofkapelle" ernannt zu werden und eine entsprechende Gehaltsaufbesserung zu erreichen. Dies versetzte ihn zugleich in die Lage, die bereits 1875 angenommene Stelle als „Vize-Archivar" und Gesangslehrer der Hofkapell-Knaben wieder aufzugeben.

Während bis 1879 keine größeren neuen Kompositionen entstehen, im August 1877 die Revision der *III.* und *V. Sinfonie* abgeschlossen ist, auf die dann im Dezember desselben Jahres die katastrophale Uraufführung der *III.* folgt, bringen einige erfolgreiche Orgelkonzerte in Kremsmünster (August 1877) und Wien (März 1879) etwas freundlichere Eindrücke. Das Jahr 1878 ist größtenteils mit der Überarbeitung der *IV. Sinfonie* einschließlich der Neukomposition des Scherzo ausgefüllt, doch noch vor Jahresende beginnt Bruckner ein *Streichquintett, da mich Hellmesberger wiederholt und eindringlich ersucht hat, der bekanntlich für meine Sachen schwärmt.*[7]

Das *Quintett in F-Dur* (WAB 112) ist im Sommer 1879 beendet. Hellmesbergers Kritik am Scherzo jedoch – es erscheint ihm „zu schwer" – veranlaßt Bruckner, den Satz durch ein „Intermezzo" zu ersetzen, das im Dezember abgeschlossen ist. Die Tatsache des „Auftrags" und der damit verbundene, keineswegs zu übersehende Zweck, den Bruckner mit ihm verfolgt: sich die Gunst eines einflußreichen Interpreten zu verschaffen, wird gelegentlich[8] als Begründung dafür herangezogen, daß der Komponist bei dieser Arbeit nicht ganz „bei der Sache" gewesen sei, ein

„Nebenwerk" produziert habe, das „nicht auf eine persönliche Motivation zurückgeführt werden könne(n)".[9]

Dieses etwas harsche Urteil braucht man nicht unbedingt zu akzeptieren, auch nicht die Behauptung, daß das *Quintett* „mit dem symphonischen Schaffen nur lose durch die Formenwelt verbunden" sei.[10]

Vielmehr wirkt das Werk wie ein getreues Echo Brucknerscher Sinfonien, gespielt von einem Mahlerschen Fernorchester. „Streng auf dem Boden der Gattung"[11] steht es einzig und allein durch die Wahl von Mozarts Instrumentarium (2 Violen), vielleicht auch noch durch die Abschwächung des Finalcharakters zugunsten einer mehr spielmusikalischen Auflockerung. Dennoch weichen die sonatischen Formbildungen im 1. und 4. Satz von entsprechenden sinfonischen Formen nicht übermäßig ab: auch für die Kammermusik bleibt das baukastenartige Strukturprinzip der Variantentechnik verbindlich. Eigenartig ist bereits die Themendisposition im 1. Satz. Die Exposition umfaßt, wie gewöhnlich, drei Themen. Doch 2. und 3. Thema wirken wie vertauscht: das 2. ist rhythmisch stark zerklüftet, gewährt demzufolge variantentechnischer Entfaltung den größten Raum und mündet in ein zusammenfassendes Unisono[12]:

84 a   Streichquintett, 1., Takt 21f.

84 b   A. a. O., Takt 57

Das 3. Thema hingegen, in Fis-Dur einsetzend und nach C-Dur, der dominantischen Überleitungspartie zur Durchführung, sich wendend, ist lyrisch-gebundenen Charakters – eine traditionelle „Gesangsperiode":

230

Die Themen-„Umstellung" hat zweifellos dramaturgische Gründe, denn bereits das 1. Thema kennzeichnen ausgesprochen lyrische Züge.

86   Streichquintett, 1., Takt 1 ff.

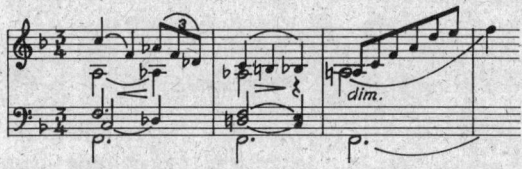

In der Durchführung bleibt das 3. Thema ausgespart, 1. und 2. beherrschen das Geschehen, sie formieren sich zu unterschiedlichen Kombinationen. Um so größeres Gewicht erlangt dafür das 3. Thema in der Reprise: seine „Durchführung" wird hier „nachgeholt" und erlangt eine Gewalt, daß sie auch noch die hymnischen Gesten der Coda trägt. Das Scherzo, dem selbstverständlich gegenüber dem nachkomponierten „Intermezzo" der Vorzug zu geben ist, steht erstmals an zweiter Stelle – Bruckner greift damit der Satzfolge der VIII. und IX. Sinfonie vor. Es ist ein betont tanzartig angelegtes Stück, das den Instrumenten zu seiner Entfaltung bestimmte Rollen einschließlich eines späteren Rollentauschs überträgt: 1. und 2. Vl artikulieren das verflochtene thematische Geschehen, in das gelegentlich auch die 1. Vla eingreift. 2. Va und Vc geben dazu eine Grundierung aus kühn wandernden Baßfiguren. Die Schlußsteigerung, wie auch die des 1. und letzten Satzes, nimmt eine Stringenz an, die an entsprechende sinfonische Passagen mehr als nur erinnert.

231

Das Adagio ist einer der erfülltesten Sätze Bruckners, der im Charakter, aber auch durch motivische Anklänge, den langsamen Satz der *VII. Sinfonie* vorzeichnet. Zwei Themen breiten sich, einander abnehmend, variativ-durchführungs-artig aus, wobei der Kopfteil des 2. Themas über eine varientechnische Umkehrungsbeziehung mit dem 1. ver-woben ist:

87 a   Streichquintett, 3., Takt 1 ff.

87 b   A. a. O., 3., Takt 37 f.

Expandiert bereits die erste Reprise des 1. Themas erheb-lich, so setzt die des 2. Themas eine dramatische Steigerung sinfonischen Ausmaßes frei, an die sich, wie ein Resümee, nochmals das Thema in klanglicher Vereinfachung an-schließt. Diese zusammenfassende Vereinfachung ge-schieht ein weiteres Mal durch instrumentalen Rollen-tausch: das Thema rückt in das „tiefere" Register der 1. Vl; die tickende Achtel-Begleitung in darüberliegender Lage

232

übernehmen 2. Vl und beide Va; das Vc ist mit einer intervallisch auseinandergezogenen, eine Umkehrungsbeziehung zum Thema umspielenden Figur auf den Ausgleich zwischen beiden Klangebenen bedacht:

88 Streichquintett, 3., Takt 115 f.

Obwohl das Finale, bis auf die Coda, in der Mollvariante der Haupttonart F-Dur steht, hat dies keine dramatischen „Eintrübungen" zur Folge, im Gegenteil: den Satz zeichnet insgesamt ein gelöster, ein für Bruckner geradezu „beschwingt-luftiger" Ton aus, dem sich selbst die gestrengen Fugato-Teile unterordnen. Zu den Besonderheiten der Formbildung gehört, daß das 1. Thema den Satz lediglich einrahmt und das langsamere, das Trio-Thema des Scherzo aufnehmende 2. Thema zunächst die Führung übernimmt. Daran schließt sich ein 3. Thema an. Doch die expositionelle Regelmäßigkeit wird durch die Tatsache durchbrochen, daß mit diesem Thema eine Fugendurchführung einsetzt, welche die Abfolge der sonatischen Ebenen kräftig durcheinanderschüttelt und bald das 2. Thema einbezieht. Letzteres bildet auch das Scharnier zum Übergang in die aufrauschende Coda.

Das *Streichquintett* stellt gewissermaßen das Präludium zu einem neuen, bis in die späten achtziger Jahre andauernden „Schaffensschub"dar, welcher die *Sinfonien VI–VIII* sowie das „*Te Deum*" umfaßt. Die Arbeit an der *VI.* (WAB 106) beginnt Bruckner im September 1879, also unmittelbar nach dem *Quintett;* er beendet sie im September 1881. Obwohl mit dem Werk zweifellos eine der glücklichsten und überzeugendsten Lösungen der sinfonischen Konzeption Bruckners gelang, steht es noch heute merklich im Schatten seiner populären Schwestern, etwa der *IV.* oder *VII. Sinfonie.* Die Gründe hierfür sind wohl vorrangig in der verqueren Aufführungs- und Veröffentlichungsgeschichte der Sinfo-

Gustav Mahler
(1892)

nie zu suchen. Am 11. Februar 1883 spielten die Philharmoniker unter der Leitung von Hofoperndirektor Wilhelm Jahn lediglich die beiden Mittelsätze – Adagio und Scherzo –, die zwar einigen Erfolg erringen konnten, Eduard Hanslick jedoch zu einer recht sarkastischen Kritik anregten: „Im ganzen hat der wilde Komponist etwas an Zucht gewonnen, aber an Natur verloren. Beim Adagio hielten Interesse und Befremden einander im Publikum noch die Waage und es ging, wenn auch zögernd, mit. Bei dem ausschließlich durch Seltsamkeiten fesselnden Scherzo trennte sich aber – wie ein Sportsmann sagen würde – das Roß von seinem Reiter."[13] Wie schon die *V.*, so hat Bruckner auch seine *VI. Sinfonie* niemals vollständig hören können. Die Uraufführung, in einer stark gekürzten Fassung, kam erst durch Gustav Mahler im Februar 1899 zustande, eine ungekürzte Aufführung sogar erst am 14. März 1901 in Stuttgart.

Auch die Veröffentlichung der Partitur 1899 wurde von

Komplikationen belastet. Der an sich günstige Umstand, daß von der *VI.* nur eine einzige, authentische Fassung existiert, vermochte nicht zu verhindern, daß in den Erstdruck dennoch zahlreiche entstellende Änderungen durch Bruckners „Jünger" eingingen, die bis zur Ausgabe von Robert Haas (1935) als verbindlich galten.

Es gehört wohl zu den existentiellen Erfahrungen von bedeutenden Komponisten, daß sie sich, solange ihr Werk noch umstritten ist, mit gelegentlichen Teiluraufführungen abfinden müssen – man tut gut daran, dem Publikum das Neue in gut kalkulierter Dosierung anzubieten. So erging es Bruckner – und so erging es später Gustav Mahler, dessen „Blumenstück" aus der III. Sinfonie mehrmals vor der Uraufführung der gesamten Komposition erklang: „Daß dieses kleine Stück (mehr ein Intermezzo des Ganzen) aus dem Zusammenhang des großen Werkes, meines bedeutendsten und umfangreichsten, gerissen, Mißverständnisse erwecken muß, kann mich nicht daran verhindern, es einzeln frei zu geben. Es bleibt mir eben keine Wahl, wenn ich endlich einmal zu Worte kommen will."[14]

Diesen gelassenen Sätzen Mahlers, geschrieben in Bruckners Todesjahr 1896, dürfte der Ältere ohne zu zögern zugestimmt haben. Dennoch könnte die Teiluraufführung der Mittelsätze aus der *VI.* etwas anders motiviert gewesen sein. Insbesondere das Adagio ist keinesfalls mit einem relativ leichtgewichtigen „Blumenstück" zu vergleichen, im Gegenteil: zum ersten Mal in Bruckners Œuvre rückt der langsame Satz in den Mittelpunkt einer sinfonischen Gesamtkonzeption, bildet er deren zentralen kompositorischen „Ernstfall", der auch die anderen Sätze berührt. Die Krise der Sinfonik um die Jahrhundertmitte, die vorrangig eine Krise der sonatischen Entwicklungsdramaturgie war, erfaßte vor allem die Ecksätze. Die Mittelteile hingegen, in denen ein Bezug zum Genrestück (instrumentalisierte Lied- bzw. Arienformen; Menuett bzw. Scherzo) auch weiterhin erhalten blieb, tendierten sui generis zur in sich abgeschlossenen Kleinform (selbst Beethoven hat diese Teile nur in wenigen Fällen, der III. und IX. Sinfonie, mit sonatisch-variativen Zügen ausgestattet). Dergestalt waren die Mittelsätze den sinfonischen Verfallssymptomen weitgehend entzogen, positiv ausgedrückt: in ihnen konnte sich kompositorische Phantasie ungehemmt entfalten – das „Adagio espressivo" etwa aus Schumanns ansonsten äußerst problematischen II. Sinfonie ist ein Geniestreich, der allerdings wenig mit zyklisch-sinfonischer Emphase, dafür um so mehr mit der glutvollen Lyrik seiner Klaviermusik, verwandelt in eine „Sinfonische Dichtung", zu tun hat. Aber selbst Johannes Brahms, dem eine Neubegründung der Sinfonik in beethovenschem Geist zugesprochen wird,[15] begnügt sich in den langsamen Sätzen (vielleicht und merkwürdigerweise ausgenommen die II.) und in den Scherzi (ausgenommen die IV.) mit intermezzoartigen Dimensionen.

Bruckner nun, und nach ihm Mahler, konstituieren, und zwar erneut mit demonstrativem Bezug auf Beethovens IX., den langsamen Satz als dramaturgisch gleichgewichtiger Teil des sinfonischen Zyklus. Mehr noch: ab der *VI. Sinfonie* und eingeleitet durch das *Streichquintett* wird das sinfonische „Adagio" zum Herzstück des gesamten Werkorganismus. Dies geschah jedoch keineswegs unvorbereitet, wie das Wort „konstituieren" nahelegen könnte. Denn, wie zu sehen war, die Variantentechnik hatte, praktisch mit der *I. Sinfonie,* den Grundstein für diese Entwicklung gelegt. Erhalten hatten sich jedoch, selbst in den großdimensionierten *Sinfonien III* und *V*, genrehafte Züge, welche der ungebundenen, epischen Entfaltung der Musik wenn auch nur noch unterschwellig Schranken setzten. Diese fallen nun endgültig. Und damit kam in der Teiluraufführung der *VI.*, anders als bei Mahlers III. Sinfonie, kein untergeordneter, „mißverständlicher" Ausschnitt zu Gehör, sondern eben – das „Herzstück". Dem konnte Bruckner gewiß leichter zustimmen, als Mahler in seinem Falle.

Die Aufwertung des Satzes gründet nicht in den formbildenden Komponenten – es bleibt hier und auch weiterhin bei einem variativ-durchführungsartigen Wechsel mehrerer Themenkomplexe. Sie gründet vielmehr in einer differenzierten Themenanlage und deren Ausweitung, aus der ein intensiveres, hymnisch gesteigertes Klangbild entsteht. Im 1. Themenkomplex ist diese Differenzierung an die sukzessive Verschachtelung zweier thematischer Gedanken gebunden, wobei der 2. Gedanke (Ob) eine Art Leitmotiv für das gesamte Werk darstellt. Außerdem weist der 1. Gedanke eine strukturelle Verdichtung auf, die vor allem aus der „stereoskopischen" Anlage der rhythmischen Beziehungen resultiert:

89   Sinfonie Nr. VI, 2., Takt 1 ff.

Der Zusammenschluß beider Teilthemen zu gemeinsamer Wirkung wird nicht unwesentlich dadurch bestärkt, daß sie jeweils synkopisch, auf leichtem Taktteil einsetzen und der zweite Einsatz lediglich eine Diminution des ersteren bildet.

Im 2. Themenkomplex gelingt es Bruckner, die für ihn typische Kleingliedrigkeit der Phrasen, welche im 1. Komplex noch weiterwirkte, fast ganz zu überwinden. Obwohl die baukastenartig-elementare Zusammensetzung auch hier erhalten bleibt, bewirken erneut stereoskopisch gefächerte Rhythmusbeziehungen (s. Pfeile) ein melodisches Kontinuum, das in erheblichem Maße jenen hymnischen Ton der reifen Adagio-Sätze trägt:

90   Sinfonie Nr. VI, 2., Takt 25 ff.

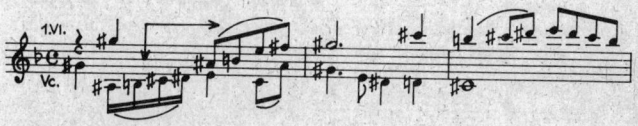

Außerdem intensivieren diesen Ton noch ein konduktartiges 3. Thema (Takt 53 ff.) und gleich mehrere dynamischklangliche Steigerungswellen, die mit instrumentatorischen Umschichtungen und kontrapunktischen Verdichtungen verbunden sind:

91   Sinfonie Nr. VI, 2., Takt 93 f.

Es ist schwerlich zu überhören, daß die konzisere Gestalt des Adagio entsprechende Auswirkungen auf alle anderen Sätze hat. Neben dem leitmotivischen Teilthema gewinnen vor allem intervallische Verklammerungen an Gewicht, voran mittels der für Bruckner schon typischen kleinen Sekunde. So wird der Vordersatz des 1. Themas im 1. Satz ganz von Sekundfolgen beherrscht (x, y), denen eine große Sekunde als harmonisch entschärfendes Moment (z) vorangestellt ist. Der Nachsatz, als öffnender, überleitender Thementeil, bringt erstmals das „Leitmotiv", in der Umkehrung, hinzu, das dann auch bevorzugt als Überleitungsscharnier fungiert:

92   Sinfonie Nr. VI, 1., Takt 1 ff.

Im Finale hingegen wird das „Leitmotiv" an das 3. Thema, das nunmehr die Sekundenbindung als doppelten Leitton aufgreift, angeschlossen:

93   Sinfonie Nr. VI, 4., Takt 125 ff.

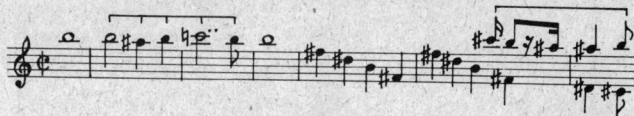

Auch die 2. Themen in Kopf- und Finalsatz weisen große Ähnlichkeit auf, kommunizieren zugleich mit dem Hauptthema des 1. Satzes:

94 a   Sinfonie Nr. VI, 1., Takt 49 ff.

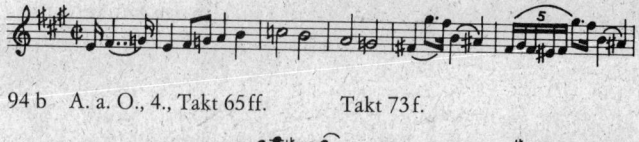

94 b   A. a. O., 4., Takt 65 ff.   Takt 73 f.

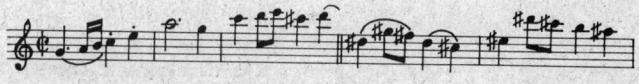

Es scheint paradox: aber einen nicht geringen Einfluß auf die Verdichtung des musikalischen Ablaufs in den Ecksätzen hat die Tatsache, daß die Durchführungspartien rigoros verkürzt, im Finale geradezu überspielt werden, die Coda hingegen demonstrativ eine bestätigende, im Finale durch Aufnahme des eröffnenden Hauptthemas (1. Satz) eine überhöhend-abschließende Gewalt erhält. In der Durchführung des 1. Satzes kommt lediglich das 1. Thema zu Wort, das durch eine auftrumpfende Scheinreprise (Takt 191 ff.) den dynamischen Höhepunkt der eigentlichen Reprise vorbereitet.

Ferdinand
Löwe

Selbst das genremäßig so „besetzte" Scherzo nimmt gegenüber seinen Vorgängern eigenartige, eigenwilligere Züge
an. Abgesehen von der nun schon nicht mehr ungewöhnlichen Bindung an das Basismaterial des gesamten Werkes
(kleine und große Sekunde), gewinnt es deutlich an
rhythmischer wie melodischer Flexibilität:

95   Sinfonie Nr. VI, 3., Takt 1 ff.   Takt 7 ff.

Vier rhythmische Ebenen werden übereinandergeschichtet, das abschließende Motiv (Septfall) greift das 2. Thema des Adagio auf (s. NB 90). Das langsamere, durch scharfe Punktierungen und Steicherpizzicati schattenhaft wirkende Trio ist ein feingesponnenes Charakterstück, das ein wenig auf die 2. Nachtmusik aus Mahlers VII. Sinfonie vorausweist. Der Einschluß eines Selbstzitats, des 1. Themas aus dem 1. Satz der *V. Sinfonie,* scheint einen „doppelten Boden" anzudeuten, doch ist das luftige Gebilde offensichtlich nicht bereit, auf ihn ernsthaft einzugehen.

In den Sommerferien 1880 besucht Bruckner zunächst St. Florian und die Passionsspiele in Oberammergau, anschließend unternimmt er eine Reise durch die Schweiz, die ihn u. a. zum Montblanc führt. Am 27. Januar 1881 wird er, nicht zuletzt wohl dank der Bemühungen der Schüler und späteren „Evangelisten"[16] Franz und Josef Schalk sowie Ferdinand Löwe, zum Ehrenmitglied des „Akademischen Wagner-Vereins" ernannt. Nur wenige Wochen später findet die erfolgreiche Uraufführung der *IV. Sinfonie* durch die Wiener Philharmoniker unter der Leitung Hans Richters statt, der Ende des Jahres, am 10. Dezember in Karlsruhe unter Felix Mottl, die Erstaufführung in Deutschland folgt. Am Programm des Wiener Konzerts beteiligte sich auch der Chef der Meininger Hofkapelle, Hans von Bülow, der seine sinfonische Dichtung „Des Sängers Fluch" dirigierte und Beethovens 4. Klavierkonzert spielte. Die „Österreichische Musik- und Theaterzeitung" erinnert noch 1893 an dieses Ereignis: „Bülows sinfonische Dichtung ‚Des Sängers Fluch' errang nur einen Achtungserfolg, während Bruckners Symphonie enthusiastischen Beifall fand. Darob fühlte sich Bülow tief gekränkt und ist vielleicht auch darin einer der Gründe zu suchen, aus denen sich der berühmte Kapellmeister lange Jahre gegen Bruckner so feindselig verhielt. Tatsächlich hat er nie eine Note von Bruckner aufgeführt und erst die Aufführungen des „Te Deum" in Berlin (1891) schienen ihn etwas zu Gunsten des Schöpfers umzustimmen."[17]

Nachdem Bruckner im Frühjahr 1881 die Arbeit am „Te Deum" (WAB 45) aufgenommen, sie jedoch zugunsten der Fertigstellung der *VI. Sinfonie* wieder abgebrochen hatte, begann er noch im September die *VII. Sinfonie* (WAB 107), welche zwei Jahre später, im September 1883, abgeschlossen war. Mit dieser, König Ludwig II. von Bayern gewidmeten Komposition, sollte sich der endgültige, wenn auch weiterhin von kritischen Fehden begleitete Durchbruch in der Öffentlichkeit verbinden – Bruckner rückte in die Position einer musikalischen Autorität, mit der man, sei's im guten, sei's im bösen, zu „rechnen" hatte. Während der Arbeit an der *VII.* kam er auch wieder in engeren Kontakt zu Wagner und seinem Kreis. So reiste er 1882 zur Uraufführung des „Parsifal" nach Bayreuth, und auch in den folgenden Jahren stellte er sich nahezu regelmäßig als Festspielgast ein. Die Nachricht von Wagners Tod am 13. Februar 1883 erreichte ihn kurz vor Beendigung des Adagio – Bruckner nahm sie zum Anlaß, den Satz mit einem choralartigen Klagegesang zu beschließen.

Im Februar 1884 stellen Josef Schalk und Ferdinand Löwe die *VII. Sinfonie,* in einer Fassung für zwei Klaviere, erstmals vor. Durch Vermittlung Schalks gelangt die Partitur in die Hände des Leipziger Kapellmeisters Arthur Nikisch, der sich zwar sofort für das Werk begeistert, unter dem konservativen Regiment des Gewandhausleiters Carl Reinecke allerdings kaum eine Chance für eine baldige Aufführung sieht. Im Herbst schickt Bruckner die *VII.* an den Münchner Hofkapellmeister Hermann Levi, der nicht anders als Nikisch reagiert, aber trotzdem energische Vorbereitungen für eine Aufführung trifft. Levi an Bruckner: „Bis der Tag des Concertes herankommt, wird die halbe Stadt bereits wissen, wer und was Herr Bruckner ist, während bisher – zu unserer Schande sei es gesagt – kein Mensch dies wußte, den ergebenst Unterzeichneten nicht ausgenommen."[18]

Die Uraufführung am 30. Dezember 1884 fand dann doch durch Nikisch in Leipzig statt, sie wurde ein überragender Erfolg, der nicht nur weitere Aufführungen dieser, sondern auch einiger anderer Sinfonien nach sich zog. Am 10. März 1885 kam die *VII.*, mit ebenso großem Erfolg, in München heraus: Levi war es gelungen, das Werk gegen den Widerstand des konservativen Hofopernorchesters durchzusetzen. Einen Tag später, nach einer Vorstellung der „Walküre", huldigte man Bruckner in der Münchner Oper durch ein Vorspiel des Schlußteils aus dem Adagio, der Trauermusik für Richard Wagner. Weitere Aufführungen der *VII.*

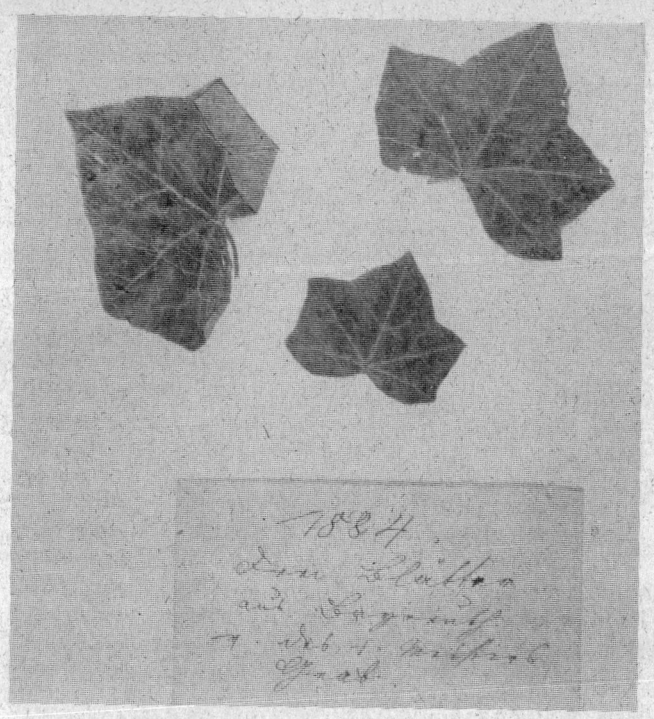

Blätter vom Grab Wagners in Bayreuth

folgten in Karlsruhe (Mai 1885), Köln (Januar 1886) und, als erste österreichische, in Graz (März 1886). Gleichzeitig gab es Aufführungen der *III. Sinfonie* in Den Haag, New York und Dresden.

Bruckners Aufstieg im internationalen Musikleben ist unübersehbar und durch nichts und niemanden mehr aufzuhalten. Die damit verbundenen, bisher unbekannten Anforderungen und Verpflichtungen machen ihn zweifellos glücklich, nerven ihn aber auch bald. Am 9. Februar 1885 schreibt Bruckner an Rosalie Hueber: *Dann die Correspondenzen im In- und Ausland!!! Jetzt ist auch Holland hinzugekommen, wo am 4. d. meine 3te Simfonie mit sehr großem Erfolge aufgeführt wurde. In Leipzig war am 28. Jänner die 2. Aufführung meiner 7. Sinf. vor dem Königspaare. Die Blätter sind voll Bewun-*

derung; ebenso wie die Holländischen. Im März gehts nach Mün-
chen. (In Hamburg steht die Aufführung ebenfalls bevor.) Leider
brauche ich viel Geld. In Haag (Holland) will man mich selbst so
gerne sehen.[19]

Und Wien? Hier ist man weiterhin skeptisch, zögert hinaus.
Und dies, obwohl Schalk und Löwe nicht müde werden,
nach der *VII.* auch andere Sinfonien und das 1884 in 2. Fassung beendete *„Te Deum"* in Klavierbearbeitungen zu verbreiten, regelrecht Werbung zu betreiben; obwohl die Aufführung des *Streichquintetts* am 8. Januar 1885 durch
Hellmesberger, nach mehreren durch das Winkler-Quartett,
überaus lebhaften, an den für die *VII.* in Leipzig erinnern-
den Beifall findet.
Schließlich erklären sich Hans Richter und seine Philharmoniker bereit, die *VII.* ins Programm für die Saison 1885/86
aufzunehmen. Bruckner jedoch lehnt dieses Angebot ab,
schroff, auch wenn er den Grund in devoter Form vor-
trägt:

Löbliches Comité!
Es wolle mir das ergebenste Ansuchen gestattet sein, das löbliche Co-
mité möge für dieses Jahr von den mich sehr ehrenden und er-
freuenden Projecte der Aufführung meiner E-dur Symphonie Um-
gang zu nehmen, aus Gründen, die einzig der traurigen localen
Situation entspringen in Bezug der maßgebenden Kritik, die meinen
noch jungen Erfolgen in Deutschland nur hemmend in den Weg tre-
ten könnte.

In aller Verehrung

Anton Bruckner.[20]

Nur wenige Wochen später, in einem Brief vom 6. November 1885 an Mayfeld, wird Bruckner ganz deutlich: *Ich prote-*
stirte gegen die Aufführung meiner 7. Sinfonie, da dies in Wien we-
gen Hanslick et Consortes keinen Sinn hat.[21]
1907 veröffentlichte Karl Kraus das Gesuch an die Philharmoniker als einzigartiges Dokument, „das ein furchtbares
Urteil über das geistige Wien enthält. Ein Dokument von
der journalistischen Zeiten Schande, wie es überwältigen-
der nicht gedacht werden kann." Dieses Schreiben „wird in
keiner Geschichte der Wiener Kultur des 19. Jahrhunderts
fehlen dürfen. In keiner Geschichte, die von Zeiten erzählen wird, da boshafte Zwerge über gutmütige Riesen
herrschten."[22]

Eine neuere Interpretation des Gesuchs macht geltend,[23] daß es gar nicht so sehr von Furcht und Verunsicherung diktiert sei, sondern, im Gegenteil, gewachsenes Selbstbewußtsein bekunde: durch die internationalen Erfolge wäre Bruckner auf Anerkennung in Wien nicht mehr so dringlich angewiesen. Obwohl die nachdrückliche Erwähnung der *jungen Erfolge in Deutschland* entgegen der *traurigen localen Situation* für eine solche Sicht spricht, scheint sie doch, was das Selbstbewußtsein betrifft, ein wenig übertrieben.

Wie dem auch sei: Bruckner hielt die *VII. Sinfonie* in Wien so lange zurück, bis er einen Verleger fand, der sich bereit erklärte, das Werk, allerdings mit einem Zuschuß von 1 000 Gulden, zu veröffentlichen.[24] Dies, und sicher auch die erfolgreiche Uraufführung des *Te Deum* am 10. Januar 1886, bewirkten schließlich, daß am 21. März die Wiener Erstaufführung stattfinden konnte. Die Aufnahme war, wie zu erwarten, geteilt; die einen verließen fluchtartig den Saal, die anderen spendeten tosenden Beifall. Nach dem Konzert bedankte sich Bruckner bei Hans Richter und den Philharmonikern für die *ideale und hochgeniale Leitung* und für die *ausgezeichnete, vollendete Kunstleistung.*[25]

Die Kritik ist, wie ebenfalls zu erwarten, nicht minder geteilt. Eduard Hanslick bedient sich nun schon üblicher Vokabeln, nennt das Werk eine „Pièce de résistance", eine „symphonische Riesenschlange": „Ich bekenne unumwunden, daß ich über Bruckners Symphonie kaum gerecht urteilen könnte, so unnatürlich, aufgeblasen, krankhaft und verderblich erscheint sie mir."[26]

Die *VII. Sinfonie* veranlaßt aber auch Johannes Brahms, zum „Problem" Bruckner Stellung zu nehmen, freilich und wie nahezu immer in äußerst zurückhaltender, ja verschlüsselter Weise. Brahms' Freundin Elisabet von Herzogenberg hatte die zweite Leipziger Aufführung vom Januar 1885 gehört, sie fühlte sich in ihrem Urteil verunsichert und suchte nun, mehrmals ohne Erfolg, dem verehrten Meister ein klärendes Wort zu entlocken. Brahms antwortete schließlich wie gewünscht, doch seine Reaktion auf Bruckner geriet derart heftig, daß eine Passage des Briefes (über die „Pfaffen", wie leicht zu erraten) in der Ausgabe des Briefwechsels von 1908 gestrichen wurde: „Ich begreife: Sie haben die Symphonie von Bruckner einmal an sich vorübertosen lassen, und wenn Ihnen nun davon vorgeredet wird, so trauen Sie Ihrem Gedächtnis und Ihrer Auffassung nicht.

Sie dürfen dies jedoch; in Ihrem wunderbar hübschen Brief steht alles klar und deutlich, was sich sagen läßt – oder was man selbst sagt und so schön gesagt haben möchte. Sie sind doch nicht bös, daß auch Hanslick dieser Meinung ist und mit aller Andacht und allem Vergnügen Ihren Brief gelesen hat? Übrigens sind eine Symphonie und ein Quintett von Bruckner gedruckt. Suchen Sie sich einen Einblick zu verschaffen, Ihr Gemüt und Urteil zu stählen – mich brauchen Sie gewiß nicht. Alles hat seine Grenzen. Bruckner liegt jenseits, über seine Sachen kann man nicht hin und her, kann man nicht reden. Über den Menschen auch nicht. Er ist ein armer, verrückter Mensch, den die Pfaffen von St. Florian auf dem Gewissen haben. Ich weiß nicht, ob Sie eine Ahnung davon haben, was das heißt, seine Jugend bei den Pfaffen verlebt zu haben? Ich könnte davon und von Bruckner erzählen."[27]

Was ist es nun außerdem, das Brahms selbst „so schön gesagt haben möchte" wie Elisabet von Herzogenberg? Die Freundin berichtet, „wie aufgeregt wir waren über den Bruckner, der einem mit Gewalt aufgenötigt werden sollte, und wie wir uns sträubten gegen den Impfzwang. Wir mußten uns bittre Sticheleien gefallen lassen und Insinuationen darüber, das wir nicht fähig seien, die Kraft herauszuwittern, wo sie in unvollkommenem Gewande in die Erscheinung trete, und ein Talent zu erkennen, das, wenn auch nicht zur vollsten Entwicklung gelangt, doch vorhanden und berechtigt sei, sympathische Anerkennung zu fordern. Nicht die fertigen Resultate in der Kunst seien das Interessanteste, sondern die hinter dem Kunstwerk verborgene treibende Kraft, einerlei, ob es ihr ganz oder unvollkommen glückt, sich zum Ausdruck zu bringen. Das hört sich theoretisch sehr schön an, aber praktisch handelt es sich immer wieder um die Wertschätzung eben dieser treibenden Kraft, und wenn die keine sehr hohe ist, so kann man doch nicht anders als sich ablehnend verhalten und das Odium des Philisters, der die Schönheit nur anerkennt, wenn sie gerade seine Farben trägt, gelassen auf sich nehmen. Aber wir sehnten uns nach Ihnen und nach Ihrem breiten Rücken, der uns decken konnte, und einem gesun-

Johannes
Brahms

den Wort von Ihnen, das mit seinem lebensstarken Untergrund von Erfahrung mehr wert ist als alles Theoretisieren der Klugen oder die bloßen Instinkte der Einfältigen. (...) Wenn Bruckner die ‚Kränze‘[28] geschrieben hätt’, oder ‚Liebesbotschaft‘, oder die ‚Liebende schreibt‘, oder ‚Abenddämmerung‘, dann wollt’ ich mir die Symphonie noch sechsmal anschauen, ob nicht doch ein verborgenes Goldstückl herausfallen müßte; aber die Sache liegt doch wohl so, daß, wer das Eine könnte, das Andere nicht mehr verbräche!“[29]

Man muß in diesen, Brahms’ Urteil über Bruckner einschließenden Sätzen respektieren, daß sie keineswegs von Ignoranz diktiert sind; daß sie einerseits eine historisch bedingte Verständnisgrenze anzeigen, andererseits und noch mehr die Unvereinbarkeit von gegensätzlichen ästhetisch-kompositionstechnischen Konzeptionen aufdecken. Diese Gegensätzlichkeit wiederum gilt es klar zu unterscheiden von der Entwicklung des persönlichen Verhältnisses zwi-

247

schen den beiden Musikern, das mit den Jahren und trotz
niemals gemilderter künstlerischer Widersprüche von wachsender gegenseitiger Achtung bestimmt wird, der sich auch
Hanslick nicht verschließt. Kompromißlos ist man, und
zwar Brahms weitaus entschiedener als Bruckner, einzig
und allein in den künstlerischen, d. h. konkret: in den kompositionstechnischen Fragen, von denen Brahms auch und
nicht zuletzt seine bissige Kritik an Bruckners „Bigotterie"
abhängig macht.

Zwei Äußerungen seien hier angeschlossen, bei denen freilich bedacht werden muß, daß es von Bruckner verschwin-
dend wenige, noch dazu meist nur anekdotisch überlieferte
Aussagen über Brahms gibt; daß hingegen für Brahms' Urteil, freilich mit einiger Vorsicht, zumindest auch die Hans-
lickschen Kritiken herangezogen werden können. Bruckner
über Brahms: *Bei dem ist jeder Takt ausspintisiert, alles gelehrt.
Wann i nur a so g'scheidt war'.*[30] Brahms über Bruckner: „Alles
ist bei ihm gemacht, Affektation, nichts Natur. (...) Er hat
keine Ahnung von einer musikalischen Folgerichtigkeit,
keine Idee von einem geordneten musikalischen Aufbau."[31]

Und ergänzend Hanslick über Brahms' 1. Cellosonate
op. 38: in ihr sei „alles frei und natürlich, die ‚Kunst' kaum
zu merken"[32]

Der selbst in diesen fragmentarischen Sätzen unmißverständlich aufscheinende Grundwiderspruch zwischen den
kompositionstechnischen Konzeptionen, in dem auch alle
allgemeineren, künstlerisch-ideologischen Gegensätzen
gründen, bedarf hinsichtlich Bruckners wohl nur einer zusammenfassenden Erinnerung. Das für Brahms „Verwirrende", „Unnatürliche" entspringt der variantentechnischen
Organisation des musikalischen Verlaufs. Das Material, ob
auf motivischer, thematischer, harmonischer oder klanglich-
instrumentatorischer Ebene, wird als bausteinartig begrenztes (durch rhythmische Invarianz) und zugleich als mehr-
deutiges Phänomen (durch Variabilität der übrigen Bereiche) behandelt. Dergestalt entfaltet sich das Material, vom
kleinsten Detail bis zum großformalen Aufbau, in ständiger
Variantenbildung, welche jedoch nicht mehr einer motivisch-thematischen Konsequenzlogik unterworfen, sondern
an ein kaleidoskopartiges Ausspielen von Konstellations-

Restaurant „Rother Igel", in dem Bruckner gelegentlich mit
Johannes Brahms zusammentraf

und Kombinationsmöglichkeiten gebunden ist. Sinnstiften-
der Zusammenhang geht also nicht von motivisch-thematischer Arbeit aus, sondern primär von motivprägender, asso-
ziationsfähiger Rhythmik, der sich auch Harmonik, Dynamik oder Instrumentation mit der Tendenz zur Blockbil-
dung unterwerfen: „Wenn sich in der Tendenz zum ‚Block‘
die Monumentalität der Brucknerschen Technik manife-

stiert, so wird durch die Assoziationsmethode, die das architektonisch Geschichtete gleichsam mit einem Netz von motivischen Beziehungen überzieht, das Maß an Differenzierung erreicht, das notwendig ist, um eine Monumentalität als großen Stil erscheinen zu lassen."[33]

Dem steht Brahms' Konzeption entgegen. Seine „Neubegründung" der Sinfonie hat entscheidend mit der Wiederaufnahme der zur „entwickelten Variation" gewandelten motivisch-thematischen Arbeit zu tun. Ausgangspunkt ist ein motivischer Kern, in der Regel eine Intervallbeziehung, die, für sich genommen, gewissermaßen „bedeutungslos" ist, erst durch ihre logische Entfaltung, deren Ergebnis nichts weniger als ein gesamtes Werk bildet, „Bedeutung" erlangt. Der motivische Kern kristallisiert sich in einer „Impulsthematik"[34], wobei für Brahms zum Problem wird, deren unterschiedliche Energien aufeinander abzustimmen: aus transitorischem Motiv-„Impuls" und in sich abgeschlossener Lied-„Thematik" eine sonatische Entwicklungsdramaturgie zu schaffen. Brahms löst dieses Problem, das in seiner Kammermusik vorgegeben war und von ihr aus in die Orchestermusik eindrang, durch ein erhebliches Maß an „künstlicher Weiterbildung der Substanz"[35], vorrangig also durch entwickelnde Variation. Und Brahms' Größe besteht nicht zuletzt darin, daß bei dieser Weiterbildung „die ,Kunst' kaum zu merken ist", daß alle gedankliche Anstrengung „frei und natürlich" wirkt.

Welche Konsequenzen sich aus diesen unterschiedlichen kompositionstechnischen Arbeitsweisen ergeben, mögen zwei Details veranschaulichen. Das 1. Thema aus dem 1. Satz der *VII. Sinfonie* weist nicht nur eine für Bruckner außerordentlich vielgestaltige motivische Gliederung auf, sondern auch eine nicht minder auffällige, klare, zielstrebige Modulation von E- nach H-Dur:

96   Sinfonie Nr. VII, 1., Takt 3 ff.

Doch diese Zielstrebigkeit ist recht eigentlich fehl am Platze, denn es hat ja eine klanglich-dynamisch veränderte Wiederholung des Themenkomplexes auf der Tonika E-Dur zu folgen. Was geschieht also? Nachdem spätestens Takt 16 die neue Tonika H-Dur etabliert und nun ausführlich bestätigt wird, schaltet Bruckner zwischen dem dominantischen Takt 23 (Fis → „H") und dem Wiederbeginn des Themas in E-Dur (Takt 25) einen zusätzlichen Modulationstakt ein, der, wie ein Scharnier, die voraufgegangenen sorgfältigen oder auch „logischen" Fortschreitungen außer Kraft setzt, deren Ziel wie mit einem Federstrich aufhebt.

Brahms war dies ein Greuel: Willkür und Ungeschicktheit statt „geordneter Aufbau", von dem Bruckner „keine Ahnung" habe. In vergleichbarem Falle geht Brahms viel „kunstvoller", d. h. zugleich: „natürlicher" (in seinem Sinne) vor. So etwa im Mittelteil „Andantino grazioso" des 2. Intermezzos aus den Klavierstücken op. 119, in dem eine ähnliche harmonische Situation besteht:

97   Brahms, Op. 119, 2., Takt 40 ff.

Auch hier läßt die Modulation von E-Dur aus zunächst eine neue Tonika (H-Dur, Takt 42) erwarten, die jedoch fiktiv bleibt: H-Dur erscheint nach der Zwischendominante Fis-Dur nur auf der „schwachen" Taktzählzeit 3 mit der instabilen Quinte im Baß, fällt also regelrecht in den folgenden Takt, der mit einer Verbindung aus Subdominante (A-Dur) und Dominante (H-Dur), dann mit einem klaren Dominant-Sept-Akkord in H-Dur die alte und neue Tonika E-Dur wieder erreicht. Das alles vollzieht sich außerordentlich diskret, die „Kunst" ist wahrlich kaum zu merken. Dagegen mußte Bruckners Lösung geradezu rabiat wirken, unberechenbar: sie ging nach Brahms' Rechnung nicht auf. Der kompromißlose Einspruch war unvermeidbar.

Wie wichtig diese kompositionstechnischen Differenzen genommen wurden, ja daß sie die eigentliche Basis der erbitterten Kontroversen bildeten, geht auch daraus hervor, daß die übrigen Differenzen eher abgeleiteter Art waren. Selbst der Vorwurf, sich auf die Seite der „neudeutschen" Partei zu schlagen, der Lisztschen Programmusik und dem Wagnerschen Musikdrama die Tore zur Sinfonie zu öffnen, blieb vergleichsweise und trotz lautstark vorgetragener Kritik immer noch eine läßliche Sünde. Unverzeihlich allein war die vermeintliche Aufgabe musikalischer Logik, wodurch Bruckner bei weitem nachhaltiger als Liszt oder Wagner die kompositionstechnischen Verbindlichkeiten von der Klassik bis zu Brahms gefährdete.[36] In diesem Zusammenhang ist auch die biographische Tatsache erwähnenswert, daß alle Versuche, Bruckner nach dem Tode von Wagner und Liszt (1886) zum führenden Kopf des „Wagner-Vereins" zu machen, erfolglos endeten. Er eignete sich einfach nicht als „Gegenpapst" zum konkurrierenden „Wiener Tonkünstlerverein", zu dessen Präsidenten im November 1886 Brahms ernannt wurde. Freilich verhinderte dies nicht, daß von diesem Zeitpunkt an der Parteienstreit verschärfte Formen annahm.[37] Vielleicht auch trug gerade das Fehlen einer Brahms ebenbürtigen Persönlichkeit dazu bei, die Streitlust der „Wagnerianer", „Brucknerianer" und „Brahmsianer" aufzustacheln: „Wir glauben so wenig an die Zukunft der Brucknerschen Symphonie, wie wir an den Sieg des Chaos über den Kosmos glauben. (...) Bruckner behandelt das Orchester gleich einem Instrument, auf dem sich nach Laune und Zufall improvisieren und phantasieren läßt. Seine *siebente Symphonie* ist nichts mehr als eine teils anlockende, teils abstoßende musikalische Stegreifkomödie mit gegebenen Typen; ein nach bunten Farben gemaltes

Bild nach Motiven von Beethoven und Wagner. In der breiartigen Masse seines Orchesters zuckt und blitzt es von kochenden Gedanken, aber diese Gedanken sind nicht die fruchtbaren Keime einer nach Gestaltung ringenden neuen, sondern die todten und verstümmelten Überreste einer dem Untergang geweihten alten Welt. Auch mit ihnen wäre etwas anzufangen, wenn den Guß ein Meister überwachte, der die Form beherrscht. Aber die zischenden Flammenbäche schießen in Blasen auf, stocken mitten im glühenden Ergusse und zersprengen das Gehäuse. (...) Das Grundübel sämmtlicher Brucknerscher Composition (besteht) in dem absoluten Unvermögen ihres Autors, nach den Gesetzen musikalischer Logik zu denken und zu handeln."[38]

So ließ sich Max Kalbeck nach der Uraufführung der *VII.* vernehmen, und sein „Gesinnungsgenosse" Gustav Dömpke wollte wohl dem nicht nachstehen: „Bruckner fehlt das Gefühl für die ersten Elemente aller Formbildung, für den Zusammenhang einer Reihe von melodiösen und harmonischen Bestandteilen, es ist ihm verloren gegangen, wenn er es je besessen hat. Seine Phantasie ist – man weiß, durch welche Erzieher und Heilkünstler – so unheilbar erkrankt und zerrüttet, daß etwas wie die Forderung einer Gesetzmäßigkeit in Akkordfolge und Periodenbau überhaupt für sie nicht existiert. (...) Bruckner komponiert wie ein Betrunkener, er ist ein virtuoser Anempfinder, dessen Phantasie von den heterogensten Niederschlägen Beethovenscher und Wagnerscher Musik überschwemmt worden ist, ohne das Gegengewicht einer Intelligenz, welche diese Eindrücke ihrem Wert und Wesen nach zu unterscheiden wüßte und vollends ohne die künstlerische Kraft, sie sich als einer eigenen, selbständigen Individualität zu assimilieren."[39]

Diese Kritiken selbst an Bruckners alsbald populärster Sinfonie bezeugen, wie verhärtet die Fronten zwischen den Parteien waren. Sie bezeugen aber auch, daß nicht rechthaberisches Geschmäcklertum, sondern ernst zu nehmende ästhetische Überzeugungen die spitzen Federn antrieb. Nur eben: sie verfehlten letztlich das Phänomen Bruckner, da sie dessen eigenen ästhetischen Bedingungen nicht auf die Spur kamen – oder nur mit umgekehrtem, d. h. negativem Vorzeichen.

Die Popularität der *VII. Sinfonie* ist gleich an mehrere
Gründe und Umstände geknüpft. Die alles in allem erfolgreiche Uraufführung – die zu erwartende Kritik ging mit
nicht minder einflußnehmender Zustimmung einher – bereitete den Boden für eine glückliche Wirkungsgeschichte
des Werkes. Dies wiederum machte offensichtlich weitere
Überarbeitungen mit möglicherweise verhängnisvollen Folgen überflüssig: die *VII.*, wie zuvor die *VI.*, wurde nicht in
ein Dickicht von Fassungen verstrickt, die später einen auf-
reibenden Authentizitätsstreit ausgelöst hätten.
Außerdem gilt es, einen spezifisch musikalischen Grund zu
bedenken. In der *VII.* schöpft Bruckner, und zwar in allen
Sätzen, seine melodischen Potenzen in einem Maße aus,
das die früheren wie späteren Sinfonien übertrifft. Die variantentechnischen Reihungsabläufe, obwohl selbstver-

ständlich erhalten und wirksam, werden von scheinbar weit-
schwingenden Melodiezügen überformt und dergestalt in
eine untere Schicht der Komposition verwiesen. Zusammen
mit einer homogen-„glänzenden" Klanglichkeit (im Adagio
zieht Bruckner erstmals den fünfstimmigen Tubensatz
heran: außer den schon bekannten B-Tb zwei Ten-Tb und
Kb-Tb) erscheint die so oft geschmähte „Zerstücktheit" erheblich gemildert, was zur relativ leichten Rezipierbarkeit
des Werkes nicht wenig beitragen dürfte. Selbst Darstellungen in wissenschaftlicher Literatur bleiben von dieser Konsequenz nicht unberührt. So rühmt Robert Haas den „ganz
besonderen Glanz, der in stete schwelgerische Klangwun-
der gefaßt ist"; den „neuartig langen Atem"; „die seelische
Befriedigung einer abgeklärten, vollkommenen Freude an
der Welt, für die das ganze schwebende Werk die ruhige
Gleichgewichtslage bestimmt"; die „trunkene Selbstgewiß-
heit" und das „lauterste Glücksgefühl".[40]
Auf den ersten Blick wirkt solch preziöse Deutung gar nicht
so abwegig. Das 1. Thema des 1. Satzes umfaßt nicht weniger als 24 Takte (s. NB 96) und setzt sich aus vier
„Groß"-Motiven zusammen, die nicht nur fortspinnungsar-
tig miteinander verflochten sind, sondern auch noch in sich
„klein"-motivische Korrespondenzmerkmale aufweisen. So
läuft etwa das 2. Motiv als Kombination von „Grundgestalt"
und „Krebs" ab:

98 Sinfonie Nr. VII, 1., Takt 6ff.

Das letzte Teilmotiv mit punktiertem Quartfall und nach-
folgendem Quintanstieg wird, bei Vertauschung dieser
Glieder, im fortsetzenden („fortspinnenden") 3. Motiv aufgenommen und als ungefährer Verlauf, verbunden mit mo-
dulierender Harmonik, sequenzierend weitergeführt:

99 Sinfonie Nr. VII, 1., Takt 12ff.

Die nahtlose Verschmelzung von rhythmischer Invarianz und motivischer „Entwicklung" macht sich hier besonders deutlich bemerkbar. Sie greift auch auf die Beziehungen zwischen den Themenkomplexen über: das 2. Thema, das nach nur knapper Überleitung an das 1. anschließt, setzt mit dem Rhythmus von dessen Kopfmotiv ein. Der folgende Doppelschlag könnte als Diminution der Abschlußfigur des 2. Teilmotivs aufgefaßt werden und die Punktierungen als Augmentation derjenigen des 3. Teilmotivs:

100   Sinfonie Nr. VII, 1., Takt 51ff.

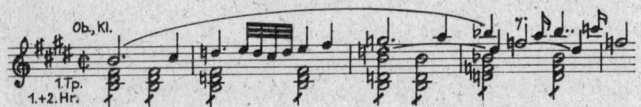

Außerdem wird der registerartige Instrumentationswechsel zwischen 1. und 2. Themenkomplex (Vc und Va → Vl und Holzbläser mit stützenden Hr, Takt 26–33 → großes Orchester außer Pk, bis Takt 40 → | Ob und Kl) dadurch ausgeglichen, daß das anfängliche Tremolo der Streicher einer Achtel-Pulsation in Hr und Tp (Takt 51ff.) weicht.

Ein weiterer Anhaltspunkt für relativ geschlossene Formbildung, von der nicht zuletzt auch ein „Zug zur Mäßigung"[41] ausgehen dürfte, bietet die Überleitung zum 3. Thema (Takt 103ff.), die geradezu auffällig eine Umkehrungsvariante des 2. Themas bemüht und die Punktierung nun in eine sequenzierende Bewegung bringt.

Auch die Durchführung enthält sich außergewöhnlicher formaler wie struktureller Ereignisse und Wendungen, gerade weil sie darauf bedacht ist, sämtliche Expositionsthemen zu erfassen und in schon pedantisch zu nennender Manier aufzufasern, mit ihnen zu „arbeiten". Das beginnt mit Umkehrungsüberlagerungen des 1. und 2. Themas, an die sich, simultan und sukzessiv, Kopplungen von „Grundgestalt" und Umkehrung des 2. Themas:

101   Sinfonie Nr. VII, 1., Takt 189ff.

sowie des 3. Themas anschließen:

102   Sinfonie Nr. VII, 1., Takt 219

Den Höhepunkt bildet eine dreifache, sukzessiv einsetzende Kopplung des 1. Themas (Takt 233 ff.), aus deren dynamischem Abbau sich einschnittlos die Reprise herauslöst.
Da jedoch in ihr das 1. Thema nicht anders behandelt wird
als in der Durchführung (es erscheint simultan in „Grundgestalt" und Umkehrung, zwischen die sich außerdem noch
eine rhythmisch „verschobene" Variante drängt), erscheint
der sonatische Gegensatz der Formteile aufgehoben. Doch
diese Aufhebung wirkt, vorrangig wohl aufgrund der
„Motiveinheit" der gesamten Passage wie des gesamten Satzes, nicht wie sonst als „Irritierung", als Verwürfelung von
zuvor syntaktisch geordneten, formbildenden Zonen, sondern eher als geschlossene Bewegung, von der alle aufbrechenden Impulse ferngehalten werden sollen – die allerdings dennoch ihr Wesen treiben, freilich in verborgeneren
Schichten der Musik. So etwa in der „quadratisch" anmutenden Kombination von Motiven und Themen, die Kontrapunkt „spielen" und ihren Charakter als variantentechnisch
geformte Versatzstücke nie verleugnen können, diesen jedoch nicht, wie sonst, als bewegungszeugendes und
-steuerndes Moment vordergründig ausstellen.
Im Finale sind die Gegensätze zwischen Expositions-,
Durchführungs- und Reprisenabschnitten noch weiter abgeschwächt. Nicht nur, daß ihm ein eigentliches 3. Thema
fehlt (an seine Stelle tritt eine klanglich-dynamisch gesteigerte, aber rhythmisch-melodisch wenig abweichende Variante des 1. Themas), wodurch die motivische Basis für ge-
gensätzliche Struktur- und Formbildung noch schmaler
wird. Der Satz läuft wie ein Wechselspiel von 1. und
2. Thema ab, wobei deren Kontraste lediglich wie Farb-
werte wirken, denen immer neue Nuancen abgewonnen

257

werden. Bezeichnend ist denn auch, daß sich das 1. Final-
thema geradezu demonstrativ an dem des 1. Satzes orientiert, nur dessen Variante darstellt:

103   Sinfonie Nr. VII, 4., Takt 1 ff.

Das 2. Thema hingegen ist choralartig angelegt und hat seinen „springenden Punkt" in der konstanten harmonischen
Fortschreitung von der Tonika zur Doppeldominante, die
jeweils als neue Tonika installiert wird:

104   Sinfonie Nr. VII, 4., Takt 35 ff.

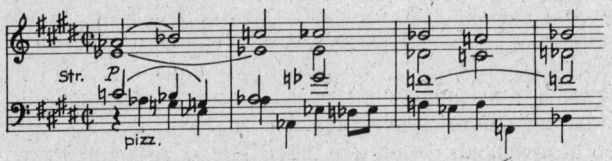

Besteht die variantentechnische Klammer dieses Themas
vorrangig in dieser harmonischen Wendung, so wird sie im
1. Thema geradezu schulmäßig von den rhythmischen Verhältnissen aus bestimmt. Und dennoch bleibt auch in diesem Satz solche Strukturierung durchgängig motivisch-thematischen Fortspinnungsprozeduren untergeordnet.
Mit dem Adagio setzt Bruckner konsequent die seit dem
Streichquintett und der *VI. Sinfonie* zu beobachtende dramaturgische Aufwertung des langsamen Satzes fort, eine Aufwertung, die über die *VIII. Sinfonie* im Schlußsatz der *IX.* kulmi-
nieren wird. Die Form bietet wiederum nichts Ungewöhnliches: ein variatives, durchführungsartig gesteigertes und aus-
geweitetes Wechselspiel zweier Themenkomplexe erstreckt
sich über fünf Abschnitte, welche eine Coda, die Trauermusik in memoriam Richard Wagner, abrundet. Doch die ex-
pansiven Züge bleiben recht eigentlich an den 1. Themenkomplex gebunden, während der 2. eher an ein Intermezzo
erinnert, dessen nur leicht veränderte Wiederholung eine

Zäsur zwischen den dynamischen Aufschwüngen des 1. setzt. Insbesondere dieser Themenkomplex, der Physiognomie und Ausdrucksgehalt des ganzen Satzes prägt, gilt als Inbegriff des harmonisch gesättigten Melos bei Bruckner:

105   Sinfonie Nr. VII, 2., Takt 1ff.

Die kantable Geschlossenheit des Themas wird einerseits durch eine vergleichsweise geringe harmonische Bewegung bestärkt, andererseits durch motivische Reminiszenzen an das 1. Thema des 1. Satzes (punktierter Rhythmus = x; Tritonus = y), wie überhaupt beiden Themen ein verwandter „Ton" eignet. Für die ungeminderte, durch motivisch-thematische Ableitungen nur verschleierte Wirksamkeit der Variantentechnik spricht nun, daß von den insgesamt sieben Motiven, aus denen sich das 1. Thema zusammensetzt, allein die ersten beiden zu Durchführungsbildungen genutzt werden; und zwar getrennt, wodurch ihre versatzstückartige Verwendung noch deutlicher hervortritt: das 1. Motiv beherrscht die Durchführung in der ersten Themenreprise (Takt 85ff.), das 2. die der zweiten Reprise, welche auch die absolute, durch einen Beckenschlag markierte Klimax des Satzes herbeiführt.

Das Scherzo tragen zwei rhythmisch bestimmte Motive, denen ein mehr melodisch sequenzierendes angehängt ist:

106   Sinfonie Nr. VII, 3., Takt 1ff.

Mit bohrender Beharrlichkeit wird an diesen Motiven festgehalten, die auch die überleitenden Passagen, aufgelockert
lediglich durch chromatisch ansteigende Harmoniefolgen
(Nonenakkorde!), zu bestreiten haben. Der B-Teil weist
wiederum durchführungsartige Züge auf, wobei es gelegentlich zu außerordentlich dichten Überlagerungen von
motivischen Varianten kommt:

107 Sinfonie Nr. VII, 3., Takt 157 ff.

Das wiegende Trio, eingeleitet von einem Paukenecho des
punktierten Rhythmus, zeichnet sich besonders durch far-
bige Harmonik aus, in der mediantische Verbindungen bevorzugt zur Geltung kommen. Die gebundene Melodik im
ländlerischen Dreitakt erfährt durch duolische Einschübe
eine behutsame Nuancierung.
Im Frühjahr 1881, noch vor der *VII.* also, begann Bruckner
die Komposition des *„Te Deum"* für Soli, Chor und Orchester (WAB 45). Obwohl er diese Arbeit dann zugunsten der
Sinfonie zurückstellte, wurde sie (in 1. Fassung) Ende September 1883, nur wenige Wochen nach dem großen Instru-
mentalwerk, abgeschlossen. Die Uraufführung fand am
2. Mai 1885 durch den Wiener Akademischen Wagner-Ve-
ein statt, wobei allerdings Josef Schalk und Robert Erben an
zwei Klavieren das Orchester zu vertreten hatten. Die vollständige Uraufführung mit den Philharmonikern unter
Hans Richter folgte am 10. Januar 1886.
Das *Te Deum* lenkt unsere Aufmerksamkeit noch einmal auf
Bruckners kirchenmusikalische Kompositionen. Nach den
drei Messen der Jahre 1864 bis 1868 entstanden bis 1869
nur noch wenige kleinere Vokalstücke, gewissermaßen als
Nachklang der Domorganistenzeit in Linz. Dann ver-
stummt der Kirchenmusiker für bald ein Jahrzehnt, und die
Sinfonie gewinnt einen alles beherrschenden Rang.
1878/79, dann zwischen 1882 und 1892 schreibt Bruckner

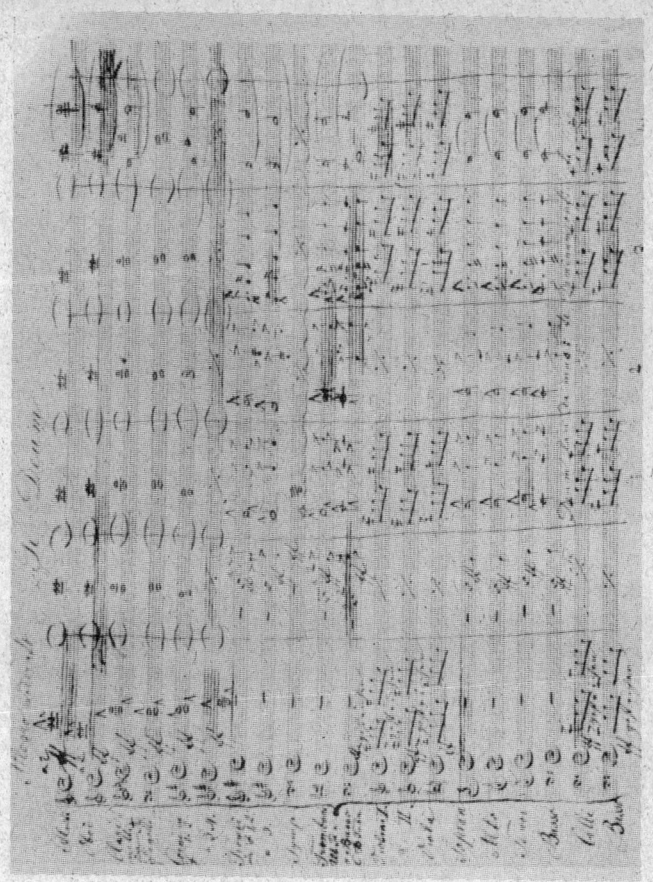

Te Deum (Autograph)

einige weitere geistliche Kompositionen, unter denen das *Te Deum* und der *150. Psalm* (WAB 38) die gewichtigsten sind. Ohne Ausnahme stellen sie Gelegenheitsarbeiten dar, die meisten sind für die vertrauten Stifte St. Florian und Kremsmünster bestimmt, einigen befreundeten Geistlichen wie Bischof Rudigier und Pater Otto Loidol oder dem Florianer Musikdirektor Ignaz Traumihler direkt gewidmet.

Mochte Bruckner auch immer wieder das Bedürfnis gehabt haben, seinem tief empfundenen religiösen Bekenntnis musikalischen Ausdruck zu geben, so läßt sich jedoch in keinem Falle jener zwanghafte Antrieb feststellen, aus dem die Sinfonien hervorgingen. Ihnen gegenüber können die geistlichen Stücke nur als Marginalien gelten – ungeachtet der meisterhaften Gestaltung, die einige auszeichnet. So ist das Graduale in lydischer Tonart *„Os justi"* (1879, WAB 30) von geradezu berückend inniger Klanglichkeit ohne jede leere und deshalb vielleicht „modern" wirkende Archaik. Im Gegensatz zu diesem A-cappella-Stück entfaltet das *„Ecce sacerdos"* (1885, WAB 13) für achtstimmig gemischten Chor, 3 Pos und Orgel ein breites harmonisches Spektrum in wechselnden homophonen und polyphonen Partien, bezieht einen einstimmigen gregorianischen Choralabschnitt ein („Gloria Patri") und erreicht seine Höhepunkte in einem refrainartigen Teil, in dem das unison herausgeschleuderte „in plebem suam" die Aufmerksamkeit fesselt. Das letzte dieser kurzen Stücke, *„Vexilla regis"* (1892, WAB 51), ist bezeichnenderweise wieder für Chor a cappella geschrieben. Seine schlichte, durchgehend gebundene Stimmengestaltung vermittelt in ihrem vollendeten Zusammenspiel von harmonischer und melodischer Bewegung Bruckners intime Kenntnis der alten Vokalpolyphonie.

Das *„Te Deum"* gehörte bald zu Bruckners populärsten Kompositionen. Doch es ist nicht allein dieser äußere Umstand, der das Werk in die Nähe der *VII.* rückt. Vielmehr wirkt das *„Te Deum"* in mancher Hinsicht, bis in die musikalische Substanz hinein, wie ein von Stimmen aufgefangenes und weitergeleitetes Echo der Sinfonie. Eröffnet von einem dröhnenden Allegro („Feierlich mit Kraft"), das auch in der Mitte und am Schluß des Werkes die dramaturgischen Akzente setzt, gewinnen doch bald lyrisch-verhaltenere Töne die Oberhand: „Te ergo quaesumus" und „Salvum fac popu-

lum" sind. variativ aufeinander bezogene Abschnitte, die
Ruhepunkte bilden. Ihren Rahmen haben sie neben der *Te-
Deum*-Passage in einem nicht minder lärmenden Teil:
„Aeterna fac, cum sanctis suis", der jedoch offensichtlich
keine Beziehung zum *Te-Deum*-Abschnitt aufweist. Das
letzte Stück („In te, Domine, speravi") ist zweiteilig: einem
homophonen „Präludium" folgt eine Fuge über denselben
Text. Indem nun Bruckner die Textzeile aufbricht – „In te,
Dominum, speravi" und „non confundar in aeternum" –
und sie zwei voneinander leicht abweichenden Fugenthemen zuordnet, entsteht der Eindruck einer Doppelfuge:

108   Te Deum, Inte ..., Takt 1 ff. (Fuge)

Die entscheidende Zeile ist „non confundar in aeternum"
(„nicht werde ich zu Schanden werden in Ewigkeit"), für
die Bruckner das 2. Motiv des 1. Themas aus dem Adagio
der *VII.* aufgreift. Zunächst im „Präludium":

109   Te Deum, Inte ..., Takt 17 ff.

dann auch in der Überleitungssteigerung der Fuge zur Ab-
schlußreprise des „*Te Deum*" (diese nun ebenfalls mit der
„non confundar"-Zeile).
Ohne daß wir uns an den ebenso endlosen wie verstiegenen
Spekulationen über die semantischen Konsequenzen solcher substantiellen Berührungspunkte beteiligen, sondern
dabei bleiben wollen, daß solchen Beziehungen nur ein geringes ideologisches Gewicht zukommen dürfte (die Über-
steigerungen im Nachweis des Gegenteils sprechen da vor
allem wohl für deren Unsicherheit), wäre es denkbar, daß
mit diesem Zitat die Erinnerung an Richard Wagner noch-

mals aufgerufen und zugleich für das eigene gewachsene Selbstgefühl ein „hörbares" Zeichen gesetzt werden sollte: „nicht werde ich zu Schanden werden in Ewigkeit".

An das „*Te Deum*" schloß Bruckner unmittelbar die Komposition der *VIII. Sinfonie* (WAB 108) an, die auch 1887 beendet wurde. Danach sollte wiederum unmittelbar, wie die Skizzen verraten, die *IX. Sinfonie* folgen. Von der kompositorischen Absicht her zeichnet sich also, beginnend mit *Streichquintett* und *VI. Sinfonie*, ein mächtiger „Schaffensschub" ab, dem, theoretisch, die *IX.* keineswegs ein Ende zu setzen brauchte. Vor allem auch die internationalen Erfolge der *VII.* sowie der *III. Sinfonie* beflügeln die Kräfte und versetzen Bruckner in eine Schaffenseuphorie, in welcher sich ihm die musikalischen Gedanken in dichter, geradezu überstürzender Folge aufdrängen. Doch da nun beginnen sich retardierende Momente immer stärker bemerkbar zu machen. Wachsende Anerkennung bedingt auch wachsende

Hermann Levi leitete im März 1885 die Erstaufführung der VII. Sinfonie in München

264

Belastung, die öffentliche Resonanz hält Verpflichtungen und, nicht zuletzt, Verlockungen bereit, die Bruckner keineswegs zurückweist, im Gegenteil: er ist im Begriff, sich an die Hochstimmung des Erfolgs zu gewöhnen. Doch wiederum ist auch zu bedenken, daß Bruckner nun schon über Jahre und ununterbrochen intensivste Kompositionsarbeit leistet, die, zusammen mit den Anforderungen an den Universitäts- und Hochschullehrer, die Grenzen der Belastbarkeit erreichen. Ein merkliches Nachlassen der ursprünglichen Schöpferkraft ist nicht zu übersehen, eruptives Hervorbringen weicht einer bedächtigeren, langwierigeren Ausführung: symptomatisch, daß die *VIII.* erst nach drei Jahren abgeschlossen werden kann. Und als dies dann vollbracht war, trifft ihn das Unverständnis gerade derer, von denen er eigentlich nichts anderes als begeisterte Zustimmung erwarten durfte.

Am 10. September 1887 schickt Bruckner die gerade einen Monat zuvor beendete *VIII. Sinfonie* an Hermann Levi: *Möge sie Gnade finden! Die Freude über die zu hoffende Aufführung durch hochdesselben Meisterhand ist allgemein eine unbeschreibliche.*[42]

Doch nach erstem Studium des Werkes ist Levi ratlos, ihn befremden vor allem die Ecksätze. Er wendet sich an Josef Schalk, um Bruckner zu schonen: „Fern sei es von mir, ein Urteil aussprechen zu wollen – es ist ja sehr möglich, daß ich mich täusche – daß ich zu dumm oder zu alt bin – aber ich finde die Instrumentation unmöglich und was mich besonders erschreckt hat, ist die große Ähnlichkeit mit der 7ten, das fast Schablonenmäßige der Form. – Der Anfang des 1. Satzes ist grandios aber mit der Durchführung weiß ich gar nichts anzufangen.

Und gar der letzte Satz – das ist mir ein verschloßenes Buch. – Was nun tun! Mir graust es, wenn ich daran denke, wie diese Nachricht auf unseren Freund wirken wird! Ich kann ihm nicht schreiben. (...) Wenn es damit abgetan wäre, daß er mich für einen Esel, oder was noch schlimmer, für einen Treulosen hielte, so wollte ich mir dies ruhig gefallen laßen. Aber ich fürchte Schlimmeres, fürchte, daß ihn diese Enttäuschung ganz niederbeugen wird."[43]

In der Tat: nachdem Schalk Bruckner die Reaktion Levis mitgeteilt hatte, muß Schalk letzterem berichten, daß der

Komponist „sehr hart betroffen (sei). Er fühlt sich noch immer unglücklich und ist keinem Trosteswort zugänglich ... Ich hoffe, daß er sich bald beruhigen wird und eine Umänderung des Werkes, welche er übrigens bereits mit dem ersten Satz begonnen, nach Ihrem Rat vornimmt. Gegenwärtig sollte er freilich lieber nicht arbeiten, da er aufgeregt und verzweifelt über sich selbst ist und sich nichts mehr zutraut ..."[44]

Ob die Umarbeitung der Sinfonie allein durch Levis Urteil ausgelöst wurde oder ob Bruckner auch eigene Motive besaß, welche durch Levi nur bestärkt wurden, bleibe dahingestellt. Tatsache ist, daß Bruckner die Arbeit an der *IX.* unterbrach und sich bis 1892 fast ausschließlich Bearbeitungen zuwandte: *VIII.* (1887–1890), *III.* (1888/89), die *Messen in e-* und *f-Moll* (1890/91), *I.* (1890/91) und *II.* (1891/92). Was parallel entstand oder sich daran anschloß, der *150. Psalm,* „Helgoland" und die drei Sätze der *IX. Sinfonie,* leitete keinen neuen „Schaffensschub" mehr ein. Vielmehr suchte Bruckner, unter Zweifeln und Mühen, der ihn nach wie vor bedrängenden kompositorischen Imaginationen Herr zu werden, denen jedoch die nachlassenden geistigen und physischen Kräfte nicht mehr gewachsen waren. So nimmt er zwar ab 1893 die Arbeit an der *IX.* wieder auf, beendet am 30. November 1894 das Adagio – für das Finale aber gibt es nur mehr Entwürfe, zum Teil von greisenhaft fahriger Hand. Die *IX.* bleibt Fragment.

8. Wien III (1887–1896)

Nicht selten und mit einigem Recht wird die *VIII.,* wie auch und noch mehr die *IX. Sinfonie,* als Zusammenfassung der musikalischen Leistung Bruckners, ihrer ästhetisch-kompositionstechnischen Eigenarten dargestellt.[1] Die Stücke bildeten den krönenden Abschluß dessen, was in Jahrzehnten erprobt und verwirklicht wurde – wobei, meist uneingestanden, mitschwingt, daß sie nichts wesentlich Neues mehr aufbrachten. Diese letzte Feststellung enthält jedoch einen irreführenden Akzent, wenn man nicht berücksichtigte, auf welche Weise sich Neues bei Bruckner vornehmlich äußert. Es ist weniger das Ergebnis von ingeniös-partiellen Entdek-

kungen, die an unverwechselbare kompositorische Details gebunden sind. Vielmehr haftet dieses Neue vor allem an übergreifenden kompositionstechnischen Bedingungen, von denen schon mehrfach die Rede war und die in den einzelnen Werken eine jeweils differenzierte Realisierung finden. So gesehen, erscheint „Neues" kaum unvorbereitet – ein Genieblitz wie das „Rheingold"-Vorspiel ist geradezu undenkbar[2] – und es stellt sich aus oftmals umwegiger Anreicherung von Erfahrung heraus, auf die auch die verschiedenen Werkfassungen Einfluß genommen haben dürften. Und so gesehen, enthalten auch die späten Sinfonien, wie die frühen und mittleren, ihre eigenen, „neuartigen" Differenzierungen der kompositionstechnischen Basis, die man nicht zureichend erfaßte, wenn diese Sinfonien vordergründig unter einem zusammenfassenden Gesichtspunkt betrachtet würden.

In der *VIII.* kommen solche Differenzierungen insbesondere auf harmonischer Ebene zur Geltung, wodurch der Prozeß der variantentechnischen Verselbständigung von formbildenden Details entschieden weitergetrieben wird. Leicht zugespitzt könnte man behaupten, die Harmonik, freilich im Zusammenwirken mit anderen kompositorischen Elementen, gleicht über weite Strecken einem Vexierspiel: Wo ist die Tonika? Das Spiel beginnt sogleich mit dem 1. Thema des 1. Satzes:

110 Sinfonie Nr. VIII, 1., Takt 1 ff.

Takt 1 (= a)

Takt 18 (= c)

Innerhalb von 22 Takten entfaltet es drei rhythmische Zellen: Takt 1–10 = a; 11–17 = b; 18–22 = c. Diese außerordentliche Stabilität der rhythmischen Verhältnisse, die auf das ganze Werk ausstrahlen wird, hat ihr dramaturgisches Gegengewicht in der Instabilität der harmonischen Verhältnisse – indem beide mit- und gegeneinander wirken, gewinnt die Musik ihren eigenartigen, ihren „neuartigen" Ton, der jedoch von langer Hand vorbereitet ist: das Konterspiel von Stabilität und Instabilität gehört zu den Kernstücken der Variantentechnik ...

Wo ist nun die Tonika? Das einleitende Tremolo hebt auf dem Ton f an, der erste rhythmisch-motivische Impuls bezieht die obere kleine Sekunde ges, dann die kleine Sext des ein usw., bis Takt 5 die Quinte c–g und Takt 7 die große Terz es–g erreicht sind. Genügt dies für eine Tonika? Wohl kaum, noch dazu von Takt 5 zu 6 in der Kl die Quint g–d eingeschoben wird, welche die Dominante zu einer in Aussicht gestellten Tonika c-Moll bestenfalls andeutet. Und das anfängliche f als Subdominante aufzufassen,[3] ist keineswegs selbstverständlich: zusammen mit dem zweimaligen des in Takt 4 könnte es auch „Des-Dur" meinen und damit den „Neapolitaner" zu C-Dur, wobei uns fürs letztere leider die entsprechende Dur-Terz fehlt. Im Folgenden strebt die harmonische Bewegung immer entfernteren Tonarten zu, die vor allem durch chromatische Rückungen und damit durch Reihungsvorgänge erreicht werden: as-Moll (Takt 9), H-Dur (Takt 11), Fis-Dur (Takt 15). Dann erst, Takt 17 ff., kommt der Kadenzbereich von c-Moll in Sicht, wird ausgeschritten und mündet – in die Reprise des Themas mit dem bekannten f als Initialton.

Wenn man nun mit einiger Berechtigung annimmt, daß wenigstens diese Themenreprise zur „(er-)lösenden" Tonika führen müsse, so sieht man sich ein weiteres Mal getäuscht: die erneute, sogar noch umfangreichere Kadenzvorbereitung (Takt 37 ff.) schließt zwar „c-Moll" bereits ein, aber nur im Durchgang, um über As-Dur, des-Moll, Es- und wieder As-Dur nach G-Dur, der Tonika des 2. Themas, zu rücken. Mit nur leichter Übertreibung läßt sich sagen, daß bis weit in die Durchführung hinein die Grundtonart des Satzes nur im Durchgang erscheint, also in einer instabilen Funktion, welche der Bezeichnung „Grundtonart" einigermaßen spottet.

Eine wichtige Rolle bei dieser Instabilität spielen die Chromatik und ihr kleinster Baustein, die kleine Sekunde, durch welche entfernteste Tonarten aneinandergereiht werden können. Das aber birgt die Gefahr der Auflösung funktionaler, „logischer" Beziehungen zwischen den Klängen – und in der Tat ist sie in der *VIII.* außerordentlich weit vorangetrieben, so daß nicht nur metaphorisch von einer Anbahnung atonaler oder vorsichtiger: atonikaler harmonischer Verläufe gesprochen werden kann. Die kleine Sekunde, als deren wichtigster Initiator, durchsetzt nahezu alle komplexeren strukturellen Gebilde, so auch das 2. Thema:

111 Sinfonie Nr. VIII. 1., Takt 51 ff.

Eine dramaturgische Tendenz der gesamten Exposition besteht nun darin, das chromatische Vexierspiel diatonisch aufzulösen: am Ende der Exposition erscheint das 1. Thema in einer Gestalt, welche den entdeckerfreudigen Ruf: Da ist die Tonika! rechtfertigen könnte:

112   Sinfonie Nr. VIII, 1., Takt 147 ff.

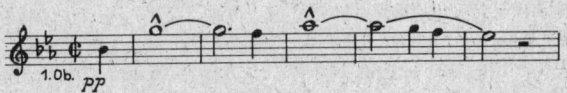

Aber es ist „leider" nur die Tonikaparallele (Es-Dur) und die harmonische Eindeutigkeit nur ein flüchtiger Augenblick, welcher lediglich den Anstoß gibt für die entgegengesetzte dramaturgische Tendenz in der Durchführung – für die Wiederherstellung des 1. Themas als chromatisch schweifendes Gebilde. Es führte zu weit, diesen gesamten verzweigten Vorgang hier darstellen zu wollen. Er kulminiert zunächst in einer Scheinreprise, in der das Thema erstmals wieder in seiner „originalen" Gestalt ertönt (Takt 225 ff.). Mit der eigentlichen Reprise (Takt 283 ff.) ist das Wechselspiel von rhythmischer Stabilität und harmonischer Instabilität in vollem Gange, nun allerdings dergestalt, daß das Thema zwar reprisengerecht in der Tonika c-Moll (Ob), das grundierende Tremolo und die „kontrapunktierenden" Varianten jedoch im As-Dur-Bereich ansetzen:

Die im NB noch mitgeteilte Themenvariante der Kl macht
endgültig klar, daß die Reprise nicht minder verschlungenen Pfaden als denen der Exposition folgen wird. Um so
größeres Interesse lenkt da zwangsläufig die Coda auf sich:
welche Lösung findet das Vexierspiel nun wirklich? Die
Überraschung ist nicht gering. Nachdem die Reprise auf
dem instabilen Quart-Sext-Akkord von c-Moll (nur die Pk
steuern mit Unterbrechungen den Grundton bei) und über-
hängenden Hr- und Tp-Fanfaren im Rhythmus des 1. Themas abgerissen ist, schließt sich die kürzeste Coda aller
Bruckner-Sinfonien an: vom pp zum ppp auf dem Grundton c zusammensinkend, regen sich noch rhythmisch-melo-
dische Fetzen des Themas, umspielen mit kleinen Sekunden den Prim- und Quintton des c-Moll-Dreiklangs – das
Verlöschen der Impulse wird auskomponiert. Dieses Verlöschen aber ist zugleich des Rätsels Lösung. Es entlarvt die
funktionale Leere der Tonika, die im Lauf des Satzes nur
verschleiert, von der in der 1. Fassung noch durch trium-
phales Getöse abgelenkt werden sollte.[4] Es kündigt sich hier
ein kritisches Verständnis der Tonalität an, das zur Ver-
nachlässigung von harmonischen Grundfunktionen führt
und deren „Stellvertreter" immer größeres Gewicht beimißt.
Die Rätsellösung kommt also einer konstruktiven Auflösung nahe, in der sich Ansätze zu künftigen kompositionstechnischen Flugbahnen abzeichnen. Das Finale hingegen
hält noch einmal an der triumphalen Geste fest. In der
mehr als doppelt so langen Coda dröhnt nicht nur über gut
zwanzig Takte C-Dur, sie türmt auch die Kopfthemen aller
Sätze übereinander, um als „organisch gerundet" zu be-
schwören, was vordem durch variantentechnische Sprengkräfte auseinandergetrieben wurde. Für solche Beschwichti-

gung besteht wahrlich einiger Anlaß, ist doch allein schon
das 1. Thema nach traditionellen Regeln nicht minder zer-
furcht als das des 1. Satzes:

114　Sinfonie Nr. VIII, 4., Takt 3 ff.

Dieser Vordersatz, auf fis einsetzend, ist eine Kombination
von Klängen in Großterz-Abständen (fis–d–b–ges–es→
Des) mit den rhythmischen Konturen des 1. Themas des
1. Satzes. Diese harmonisch labile Kombination mündet in
eine geradezu überdeutlich markierte Dreiklangfläche, die
allerdings den „Mangel" hat, auf dem „fremden" Des-Dur
zu insistieren. Die anschließende Wiederholung gerät nicht
weniger „verworren": as–fes–c–as→es, wobei c-Moll wiederum nur im Durchgang berührt wird.
Der Nachsatz hingegen scheint sich nun wirklich der
Grundtonart zuzuwenden:

115　Sinfonie Nr. VIII, 4., Takt 31 ff.

Doch sie wird erneut verlassen, um sich recht eigentlich erst
in der Ausleitung des Nachsatzes auszubreiten. Hier aber
schwenkt sie bald in dominantische, das f-Moll des 2. Themas vorbereitende Bahnen ein … Die allgegenwärtige harmonische Verunsicherung hat nicht allein ein Gegengewicht
in der rhythmischen Prägnanz der Themenkomplexe, sondern auch – und dies ist ein weiteres, „von langer Hand" ge-

prägtes Moment – in der melodisch-motivischen Affinität zwischen den wichtigsten Themenkomplexen in allen Sätzen. Neben der kleinen Sekunde als auf- und abwärts geführter Leitton, der längst ein Kennzeichen für Bruckners Musik bildet, ist es vor allem eine skalenförmige Bewegung, welche sich wie ein motivisches Netz über die Themen spannt. Ihre wohl deutlichste Ausprägung findet diese Bewegung im Nachsatz des 1. Themas des Finales (s. NB 115), sie wird von dessen 2. und 3. Thema aufgegriffen, um schließlich auch noch dem Epilogthema Kontur zu geben:

116   Sinfonie Nr. VIII, 4., Takt 31ff.

Wie vordem im *Streichquintett* steht das Scherzo der *VIII. Sinfonie* an zweiter Stelle. Es kreist um einen formelartigen Grundrhythmus, dem als konterndes Element eine auftaktige Begleitfigur beigegeben ist:

117   Sinfonie Nr. VIII, 2., Takt 1ff.

Diese Begleitfigur erhält, im Gegensatz zum signalhaft abgeschlossenen Grundrhythmus, auch ein flexibleres melodisches Gewicht, dessen ergänzend-ausgleichende Funktion unverkennbar ist:

118   Sinfonie Nr. VIII, 2., Takt 15ff.

Im elegisch-kantablen Trio, dessen Thema kleine Sekunde und Skalenbewegung umspielt, verwendet Bruckner erstmals die Hf, jedoch lediglich, wie auch im folgenden Adagio, zu koloristischen Zwecken.

Mit diesem Adagio vollendet sich die sinfonische Aufwertung des langsamen Satzes, die durch den noch folgenden der *IX. Sinfonie* nur noch bestätigt zu werden vermag. Obwohl im formalen Aufbau prinzipiell unverändert – zwei Themen in wechselnder variativ-durchführungsartiger Ausweitung –, hat der Satz einige Besonderheiten, die offenkundig mit dem Charakter des ganzen Werkes in Beziehung stehen. Analog zu den Kopfthemen des 1. und 4. Satzes spielt das des Adagio ebenfalls einen Kontrast von Verschleierung und demonstrativer Klärung aus, nun aber zwischen rhythmisch-harmonischen Verkomplizierungen einerseits und akkordisch-„tonalen" Vereinfachungen andererseits:

119   Sinfonie Nr. VIII, 3., Takt 1 ff.

Die „Auflichtung" nach A-Dur, die bereits einen Nachsatz erwarten ließe, wird jedoch umgehend in entferntere harmonische Zonen gelenkt, welche erst durch eine Folge herabsinkender Akkorde, deren Spitzentöne die motivische Skalenbewegung nachzeichnen, Beruhigung finden (Takt 25 ff.).

Selbst das 2. Thema bleibt von dieser Kontrastsituation nicht unberührt:

120   Sinfonie Nr. VIII, 3., Takt 47 ff.

Die sinfonischen Dimensionen des Satzes erscheinen, auch durch das 2. Thema, mächtig geweitet. Die letzte Reprise des 1. Themas umfaßt nicht weniger als 70 Takte, gibt Raum fürs Zitat des 1. Themas des 1. Satzes und erreicht über zwei Steigerungswellen den absoluten dynamischen Höhepunkt in Es-Dur. Nach einer kurzen Reminiszenz an das 2. Thema setzt eine Coda ein, welche noch beharrlicher als jene des 1. Satzes auf die so umhergetriebene Grundtonart (Des-Dur) fixiert ist. Und sie wirkt noch verlorener und „leerer", gleicht einem versiegenden Ausatmen, dem alle bestätigende Kraft längst geschwunden ist.

Die Tatsache, daß es mit der *VIII.* noch einmal ein Fassungen-Problem gibt, sei Anlaß für einige allgemeinere Bemerkungen. Im Gewirr der Meinungen zeichnen sich, etwas vergröbert, zwei Tendenzen ab:

– die späteren Fassungen, insbesondere der frühen, der *Sinfonien I* bis *IV,* sind Ergebnis eines künstlerischen Reifeprozesses, der die technischen wie konzeptionellen Unzulänglichkeiten der frühen Fassungen (einschließlich mittels üblicher Durchsichtskorrekturen) zu tilgen geradezu erzwungen hat.

– die späteren Fassungen sind taktische Maßnahmen, um durch Anpassung an geläufige musikalische Standards (Milderung der „Zerstücktheit" durch bindende thematische Substanz-,[5] durch Auflösung des Orgelregisterklangs zugunsten einer an Wagner orientierten homogenen Instrumentation, durch auskomponierte Überleitungen anstelle von Pausenbrüchen) die Gunst der Öffentlichkeit zu gewinnen: das Schockierende der ursprünglichen Erfindung sollte zumindest gemildert werden.

Beide Tendenzen haben, wie leicht zu sehen, ihre problematischen Seiten, und diese sind es recht eigentlich, die das Meinungsgewirr verursachen: weniger die Sorge um philologische Akribie, als vielmehr der praktische, von jeweiligen ästhetischen Überzeugungen geleitete Umgang mit Bruckners Werk. Denn folgt man den „Endfassung"-Theorien, so muß auf die früheren Fassungen, die „ursprünglichen", aber eben „unzulänglichen", „unausgereiften", verzichtet werden. Dies bedeutete die Sanktionierung von taktischen, also nur auf einen bestimmten Zweck gerichteten und deshalb auch nur für ihn gültigen Eingriffen. Andererseits führt die Schlußfolgerung, allein die sogenannte „Originalfassung" gelten zu lassen, zu dem Ergebnis, selbst die Möglichkeit, daß Bruckner mit wachsender künstlerischer Reife zumindest in einigen Fällen „Verbesserungen" als notwendig erachtete und diese auch erreichte, auszuschließen.

Bruckners Äußerungen tragen zur Klärung der Sachlage wenig bei, im Gegenteil. Einmal geht es ihm um „Besserung", ein andermal um „Taktik". So schreibt er im Oktober 1877 über die *IV.: Es sind z. B. im Adagio zu schwierige, unspielbare Violinfiguren, die Instrumentation hie und da zu überladen und zu unruhig.*[6]

Einen Mittelweg hingegen könnten die folgenden Sätze vom Oktober 1878 nahelegen: *Ich habe jetzt die 4. rom. Sinfonie (1., 2., 4. Satz) ganz neu und kurz bearbeitet, die dann ihre Wirkung machen wird. Nur das Scherzo bleibt mir noch übrig (...)*[7]

Eindeutig scheint sich Bruckner jedoch über die *VIII.* auszusprechen. Am 27. Januar 1891 schreibt er an Felix Weingartner: *Wie geht es der achten? Haben Sie schon Probleme gehabt? Wie klingt sie? Bitte sehr, daß Finale so wie es angezeigt ist, fest zu kürzen; denn es wäre viel zu lange und gilt nur späteren Zeiten und zwar für einen Kreis von Freunden und Kennern. Die Tempi bitte ich, ganz ad libitum (wie Sie selbe brauchen zur Deutlichkeit) abändern zu wollen.*[8]

Und wenige Wochen später, ebenfalls an Weingartner: *Bitte nur zu verfügen wie es Ihr Orchester erfordert; aber die Partitur bitte ich nicht zu ändern; auch bei Drucklegung die Orchesterstimmen unverändert zu lassen; ist eine meiner innigsten Bitten.*[9]

Eindeutige Worte? Ja, nur muß man bedenken, daß Bruckner hier die 2. Fassung der *VIII.* im Auge hat!

Unter dem Gesichtspunkt *gilt nur späteren Zeiten* sind wohl auch die „bessernden" Eingriffe in Partituren durch die

Anton Bruckner (1894)

Schüler und „Jünger", die Gebrüder Schalk und Ferdinand
Löwe, zu sehen, aber auch jene Eingriffe, zu denen sich
Bruckner auf deren Rat hin bereit fand. Auf aufführungs-
taktische Ziele gerichtet, wurden sie von Bruckner lediglich
für diese Ziele toleriert und nicht für *spätere Zeiten* akzeptiert.

Gerade weil dem Fassungenstreit von Beginn an die Kontroverse um unterschiedliche ästhetische Positionen zugrunde liegt, die sich neuerdings, mit der Kontroverse um Struktur- und Ausdrucksfragen, noch verschärft hat, ist vorsichtiges Urteilen geraten. Es geht nicht an, die Authentizität und alleinige Gültigkeit der 1. Fassungen damit begründen zu wollen, daß nur sie jene Originalität und Sprengkraft besäßen, welche auf kompositorische Entwicklungen im 20. Jahrhundert vorausweisen; daß hingegen spätere Fassungen nur Abschwächungen und Anpassungen an einen zweifelhaften Zeitgeschmack darstellten. Dies zu behaupten hieße, die Entscheidung für oder gegen eine Fassung von neuzeitlichen stilistischen Wechselbädern abhängig zu machen, von jeweiligen ästhetischen Affinitäten oder Differenzen, welche Bruckners Musik als eine Art „Sparringspartner" für gerade dominierende oder auch nur opportune kompositionstechnische Auffassungen und Verbindlichkeiten behandelten. Ein mögliches Fazit: das Fassungenproblem sollte offen bleiben, und es ist darauf hinzuwirken, daß alle von Bruckner verbürgten Fassungen gespielt werden, um dem realen künstlerischen Umgang mit dem Werk die Entscheidung über Gültiges und Ungültiges zu überlassen. Diese Forderung ist kein fauler Kompromiß und keine Abweisung von Verantwortung. Sie ist, nach den Erfahrungen mit der Wirkungsgeschichte, eine notwendige Vorsichtsmaßnahme, um nicht subjektiven Geschmack oder gar einen pseudoobjektiven Aktualitätsgrad zum Richter zu bestellen, zu einer Instanz, die dann doch nicht halten kann, wofür sie sich so selbstgewiß glaubt ereifern zu müssen.

Für die *VIII. Sinfonie* hatte Bruckner, nach Abschluß der 2. Fassung und noch vor der Uraufführung im Dezember 1892, eine Art Programm entworfen, das nicht ohne Folgen bleiben sollte:

Im 1. Satze ist der Tromp. und Cornisatz aus dem Rhythmus des Thema: die Todesverkündigung, die immer sporadisch stärker endlich sehr stark auftritt, am Schluß: die Ergebung.

Scherzo: Hpth.: Deutscher Michel genannt; in der 2. Abtheilung will der Kerl schlafen, u. träumerisch findet er sein Liedchen nicht; endlich klagend kehrt er selber um.

Finale. Unser Kaiser bekam damals der Besuch des Czaren in Olmütz; daher Streicher: Ritt der Kosaken; Blech: Militärmusik; Trompeten: Fanfare, wie sich die Majestäten begegnen.

278

*Schließlich alle Themen; (komisch), wie bei Thannhäuser im 2. Akt
der König kommend, so als der deutsche Michel von seiner Reise
kommt, ist alles schon im Glanze.*

*Im Finale ist auch der Totenmarsch u. dann (Blech) Verklä-
rung.*[10]

Dieses merkwürdige Programm nahm Josef Schalk zum Anlaß, für die Uraufführung eine abstrus-exaltierte „Inhalts-
deutung" des Werkes zu verfassen, die wiederum Hanslick
Gelegenheit gab, seine Kritik an der Musik mit einer nicht
minder scharfen Geißelung der um Bruckner gescharten
Herolde zu verbinden:

„Gestehen muß ich (...), daß das Mysterium dieser weltum-
fassenden Komposition sich mir erst entschleierte, als das
Verständnis mir in Gestalt eines erklärenden Programmes
in die Hand gedrückt ward. Der Verfasser desselben ist
nicht genannt, doch erraten wir leicht den ‚Schalk', der seinem Herrn am wenigsten verhaßt ist. Durch ihn erfahren
wir denn, daß das verdrießlich aufbrummende Hauptmotiv
des ersten Satzes ‚die Gestalt des Aischyläischen Prometheus' sei! Eine besonders langweilige Partie dieses Satzes
erhält den verschönernden Namen: ‚Ungeheuerlichste Einsamkeit und Stille'. Unmittelbar neben dem ‚Aischyläischen
Prometheus' steht – ‚der deutsche Michel'. Wenn ein
Kritiker diese Blasphemie ausgesprochen hätte, er würde
wahrscheinlich von den Bruckner-Jüngern gesteinigt. Aber
der Komponist selbst hat dem Scherzo den Namen des
deutschen Michel beigelegt, wie schwarz auf weiß in dem
Programm zu lesen. Nun der Erklärer diese authentische
Parole hat, ist er nicht verlegen und findet in dem Michel-
Scherzo ‚die Thaten und Leiden des Prometheus parodi-
stisch auf ein geringstes Maß reduziert'. Um so erhabener
ist alles Folgende. Im Adagio bekommen wir nichts Geringeres zu schauen, als ‚den alliebenden Vater der Menschheit in seiner ganzen unermeßlichen Gnadenfülle'! Da dieses Adagio genau achtundzwanzig Minuten dauert, also
ungefähr so lange wie eine ganze Beethovensche Symphonie, so wird uns für diesen seltenen Anblick gehörig Zeit
gelassen. Das Finale endlich (...) ist laut Programm: ‚der
Heroismus im Dienste des Göttlichen'! Die darin herum-
schmetternden Trompetensignale sind ‚Verkünder der ewi-
gen Heilswahrheit, Herolde der Gottesidee'. Der kindische

Hymnenton dieses Programms charakterisiert unsere Bruckner-Gemeinde, welche bekanntlich aus den Wagnerianern und einigen Hinzukömmlingen besteht, denen Wagner schon zu einfach und selbstverständlich ist. Man sieht, wie der Wagnerismus nicht nur musikalisch, sondern auch litterarisch Schule macht. Und die Aufnahme der neuen Symphonie? Tosender Jubel, Wehen mit den Sacktüchern aus dem Stehparterre, unzählige Hervorrufe, Lorbeerkränze usw. Für Bruckner war das Konzert jedenfalls ein Triumph."[11]

Und dieser Triumph bleibt seit den neunziger Jahren nicht länger mehr an einzelne Konzerte gebunden, er prägt und trägt nun auch in Wien allmählich Bruckners Position, deren Veränderungen nicht zuletzt der Kritik Respekt abnötigen. Auch Hanslicks Stimme klingt in derselben Rezension der *VIII.* keinesfalls mehr so selbstbewußt wie einst – in das bissige Urteil mischen sich resignierende Töne: „Es ist nicht unmöglich, daß diesem traumverwirrten Katzenjammerstil die Zukunft gehört – eine Zukunft, die wir nicht darum beneiden."[12]

Die wachsende Anerkennung Bruckners hat jedoch nicht ausschließlich musikalisch-künstlerische Gründe: Bruckners Kunst gerät immer mehr in die Rolle eines politischen Demonstrationsobjektes für verstärkt aufbrechende Tendenzen des Konservatismus, des Katholizismus wie eines neuartigen Deutschnationalismus.

Im Lauf der siebziger Jahre wurde das geistige und politische Erbe der revolutionären Bewegung von 1848/49, der Liberalismus, immer mehr in den Hintergrund gedrängt, ein Liberalismus, der noch 1869 den demokratischen Politiker Adolf Fischof die Hoffnung aussprechen ließ: „Die Umwandlung Österreichs in eine Art Schweiz würde den Völkern der Monarchie ihre zentrifugalen Tendenzen nehmen und es zum fortschrittlichsten, wohlhabendsten und glücklichsten Land Europas machen."[13]

Diese Hoffnung erwies sich schnell als eine rettungslose Illusion, die durch die politischen Krisen seit den achtziger Jahren, im Innern wie nach außen, gänzlich zerstört wurde. Die Ursachen liegen einerseits im immer machtvolleren Widerstand vor allem von slawischen Völkern und Völkergruppen gegen die „Vorherrschaft der deutschsprechenden Österreicher"[14], andererseits, aber damit eng verbunden, im schwindenden Einfluß der Monarchie auf das Kräfteverhältnis in Europa. Dieses ganze Bündel von Gefahren mobilisierte die konservativen Kräfte, die ihre und der Krone Macht bedroht sahen. „Der einzige Ausweg war ein Taschenspielertrick, der aus der deutschsprachigen Minderheit in Österreich eine überwältigende Mehrheit machen würde, der Taschenspielertrick der ‚Stärkung des deutschen Elements in Österreich' durch die wirklichen Deutschen, der Anschluß Österreichs an Deutschland."[15]

Es war alles andere als Zufall, daß 1882, nur drei Jahre nach dem Bündnis zwischen Österreich und dem Deutschen Reich, das bis in die Katastrophe von 1918 hinein Bestand haben sollte, der „Deutschnationale Verein" unter Führung Georg Schönerers gegründet wurde. Schönerer verkündete: „Ich bin überzeugt, daß die Mutter Germania eine an die Deutschen in Österreich herantretende Bedrängnis beachten wird, denn zu den Früchten des unsterblichen Erntetags von Sedan kann es nimmermehr gehören, neun Millionen deutscher Stammesbrüder in Österreich zu vergessen."[16]

1887 wurde die „Christlichsoziale Partei" Karl Luegers, des späteren Bürgermeisters von Wien, gegründet, die gewissermaßen das ins zivilisiert Populäre gewendete Erbe der zum Radau-Chauvinismus neigenden Schönerer-Partei übernahm. „Mit dem Aufstieg der Christlichsozialen (...) entwickelte sich eine breite kulturelle Bewegung, die von katholischem Geist erfüllt war. 1892 entstand die ‚Leo-Gesellschaft'[17], 1896 die ‚Verbindung katholischer Schriftsteller und Schriftstellerinnen Österreichs', 1906 der ‚Gralsbund'. Die politische und kulturelle Bewegung wirkten auf das religiöse Bewußtsein der Massen zurück. Die Kirchen waren sonntags überfüllt, wie man es seit einem Menschenalter nicht mehr gesehen hatte. Die Fronleichnamsprozessionen wurden durch die Teilnahme von Hunderttausenden zu gewaltigen Kundgebungen. Dank den Christlichsozialen brachte ab 1890 der Katholizismus im öffentlichen Leben wieder sein volles Gewicht zur Geltung."[18]

Auch der Katholizismus trug, so merkwürdig dies klingt, dazu bei, die Bindungen an das überwiegend protestanti-

Musikvereinsgebäude, dessen Orgel im Großen Saal Bruckner bei der Einweihung (1872) spielte

sche Deutsche Reich zu intensivieren. Nicht nur, indem etwa Schönerer die eigenen, schwachen protestantischen Kreise zu unterstützen und zu erweitern suchte, sondern durch das vor allem von Intellektuellen vertretene „Axiom, daß die österreichischen Katholiken die engste geistige Gemeinschaft mit den süd- und westdeutschen suchen müßten. Folglich wagten sie es nicht, den national-österreichischen Gedanken, zu dem sie gefühlsmäßig hinneigten, zu formulieren und durchzudenken, sondern sie wirkten ihm geradezu entgegen. Ihre Haltung entsprang aus Reminiszenzen an die Epoche, da Österreich im Deutschen Bund zusammen mit Bayern, Baden, Württemberg gegen die preußische Hegemonie gestritten hatte. Der Nutznießer dieses Haftens an der Vergangenheit war paradoxerweise der preußisch-deutsche Imperialismus. Durch die katholische Kulturbewegung wurde das Band zwischen dem Habsburger- und dem Hohenzollernstaat fester geschlungen."[19]

Auch die 1868 gegründete Sozialdemokratische Partei als

führende Organisation der Arbeiterbewegung öffnete sich bald und trotz der Annahme eines durchaus fortschrittlichen Programms auf dem „Einigungsparteitag" um die Jahreswende 1888/89 der reaktionär-verblendeten „Anschluß"-Ideologie. Das Ergebnis war, daß die österreichische Sozialdemokratie, nicht anders als die deutsche, im Oktober 1914 der Kriegskreditbewilligung ihre Zustimmung gab. Der Parteiführer Viktor Adler, der sich selbst einmal als „Hofrat der Revolution" bezeichnete, begründete die Zustimmung: „Vom Staate Österreich spreche ich nur als von der uns gegenwärtig aufgedrängten oder existierenden unabweislichen Form, in der wir eben leben müssen; aber das, was unsere wirkliche Empfindung ist, das ist das Schicksal des deutschen Volkes. Stellen Sie sich vor: Frankreich, England, Rußland, ja selbst Portugal, der weiteste Osten wird lebendig gemacht, die Indier, die schwarzen Afrikaner: alles gegen uns, und da sollte einer von uns zweifeln, daß er das Letzte einzusetzen hat, daß man die Begründung später finden wird für unser Handeln."[20]

Die Abschiebung Bismarcks, der gegenüber dem Bündnis mit Österreich stets einige Skepsis hegte, der alles zu vermeiden forderte, was Rußland, einen „Erbfeind" Österreichs, reizen könnte, um den Rücken für die Auseinandersetzung mit dem eigenen „Erbfeind" Frankreich frei zu haben – diese Abschiebung im Jahre 1890 führte zu merklichen „Verbesserungen" in den Beziehungen zwischen beiden Staaten. So schrieb 1898 der deutsche Botschafter in Wien: „Die Überzeugung, daß in Zukunft nur der staatliche Anschluß an das übrige, an der Spitze der Zivilisation schreitende Deutschland den Bedürfnissen der neun Millionen Deutschösterreichs Genüge leisten kann, gewinnt, selbst in gemäßigteren Kreisen, täglich mehr an Boden. Nur dieser Anschluß und die Mitwirkung der ganzen deutschen Nation können, nach der Ansicht der meisten denkenden Politiker, die Errichtung des tschechischen Staates und den Untergang des Deutschtums in Österreich verhindern."[21]

Dieser politischen Strategie wurden mit Nachdruck auch künstlerische Leistungen dienstbar gemacht, unter denen Bruckners Messen und Sinfonien bald eine Vorzugsstellung erhielten. In ihr gründet nicht nur der Ruhm der späten Lebensjahre, sondern auch und noch mehr die zwischen

August
Silberstein,
der Dichter des
„Germanenzuges"

deutsch-nationalem Chauvinismus und antisemitischem
Rassenwahn eingespannte Wirkungsgeschichte des Brucknerschen Werkes, von der eingangs die Rede war. Es ist
denn auch wiederum kein Zufall, daß im Dezember 1890,
nach einer Aufführung der *III.*, der Rezensent der „Ost-
deutschen Rundschau" Töne anschlägt, welche der sich
rasch verändernden politischen Situation entsprechen: „Die
Symphonie ist eine durchaus deutsche Schöpfung, in ihr
legt der Deutsche das lautere Gold seines Geistes nieder zu
einer Zeit, wo seine Muttersprache verrohte (...) Was die
ekelhafte moderne Gesellschaft an deutschem Wesen nicht
verfälscht hatte, das ist es, welches uns mit so ungeheuerer
Gewalt erfaßt und fesselt, wenn deutsche Musik ertönt. Es
ist ein „Wachauf-Ruf", der uns aus dem Taumel auf-
schreckt, in dem wir dahinleben, ein Weckruf, der den
Korybantenlärm unserer Börsen und Synagogen, Fabriken
und Eisenbahnen, Operetten und Naturalisten durch-
dringt."[22]
Das nun aber war selbst konservativ-liberalen Kritikern zu-

viel des Aberwitzes. In einer Besprechung desselben Konzertes, erschienen in der „Neuen Freien Presse", steht hierüber eine Bemerkung, die nicht anders als weitsichtig genannt werden muß: „Wurden die Symphonien Bruckners früher todtgeschwiegen, so werden sie jetzt todtgebrüllt. Der conservativen Kritik hat Anton Bruckner stets zum Hohn und Spott gedient. So gerieth er in die Hände politischer Parteigänger, welche auf allen Gebieten sich des ,verlassenen Mannes' anzunehmen pflegen, um ihn schließlich gänzlich zu discreditieren. Dieses Schicksal droht dem verlassenen Symphoniemann, wenn die Aufführungen seiner Schöpfungen weiter unsere Concertsäle auf den wüsten Ton gewisser Wählerversammlungen stimmen werden."[23]

Doch wurde Bruckner von den deutsch-nationalen Tendenzen nicht nur vereinnahmt – er selbst förderte sie, wenn auch lediglich mit einer Gelegenheitskomposition, die noch dazu einen für Österreicher recht abseitigen Titel trägt: *„Helgoland"* für Männerchor und Orchester (WAB 71). Die Tatsache, daß das Stück zum fünfzigjährigen Jubiläum des Wiener Männergesangsvereins entstand, könnte wiederum einen taktischen Gesichtspunkt vermuten lassen: gerade die bürgerlichen Chorvereinigungen entwickelten sich zu Zentren der deutsch-nationalen Ideologie, die auch ihrem Repertoire den entsprechenden Zuschnitt gab.

Den Text zu *„Helgoland"*, eine krude Mischung aus pennälerhafter Geschichtsklitterung und borniertem Chauvinismus, lieferte erneut, wie schon für den *„Germanenzug"* (1859), der Gelegenheits„dichter" August Silberstein. Es geht um den Sieg der Sachsen über die Römer, der Germanen über die „Welschen", um ein Thema also, dessen aktuellen Hintergrund der anhaltende Widerstand Habsburgs gegen die Souveränitäts- und Einigungsbestrebungen Italiens bildet. Der Vergleich mit dem *„Germanenzug"* ist insofern aufschlußreich, da sich in der früheren Komposition noch deutlich national-liberale Züge herausheben (der Sieg über die Römer als Stärkung des österreichischen Patriotismus), die nun, in *„Helgoland"*, unverhohlen von einem deutsch-nationalen Hegemonieanspruch verdrängt werden. Merkwürdigerweise aber steht *„Helgoland"* in nahezu allen musikalischen Belangen über dem tristen Primitivismus des *„Germanenzuges"*. Auch wenn Bruckner den standardisierten

Anton Bruckner mit dem Franz-Joseph-Orden (1886)

Männerchorfloskeln nicht immer ausweicht, gelingt es ihm
doch, die Harmonik außerordentlich farbig zu halten und in
der Stimmengestaltung polyphon wirkende Differenzierungen einzusetzen.
Doch selbst eine entwickeltere musikalische Sprache vermochte die noch an liberalen Maßstäben festhaltende Kritik
nicht darüber zu täuschen, welche politischen Absichten
hier ins Spiel gebracht wurden. Sie wandte sich nicht nur

gegen die textlichen Auslassungen Silbersteins, sondern auch gegen Bruckners musikalische Aufbereitung: „An den Klippen dieses fürchterlichen Tonsatzes zerschellte der Gesang. Ist dies die Zukunft des Männergesanges, dann hat er keine."[24]

Die Anmerkungen zur *VIII. Sinfonie,* zu *„Helgoland"* und zu deren allgemeinem historisch-politischem Hintergrund haben uns notwendigerweise bereits in die neunziger Jahre geführt, so daß einige biographische Begebenheiten nunmehr nachzutragen sind.

Ein relativ frühes Zeugnis für die öffentliche Anerkennung Bruckners ist die Verleihung des Franz-Joseph-Ordens im Juli 1886, die auch eine Gehaltsverbesserung um 300 Gulden einbrachte. Kurz zuvor, am 13. Juni, war der bayerische König und Wagner-Mäzen Ludwig II. gestorben, und Bruckner glaubte, einen verständnisvollen Förderer verloren zu haben. Seine Klagen gegenüber Hermann Levi veranlaßten diesen, die Herzogin Amalie von Bayern zu gewinnen, um durch deren Einfluß auf den Wiener Hof eine respektable Auszeichnung für Bruckner in die Wege zu leiten – was auch umgehend mit der Ordensverleihung geschah.

Im Sommer 1886 reist Bruckner, neben den längst üblichen Aufenthalten in verschiedenen Stiften, wieder nach Bayreuth, zu „Tristan" und „Parsifal". Der Tod Liszts am 31. Juli, während der Festspiele, trifft ihn sehr – bei der Trauerfeier improvisiert Bruckner auf der Orgel.

1887 kommt es zu weiteren erfolgreichen Aufführungen der *VII. Sinfonie,* im Januar in Berlin, im April in Budapest und im Mai in London. Am 22. Januar 1888 veranstalten die Wiener Philharmoniker unter Leitung Hans Richters ein ausschließlich Bruckner gewidmetes Konzert – mit der *IV. Sinfonie* und dem *„Te Deum"* –, das dem Komponisten lange Ovationen einbringt. Dieser Erfolg ist um so höher zu bewerten, als den Philharmonikern längst ein konservativer Ruf anhängt (den sie bis heute, zu Recht wohl, behalten haben). Symptomatisch, daß noch in Bruckners späten Lebensjahren den Philharmonikern Schuberts große C-Dur-Sinfonie als problematisch galt.[25]

Auch in diesem Sommer findet sich Bruckner in Bayreuth ein, zu den „Meistersingern". Doch sein Gesundheitszu-

Hans Richter,
Kapellmeister der
Hofoper und
Leiter der
philharmonischen
Konzerte, war
einer der
einflußreichsten
Förderer Bruckners

stand verschlechtert sich erheblich, so daß er nach seiner Rückkehr um Beurlaubung vom Konservatoriumsunterricht bittet, die er auch für ein Jahr, ohne Gehalt allerdings, erhält. Freunde und Gönner bilden daraufhin ein „Consortium", das Bruckner eine Jahresrente von 1 000 Gulden sichert.[26] Im November 1890 beschließt außerdem der oberösterreichische Landtag in Linz, eine Pension von 400 Gulden zu bewilligen „zum Zeichen der Anerkennung Ihres dem Lande Oberösterreich zur hohen Ehre gereichenden Wirkens als vaterländischer Tonkünstler."[27]

Am 21. Dezember 1890 fand die vielbeachtete Erstaufführung der *III. Sinfonie* innerhalb der Philharmonischen Konzerte statt. Aus Hanslicks ungemindert scharfer Kritik („fieberhafte Überreizung", Mangel an „logischem Denken" usw.) sei hier ein Passus angeführt, der allerdings unterstreicht, daß trotz prinzipieller Vorbehalte ein Zuwachs an achtungsvoller Toleranz selbst bei erklärten Gegnern unverkennbar ist: „Von Herzen gönne ich dem mir seit dreißig Jahren befreundeten, begabten und ehrenwerten Mann diesen Jubel, in welchen einzustimmen mir unmöglich ist."[28]

Wie eine demonstrative Bestätigung dieser abgewogenen Worte wirkt denn auch die Übersendung einer Porträtfotografie Hanslicks mit Widmung zur Jahreswende 1890/91 – Bruckner quittiert den Gruß nicht ohne Überraschung, wie aus einem Brief an Göllerich hervorgeht: *Ich bin noch zu ergriffen von der Aufnahme des philh. Publikums, welches mich wohl zwölf Mal gerufen hat und wie!!! Das war nicht da. Staunen Sie: Hanslick verehrt mir gestern seine Photographie mit Handschrift „meinem verehrten Freunde".*[29]

Im Januar 1891 wird Bruckner zum Ehrenmitglied der Gesellschaft der Musikfreunde gewählt, bald darauf erfolgt seine Pensionierung als Konservatoriumsprofessor, und im November 1892 entbindet man ihn auch vom Hofkapelldienst. Die Vorlesungen an der Universität hingegen enden erst am 12. November 1894. Bruckner erhält dann eine Pension von 1200 Gulden sowie 600 Gulden als „Ehrensold" des Kultusministeriums.[30]

Nachdem er im Mai 1891 bei der überaus erfolgreichen Berliner Aufführung des *„Te Deum"* durch den Philharmonischen Chor unter Siegfried Ochs anwesend war (auch namhafte Kritiker wie Otto Leßmann und Wilhelm Tappert

Eduard Hanslick. Fotografie mit Widmung an Bruckner

gaben ihrer Zustimmung lebhaften Ausdruck), hörte Bruckner in Bayreuth „Parsifal" und, erstmals im Festspielhaus, „Tannhäuser". Anschließend reiste er zum Mozart-Fest nach Salzburg.

Am 7. November wurde Bruckner mit der Verleihung des Ehrendoktorats der Wiener Universität eine Auszeichnung zuteil, die er zweifellos als die höchste seines Lebens empfand. Der „Dr. hc." war nicht nur schlechthin eine „gesellschaftliche" Auszeichnung des Künstlers, sondern vor allem eben eine „wissenschaftliche", eine Anerkennung also seiner Leistungen auf theoretisch-wissenschaftlichem Gebiet, um deren Verbreitungsmöglichkeit an der Universität er so viele Jahre gerungen hatte. Es war ein unverhohlener Triumph Bruckners, nicht zuletzt auch deshalb, weil Hanslick sich für das erforderliche Gutachten als „unzuständig" erklärt hatte. Daraufhin erbat das Professorenkollegium von Joseph Hellmesberger und Hermann Levi eine Stellungnahme. Levis Antwort enthält eine ebenso menschlich anrührende wie sachlich zutreffende Charakteristik Bruckners: „Bruckner ist nach meiner Ansicht weitaus der bedeutendste Symphoniker der Nach-Beethovenschen Periode. Daß er bisher noch nicht allgemein als solcher anerkannt worden ist, hat wohl seinen Grund darin: daß unsere Zeit sich von der großen Tradition unserer Classiker weit entfernt hat, daß die sogenannte ‚romantische' von Mendelssohn und Schumann angebahnte Richtung heutzutage fast ausschließlich die Concertprogramme beherrscht und den Sinn für monumentalen Styl zurückgedrängt hat. Auch mag wohl Bruckners eigenartige, etwas herbe Natur Manchen (zumal bei nur oberflächlicher Kenntniß seiner Werke) befremden, ja abstoßen. Aber seine Zeit wird ganz gewiß kommen – dess' sind die großen Erfolge, die Bruckner in München mit seiner *7ten Sinfonie* und dem *„Te Deum"* kürzlich in Wien und Berlin errungen hat, deutliche Vorzeichen. Aber nicht nur als Componist, sondern auch als Musikgelehrter und Contrapunktist ist Br. von großer Bedeutung, sowie er auch als Lehrer eine segensreiche, von zahlreichen Schülern gepriesene Thätigkeit entfaltet hat. Somit glaube ich, daß die erste Universität Österreichs nur einen Akt der Gerechtigkeit ausüben würde, wenn sie Bruckner vor allen anderen Künstlern auszeichnen und ihm die Würde eines Ehrendoktors übertragen würde."[31]

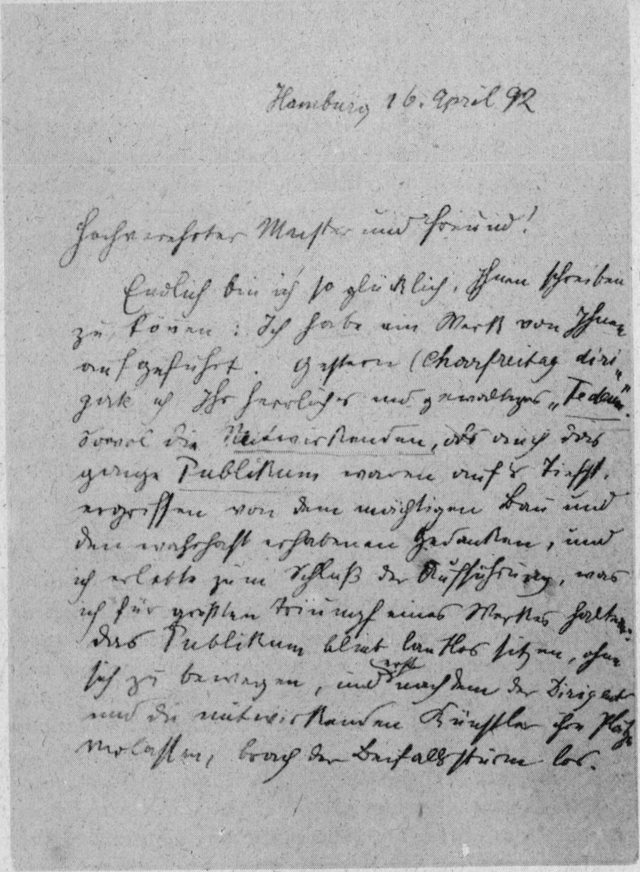

Hamburg 16. April 92

Hochverehrter Meister und Freund!

Endlich bin ich so glücklich, Ihnen schreiben zu können: Ich habe ein Werk von Ihnen aufgeführt. Gestern (Charfreitag) dirigirte ich Ihr herrliches und gewaltiges „Te deum". Sowol die Mitwirkenden, als auch das ganze Publikum waren auf's tiefste ergriffen von dem mächtigen Bau und den wahrhaft erhabenen Gedanken, und ich erlebte zum Schluß der Aufführung, was ich für den größten Triumph eines Werkes halte: Das Publikum blieb lautlos sitzen, ohne sich zu bewegen, und erst nachdem der Dirigent und die mitwirkenden Künstler ihre Plätze verlassen, brach der Beifallssturm los.

Brief Mahlers an Bruckner über die Aufführung des „Te Deum" in Hamburg

Am obligatorischen „Commers" zu Ehren Bruckners nahmen rund 3000 Personen teil. Seinen Dank an die Universität drückte der Komponist durch die Widmung der revidierten *I. Sinfonie* aus, die am 13. Dezember 1891 in einem Philharmonischen Konzert zur Aufführung kam. Angesichts der tosenden Ovationen wirkt es schon einigermaßen skurril, wenn Max Kalbeck dem Werk vorwirft, an ihm sei „alles Inspiration und beinahe nichts Arbeit".[32] Sollten die deutsch-nationalen Strömungen schon derart „verinnerlicht" sein, daß sie preußische Mentalität heranspülten?

Am 15. April 1892 führt Gustav Mahler in Hamburg das „*Te Deum*" auf und berichtet darüber dem „hochverehrten Meister und Freund": „Sowohl die Mitwirkenden als auch das ganze Publikum waren aufs tiefste ergriffen von dem mächtigen Bau und den wahrhaft erhabenen Gedanken, und ich erlebte zum Schluß der Aufführung, was ich für größten Triumph eines Werkes halte: das Publikum blieb lautlos sitzen, ohne sich zu bewegen, und erst nachdem der Dirigent und die Mitwirkenden ihre Plätze verlassen, brauste der Beifallssturm los. (…) ‚Bruckner' hat nun seinen siegreichen Einzug in Hamburg gehalten."[33]

Für die Eröffnung der Wiener „Musik- und Theater-Ausstellung" im Juni 1892 war ursprünglich Bruckners *150. Psalm* vorgesehen. Doch die Aufführung kam nicht zustande, dafür aber dirigierten Josef Schalk bzw. Ferdinand Löwe während der Ausstellung die *IV.* und *III. Sinfonie*.

Auch die verlegerische Situation bessert sich nun zusehends. Noch bis Ende der achtziger Jahre lagen nur die *III.* und *VII. Sinfonie* sowie das *Streichquintett* gedruckt vor, woraus nicht zu unterschätzende Hemmnisse für die Aufführungspraxis entstanden. Im Juli 1892 schließt Bruckner einen Vertrag mit dem Wiener Verlagshaus Josef Eberle & Co. über die *Sinfonien I, II, V, VI,* die *Messen in e-* und *f-Moll,* den *150. Psalm* sowie einige Chorkompositionen ab. Freilich sind mit diesen Vereinbarungen zunächst so gut wie keine finanziellen Einkünfte verbunden. Aber zusammen mit der *VIII.,* die noch im selben Jahr bei Lienau in Berlin erscheint, steht Bruckners Werk nun in leicht zugänglichen Ausgaben einschließlich des noch wichtigeren Stimmenmaterials zur Verfügung – auf die nach wie vor prekäre Frage, inwieweit diese Ausgaben von unautorisierten „Verbesserungen" entstellt sind, sei hier nicht nochmals eingegangen.

Im Sommer 1892 ist Bruckner letztmalig in Bayreuth („Parsifal" und „Tannhäuser"), von August bis Oktober hält er sich in Steyr und Kremsmünster auf. Trotz des unleugbaren Erfolges der Uraufführung der *III. Sinfonie* am 18. Dezember

Der greise Bruckner vor dem „Kustodenstöckl"

1892, den auch die gegnerische Kritik nicht wesentlich zu schmälern vermochte, bemächtigen sich Bruckners, wie so häufig in ähnlichen Situationen, depressive Stimmungen. Verstärkt werden sie noch durch eine schwere Erkrankung im Januar/Februar 1893 – Bruckner leidet an Sklerose und Wassersucht.

Dennoch nimmt er die Kompositionsarbeit wieder auf. Nachdem im Oktober des vorangegangenen Jahres der 1. Satz der *IX.* fertiggestellt worden war, kann er im Februar 1893 das Scherzo beenden (das Adagio wird im November 1894 abgeschlossen, das unvollendet bleibende Finale beschäftigt ihn bis in die letzten Lebenstage).

Auch neue Arbeitspläne tauchen auf, darunter ein für Bruckner mehr als merkwürdiges, im praktischen Sinne wohl kaum ernst genommenes Opernprojekt. Im September 1893 schreibt er an die Schriftstellerin Gertrud Bollé, die ihm – unter männlichem Pseudonym – ein Libretto zu verfassen angeboten hatte: *Ich bin leider immer krank! Auf Befehl der Ärzte muß ich jetzt ganz ausruhen. Dann gedenke ich meine neunte Symphonie ganz fertig auszucomponieren, wozu ich fürchte 2 Jahre zu brauchen. Lebe ich dann noch und fühle die nöthige Kraft, dann will ich herzlich gern an ein dramatisches Werk gehen. Wünschte mir dann eins à la Lohengrin, rom. religios-misteriös und besonders frei von allem Unreinen! (...) Also jetzt bin ich ein gebrochener Mann. Nachher bin ich ja stolz und glücklich einen genialen Dichter zu finden.*[34]

1894, im Jahr von Bruckners 70. Geburtstag, finden wieder eine Reihe vielbeachteter Aufführungen statt: am 6. Januar die *VII.* mit der Berliner Hofkapelle unter Karl Muck, einen Tag darauf nochmals das *„Te Deum"* unter Siegfried Ochs (Bruckner ist erneut anwesend); am 18. März in Paris die *III.* mit dem Orchestre Lamoureux. Und am 9. April endlich gelangt in Graz die *V. Sinfonie* zur Uraufführung, die Bruckner jedoch wegen Krankheit nicht besuchen kann. Am 11. Juli ernennt man ihn zum Ehrenbürger von Linz.

Den 70. Geburtstag am 24. September begeht der Komponist zwar einigermaßen zurückgezogen in Steyr, doch erreichen ihn zahlreiche Glückwunschsendungen, unter denen ein Schreiben des Wiener Tonkünstlervereins vielleicht die bemerkenswerteste darstellt. Es trägt u. a. die Unterschrift von Johannes Brahms: „Sie blicken auf ein langes Leben zurück und dürfen mit Befriedigung der Anerkennung und der Ehren gedenken, die Ihnen für ein ernstes und hohes Streben geworden sind. Sie werden sich mit Freuden erinnern, wie laute Zustimmung Paul Heyse fand, als er mit begeisterten Worten Ihnen seine Bewunderung und Verehrung aussprach; am wertesten aber wird Ihnen sein, sich von der Jugend, namentlich von der studierenden Jugend Wiens so allgemein und so ungemein hoch verehrt zu wissen und diese Verehrung durch den Akademischen Senat bekräftigt zu sehen. Uns steht nicht die Feder eines Paul Heyse zu Gebote, wir können Sie nur bitten, unseren herzlichsten kollegialen Gruß genehmigen zu wollen und den Wunsch, Sie mögen sich noch lange ungetrübter Lebenslust und ungeschwächter Schaffenskraft erfreuen."[35]

Berliner Konzertprogramm

Das Schreiben, wie zuvor Hanslicks Neujahrsgruß, beweist: prinzipielle, in ästhetischen Überzeugungen gründende Distanz braucht persönliche Achtung nicht ausschließen. Allerdings sollte niemals vergessen werden, daß solcher Toleranz jahrelange heftige Auseinandersetzungen vorausgingen – aus der Erkenntnis, daß diese Auseinandersetzungen sich nicht zugunsten einer Seite entscheiden lassen, erwuchs eine Toleranz der Koexistenz und nicht des in der Sache nachgebenden Kompromisses.

Im Dezember 1894 wirft Bruckner die Krankheit erneut nieder; trotz zeitweiliger Besserung führt sie zu seinem Tode. Anfallende Korrespondenzen übernimmt immer öfter Bruckners Schüler und Sekretär Anton Meißner, der, wie auch die Haushälterin Kathi Kachelmayer, die seit 1870 die Wirtschaft führt, ihm bis zuletzt zur Seite steht.

Am 4. Juli 1895 bezieht Bruckner die letzte und wohl auch komfortabelste Wohnung seines Lebens: Kaiser Franz Joseph stellte ihm mehrere Räume im „Kustodenstöckl" des Schlosses Belvedere kostenlos zur Verfügung. Anfang Januar 1896 hört Bruckner zum letzten Mal die Aufführung eines seiner Werke *(IV. Sinfonie),* und zu Pfingsten besucht er letztmalig ein Konzert, mit Richard Strauss' „Till Eulenspiegel" und Wagners „Liebesmahl der Apostel".

Bruckner stirbt im 73. Lebensjahr am 11. Oktober 1896. Allein in den Wiener Zeitungen erschienen rund 80 Gedenk-

Marie Valerie, Erzherzogin von Österreich, setzte sich für Bruckners Übersiedlung ins Schloß Belvedere ein

Das sogenannte „Kustodenstöckl" im Schloß Belvedere, Bruckners
letzte Wohnung

artikel,[36] die zum Teil mit reportagehafter Ausführlichkeit das feierliche, von einem großen Trauerzug begleitete Begräbnis beschrieben. Wie nicht anders zu erwarten, setzte sich neben und selbst inmitten dieser Berichte und Betrachtungen der leidige Parteienhader fort. So fürchteten etwa die Bruckeranhänger, daß ihre Gegner den versöhnenden Tod zum Anlaß nehmen werden, einstigen Widerstand in geheuchelte Ehrerbietung zu verwandeln. Zugleich bemühten sie sich natürlich, die eigene Parteilichkeit zu verschleiern, was ihnen jedoch – die einleitend angeführten Zeugnisse belegen dies hinlänglich – gründlich mißlang. So sei an dieser Stelle einmal ein wirklich sachlicher Bericht, stellvertretend für ähnliche andere, zitiert: „In das Trauergemach, in welchem Bruckners Leiche lag und welches auf Allerhöchsten Befehl mit Blumen aus der Hofgärtnerei geschmückt war, kamen gestern bis in die letzten Momente Kränze und Kränze. Um halb 2 Uhr war der Sarg aus Goldbronze geschlossen und verlötet worden. Unterdessen hatte sich der große Platz vor dem Belvedere mit einer überaus großen Menschenmenge gefüllt. Es bildete sich ein Spalier, inmitten dessen sich vorerst die Chargierten der akademischen Korporationen einfanden, die in voller Wichs vorgefahren waren. Eine Abordnung legte kurz vor 3 Uhr zwei prachtvolle Kränze am Sarge nieder. Bald danach trugen Bedienstete der Entreprise den Sarg aus dem Gemache und stellten ihn auf den sechsspännigen Galawagen. Der Zug rangierte sich, um sich zur Kirche in Bewegung zu setzen. Voraus ritt ein Herold. Ihm folgten die akademischen Korporationen unter Vorantragung des Universitätsbanners, der ‚Schubertbund‘, viele andere musikalische Vereine und die beiden Blumenwagen. Den Leichenwagen flankierten Magistratsdiener, Chargierte mit gezückten Schlägern und Bedienstete der Entreprise mit brennenden Wachsfackeln. Ein Hausoffizier der Entreprise trug auf rotem Samtkissen den Franz-Josephs-Orden. Im ersten Wagen, der dem Sarge folgte, saßen Bruckners Bruder Ignaz Bruckner und seine beiden Neffen. Ehe der Sarg auf den Wagen gestellt war, sang der akademische Gesangsverein, begleitet vom Waldhornquartett, einen Trauerchoral.
An dem dichten Spalier vorbei nahm der Kondukt seinen Weg zur Pfarrkirche zu St. Karl Borromäus. Um halb 3 Uhr

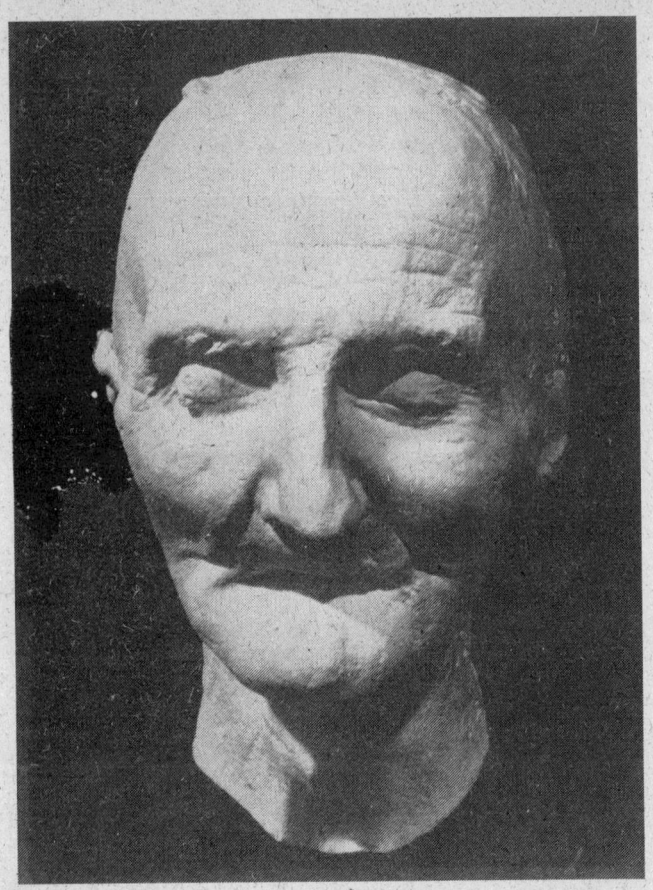

Bruckners Totenmaske

fanden sich die Mitglieder des Wiener Männergesangsvereines und des Singevereines im Gotteshause ein und nahmen im Presbyterium Aufstellung. Die ersten Trauergäste fanden sich schon nach 2 Uhr ein. Die Auffahrt dauerte bis 3 Uhr. Unter den Anwesenden waren zu bemerken: In Vertretung Sr. Exzellenz des Unterrichtsministers Dr. Freiherrn v. Gautsch, welcher einer Sitzung beiwohnen mußte, die Sektionschefs Graf Latour und Ritter v. Hartel, Se. Exzellenz der General-Intendant der Hoftheater Freiherr v. Bezecny, Ministerialrat Hertz, Hofrat Professor Pölzl, Hofrat Zeißberg, Hofrat Koch v. Langentreu, der Direktor des Hofoperntheaters Jahn, Hofkapellmeister Johann Nepomuk Fuchs, Johannes Brahms, Kompositeur Ritter v. Goldschmidt, viele Stadt- und Gemeinderäte, Künstler, Professoren etc. etc. Unter großer geistlicher Assistenz nahm Pfarrer Dobner die feierliche Einsegnung vor. Während der Einsegnung trug der Wiener Männergesangsverein unter Eduard. Kremser's Leitung das ‚Libera‘ von Herbeck vor. Nach der Zeremonie sang der ‚Singverein‘ unter Richard Pergers Leitung die ‚Litanei‘ von Franz Schubert. Die begleitende Musik wurde vom Waldhornquartett der Hofoper ausgeführt. Als der Sarg wieder auf dem Wagen stand, trat ein Mediziner vor und nahm im Namen des Wiener akademischen Gesangsvereines und der Wiener deutschen Studentenschaft Abschied von Bruckner. Sodann setzte sich der Kondukt um halb 5 Uhr nach dem Westbahnhofe in Bewegung. Der Bürgermeister, die beiden Vizebürgermeister, viele Stadt- und Gemeinderäte und andere Trauergäste, sowie die Familien folgten im Wagen. In allen Gassen, die der Zug auf seinem ferneren Wege passierte, standen dichte Menschenmassen. Der Sarg mit der Leiche wurde von der Entreprise des pompes funèbres nach dem Geburtsort Bruckners, St. Florian in Oberösterreich, gebracht, um in der dortigen Stiftskirche beigesetzt zu werden.“[37]

Noch am Morgen seines Todestages soll Bruckner am Finale der *IX. Sinfonie* (WAB 109) gearbeitet haben. Der dreisätzige Torso („Feierlich, Misterioso“; Scherzo „Bewegt, lebhaft“; Adagio „Langsam, feierlich“) kam am 11. Februar 1903 durch das Wiener Konzertvereinsorchester unter Leitung Ferdinand Löwes zur Uraufführung. Im selben Jahr erschien auch die erste Druckausgabe, welche, nicht anders als frühere Ausgaben von Werken, zahlreiche „korrigierende“ Eingriffe Löwes enthält und die erst durch die Originalausgabe Alfred Orels und deren Uraufführung unter Siegmund von Hausegger am 2. April 1932 zurückgenommen wurden.

Die fragmentarische *IX.* ist unabweislich Bruckners letztes Wort. Ob sie aber auch mit seinem „letzten Willen“ gleichgesetzt werden darf, ist einigermaßen fraglich. Es gibt kei-

nen Hinweis darauf, daß Bruckner, wie wenig später Gustav
Mahler, das Trauma der Neunzahl verfolgte. Denkbar dagegen aber, daß Bruckner die kompositorischen Funde in der
IX. zu neuen sinfonischen Konzeptionen motiviert hätten.
So gesehen, muß die verschiedentlich vorgetragene Behauptung, das Werk kennzeichne, noch mehr als die *VII.*
und *VIII.,* ein resümierender, testamentarischer Charakter,
mit einiger Vorsicht aufgenommen werden. Denn unverkennbar treten auch in der *IX.* innovatorische Züge hervor,
freilich und wie nahezu immer in einer für Bruckner eigen-
tümlich vermittelten, auch verschlüsselten Weise. Es betrifft dies vor allem Klangfarbe und Formbildung.
Das 1. Thema des 1. Satzes gliedert sich, wie meist, in zwei
Teilthemenkomplexe. Der erste Komplex (Takt 1–26) erwächst parallel zur variantentechnischen Entfaltung der
Motivik aus Klangfarbenkontrasten, welche sowohl gegen-
einandergestellt als auch durch Überlappung von Instru-
mentengruppen verhakt werden:

121   Sinfonie Nr. IX, 1., Takt 1 ff.

Dieses Wechselspiel der Klangfarben, hier noch an wenige
flächige Kontraste gebunden, zerfasert am Beginn der
Durchführung bis zum Gegeneinander einzelner Instrumente – dies ist nichts prinzipiell Neues; aber die Rigorosität, mit der die Stimmen gegeneinandergeführt werden, hat
sich merklich gesteigert:

Der zweite Teilkomplex des 1. Themas:

123   Sinfonie Nr. IX, 1., Takt 63 ff.

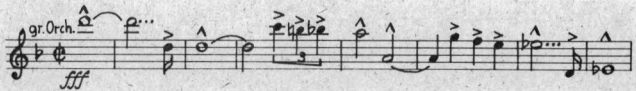

der in der Durchführung zugunsten des ersten Teilkomplexes nahezu ausgespart und lediglich zur Vorbereitung der
Reprise herangezogen wird (Takt 321 ff.), beherrscht letzte-
ren Abschnitt zunächst ganz, findet hier Raum für seine
„Durchführung":

124   Sinfonie Nr. IX, 1., Takt 355 ff.

In dieser versetzten Durchführung verschmilzt erneut eine
variantentechnisch erzeugte „durchbrochene" Stimmengestaltung mit aufgesplitterten Klangfarbenkontrasten in den
Bläsern, welchen das geschlossene Streicherband einen her-
vorhebenden Hintergrund liefert.
Zum Paradigma Brucknerscher Klangfarbentechnik aber erhebt sich erst das Scherzo. Allein dieser Satz widerlegt alle
Behauptungen, daß das Spätwerk vorrangig oder gänzlich

von der, wenn auch „überhöhenden" Zusammenfassung er-
rungener kompositorischer Erfahrung lebe. Das Scherzo ist
ein Stück „Neue Musik", vergleichbar etwa den 2. Sätzen
aus Mahlers IV., VI. oder den beiden „Nachtmusiken" aus
dessen VII. Sinfonie. Und es ist die Farbe, es ist der „Ton"
vor allem, der dies bewirkt. Dem eigentlichen Thema des
Satzes, das erst Takt 43 erscheint, geht ein formal durchaus
nicht ungewöhnlicher Vorspann voraus:

125   Sinfonie Nr. IX, 2., Takt 3 ff.

Am Beginn steht ein irritierender vierstimmiger Akkord,
den funktional zu deuten nicht recht gelingen will. „A-Dur"
als Dominante zur Tonika d-Moll? Dann hätte man sich
mit der Tatsache abzufinden, daß der Grundton fehlt
und statt seiner die beiden Leittöne gis und b erklingen.
„cis-Moll", das sich ab Takt 6 im horizontalen Aufklappen
des Akkords einstellt? Der folgende Akkord (Takt 13) enthält „D-Dur", wodurch ein funktionaler Bezug zu cis-Moll
fragwürdig wird. Der vierstimmige Akkord entwickelt jedoch eindeutig eine funktionale, nämlich dominantische
Wirkung nach „d". Sie gründet allerdings in der „synthetischen" Zusammensetzung des Akkords: er besteht aus vier
Leittönen (cis–gis–b–e) zum d-Moll-Dreiklang. Doch
diese formale Bestimmung wiederum („Leitton-Kombina-
tion" als modifizierte Dominante A-Dur zu d-Moll) erfaßt
nur eine Seite, und nicht die entscheidende. Eine andere
weist auf die eigenständige, eben „synthetische" Qualität
des Akkords, die vor allem als relativ funktionsunabhängi-
ges Klangereignis zur Geltung kommt. Diese Seite des synthetischen Charakters wird noch ergänzt durch farbliche
Differenzierungen auf mehreren Ebenen. 1. Ob und Kl, ab
Takt 13 mit Tp, bringen den Akkord im Klangband, wobei
die 1. Ob und dann auch die Tp durchgehend auf den
„Hauptleitton" cis fixiert sind. Die Streicher (ohne Kb) teilen sich in die Aufgabe, den Akkord als vertikalen wie hori-

zontalen Impuls (einschließlich Gegenbewegungen) vorzuführen.

Die ab Takt 13 folgenden Akkordveränderungen ordnen
sich dem „Leittondiktat" unter – auch das „D-Dur"
Takt 13 ff. ist weniger funktionsbestimmte Tonart denn
Farbtönung um die Leittöne cis-gis herum. Und nicht anders ist es um die noch folgenden Zusammenklänge (ver-
mindert, fis-Moll, Dis-Dur) bestellt.

Der Einsatz des Hauptthemas Takt 43 schaffte dann, freilich eigenwillige, Klarheit: der auftrumpfenden d-Moll-To-
nika in Hr, Pk und Streichern wird umgehend der Leittonakkord aufgepfropft, um die bis dahin verborgene Funktion
des synthetischen Klangs zu enthüllen. Sie besteht darin,
farbliche Intensitäten eines Zwitterklangs zu erzeugen und
auszuspielen:

126   Sinfonie Nr. IX, 2., Takt 43 ff.

Die funktionalen Irritierungen durch Zwitterklänge bleiben
nicht nur für den gesamten Satz erhalten, sie greifen dann
auch auf das Adagio über.

Im B-Teil des Scherzos erscheint die harmonische Labilität
etwas zurückgenommen durch eine tonal eindeutige, volks-
liedartige Melodik, die, relativ breit entfaltet, wie die Vor-
wegnahme eines Trios anmutet. Doch unmittelbar aus dieser Melodik heraus regen sich wieder Kräfte, welche auf die
Wiederherstellung harmonischer Mehrdeutigkeit zielen
und eine Reprise des Hauptthemas herbeiführen.

Nicht minder überraschend ist das Trio des Satzes. Es hat,
als einziges im Gesamtwerk, schnelles Tempo, huscht über
einer ostinaten Achtel-Bewegung geisterhaft vorüber.
Die thematischen Dreiklangsbrechungen in Fis-Dur werden von Leittönen (eis–his) sowie durch motivische En-

klaven gefärbt, die einen Akkord mit Sixte ajouté enthalten, welcher wiederum den Zwitterklang des Hauptteils erinnert:'

127   Sinfonie Nr. IX, 2., Trio, Takt 4 ff.

Das Intervall der großen Sext, das den „Leittonakkord" begrenzt (e–cis), gewinnt im 2. Teil des Trios immer stärker motivische Bedeutung. Zusammen mit dem harmonischen Einschluß des Zwitterakkords und einer rhythmischen Stauung (Triolen werden zu Duolen) bildet dieser Teil einen merklichen Binnenkontrast zum rahmenden 1. Teil:

128   Sinfonie Nr. IX, 2., Trio, Takt 53 ff.

Diese Konstellation wird, stets variiert, mehrmals durchgespielt, so daß sich ein ungewöhnlich vielgliedriger Aufbau des Trios ergibt: A–B–A'–B'–A''–B''–A'''. Differenzierungen in der Formbildung kommen jedoch in Kopfsatz und Adagio noch deutlicher zur Geltung. Im 1. Satz sind sie vor allem und neben den schon bekannten Verschiebungen bzw. Versetzungen von Formteilen (Durchführung in der Reprise usw.) an die Überleitungspassagen gebunden, welche die verschiedenen Themenkomplexe sowohl ankoppeln als abtrennen. Diese Überleitungen erhalten nunmehr größere Selbständigkeit und werden häufig von Generalpausen eingefaßt (in denen freilich oftmals eine grundierende Stimme, in der Regel die Pk, überbindend weiterklingt).

Die Überleitungen verwandeln sich gewissermaßen in Zwischenspiele, welche die musikalische Bewegung zugleich verzögern und vorantreiben. Das heißt, die variantentechnisch begründete Reihungsform wird durch solche episodenhafte Einschübe, in denen überleitende Kontinuität und zwischenspielartige Unterbrechung verschmelzen, noch bestärkt.

Innovatorische Züge der Formbildung im Adagio sind an die beiden Hauptthemenkomplexe selbst gebunden. Im Gegensatz zu früheren Sinfonien ist das 1. Thema, obwohl es im weiteren Verlauf erhebliche durchführungsartige Erweiterungen erfährt, ein in sich geschlossener Komplex aus vier Motiven (a–d):

129 Sinfonie Nr. IX, 3., Takt 1f. (= a)   Takt 5 (= b)

Takt 7 (= c)

Takt 17 (= d)

Das vierte Motiv (d) erinnert durch die Überlagerung mehrerer Dreiklänge bzw. Dreiklangsfragmente (fis/Fis–cis–E) an den Zwitterklang des Scherzos und bindet hierin eine harmonische Sprengkraft, deren Entladung schubweise vor-

307

bereitet wird. Das eigentliche Novum aber ist das zweitei-
lige 2. Thema, genauer: seine dramaturgische Funktion. Es
drängt nach variativer Ausweitung, trägt dergestalt auch
vorrangig die epischen Dimensionen des Satzes und verweist mit seiner quasi gesungenen Prosa auf Themenbil-
dungen des späten Beethoven:

130 Sinfonie Nr. IX, 3., Takt 45 f.

An diese Themenexposition schließen sich nun schichten-
artig variative Erweiterungen des Themenmaterials an: zunächst des 1. Themas (Takt 77–128), dann des B-Teils des
2. Themas (Takt 129–139), auf den abrupt die Durchführung eines Teilmotivs des 1. Themas (A) folgt sowie eine
Überleitung, getragen von dessen Kopfmotiv (Takt 163 ff.).
Diese Überleitung mündet in die entscheidende Phase des
Satzes, in seinen „Ernstfall", der mit einer augmentierten
Variante des 2. Themas anhebt:

131 Sinfonie Nr. IX, 3., Takt 173 ff.

Ab Takt 181 wird die Umkehrung des Kopfes des 2. Themas aufgenommen, das in dieser Gestalt ein Selbstzitat darstellt – des „Miserere" aus der *Messe in d-Moll.* Hier könnte
einmal der Fall einer semantischen Aufladung durch Zitat-
bezug gegeben sein: das 2. Thema dehnt sich zu einer
machtvollen Steigerung aus, auf deren Höhepunkt das
Kopfmotiv des 1. Themas einbricht, gekoppelt an eine gel-
lende Dissonanz ohne Auflösung:

In der katastrophalen Klimax fallen also beide Hauptthemen ineinander, bleiben sie nicht länger mehr relativ isolierte Ausdrucksbereiche, die, wechselseitig sich ergänzend, zur Entfaltung gelangen. Die Sprengkraft der Klimax erfaßt und zerstört den gesamten musikalischen Organismus, er detoniert gleichsam. Das aber erinnert an den langsamen Satz aus Franz Schuberts großer C-Dur-Sinfonie, der einen vergleichbaren Gang in die Katastrophe einschlägt. Anders aber als Schubert, bei dem nach diesem zerstörenden Ereignis die Musik keine „geordneten" Bahnen mehr findet, der die Auflösung auskomponiert und hierin einen Aspekt von Desillusionierung vermittelt, läßt Bruckner aus Relikten des 1. Themas und aus dem „Miserere"-Zitat eine verklärende Coda erwachsen, welche die vorangegangenen Erschütterungen zu schlichten sucht.

Daß dieses Ende aber nur Bruckners letztes Wort und nicht sein letzter, leicht als Idealismus und Illusionismus interpretierbarer (und zu verfälschender) Wille ist, hätte nun das Finale zum Ausdruck bringen müssen. Es den Skizzen nach beurteilen zu wollen, scheint wenig ratsam: was Bruckner aus ihnen gemacht hätte, entzieht sich unserer Erkenntnis. Und auch der Kapellmeisterbrauch, das „Te Deum" als Finaleersatz heranzuziehen, scheint, trotz einiger Hinweise Bruckners auf motivische Bezüge zur IX., mehr als problematisch. Der Brauch suggeriert, daß das Finale fraglos den Bahnen früherer Schlußsätze gefolgt wäre, und verdrängt damit selbst die leiseste Möglichkeit, daß die eigenartigen Bedingungen des Adagios zumindest nach einer abweichenden Lösung verlangt haben könnten. Mit dem „Te Deum" als fiktivem Schlußsatz der IX. wird einer kom-

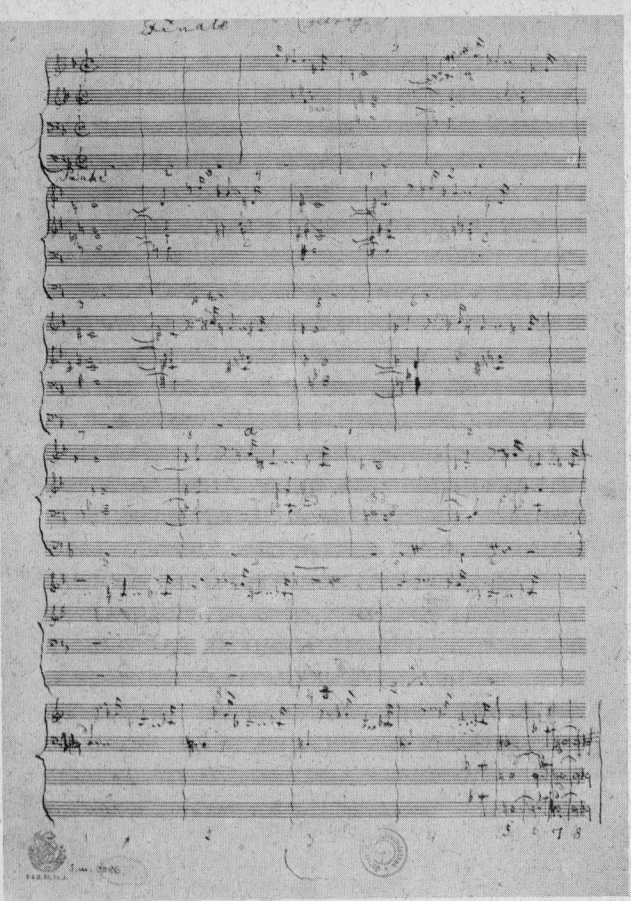

IX. Sinfonie, Skizzen zum unvollendeten Finale

positorischen Phantasie vorgegriffen, die noch im Suchen –
und nicht schon im Finden erstarb.

9. Wirkungsgeschichte II (seit 1945)

Im ersten der Wirkungsgeschichte Bruckners gewidmeten Kapitel wurde gesagt, daß die Zerschlagung des Faschismus nicht automatisch die Rehabilitation der von ihm miß-brauchten Kunst zur Folge haben konnte, nicht zuletzt auch deshalb, weil ein neues Verständnis des Bruckner-schen Werkes nur langsam, mühevoll und zahlreiche Rück-schläge abwehrend sich durchzusetzen begann. Dies war, alles in allem, eine zurückhaltende Feststellung. Denn noch 1974 trägt beispielsweise einer der wenigen wichtigen, zu-kunftsweisenden Aufsätze zum 150. Geburtstag Bruckners den Titel „Der schwierige Jubilar"[1].

Die Schwierigkeiten haben sich gegenüber denen, die im Halbjahrhundert nach Bruckners Tod aufgebrochen sind, kaum verringert. In mancher Hinsicht wurden sie sogar noch verschärft, zu hinlänglich bekannten kamen neue, und die wenigen positiven Veränderungen gelangten bisher über Ansätze nicht hinaus – ein Brucknerbild, das aktuellen Anforderungen entspricht und zugleich auf wissenschaft-lich haltbarem Boden steht, zeichnet sich bestenfalls erst in Umrissen ab.

Die Situation nach dem zweiten Weltkrieg in Österreich und in den von den westlichen Alliierten besetzten Teilen Deutschlands war, was Bruckner betraf, derjenigen nach dem ersten Weltkrieg einigermaßen ähnlich. Endgültig schienen sich die ekstatischen Prophetien der Bruckner-Apologeten zu erfüllen: aus dem absoluten Zerfall der per-vertiert-materiellen Welt würde Bruckners Werk wie Phö-nix aus der Asche hervorgehen. Der Zeitpunkt, zu dem die zwanziger Jahre nur ein Vorspiel bildeten, sei erreicht, und Bruckner wird auferstehen, da nunmehr „die Menschheit seiner bedürfe"[2]. Eine alle menschlichen Seinsbereiche mit harter Hand packender „Verlust der Mitte" mache Bruck-ners Werk in bisher nicht gekannter Weise aktuell. Es stiege zum Wegweiser in einer entzauberten Welt auf, de-ren zerstörtes Wertbewußtsein durch den Meister von St. Florian wiedergefunden werden könne: „Die Weltent-götterung der Aufklärung, bereits durch den klassischen Idealismus Kants, Goethes, Beethovens überwunden, hin-terließ eine neue Sehnsucht der Menschen nach den Bezirken, die nicht der aufgeklärte Verstand, sondern nur das gläubige Herz erschließen kann. (...) Suchen wir nach dem Zusammenbruch aller ethischen und menschlichen Werte, den das Inferno des maßlosesten antichristlichen Abfalls aller Zeiten uns als Erbe hinterlassen hat, nicht fast hilflos nach den Dingen, die uns neuen Halt und neue Stütze zu geben vermögen? (...) Bei Bruckner ist Genie Frömmigkeit und Frömmigkeit Genie. In ihm, dem Mystiker, sind beide symbolisch eins geworden."[3]

So schrieb 1946 Fred Hamel im 1. Jahrgang der von ihm herausgegebenen Zeitschrift „Musica". Und die „Österreichische Musikzeitschrift" verkündete in ihrem 1. Jahrgang: „Es ist die Zeit gekommen, da Bruckner als Herold österreichischen Geistes und als hervorragendster Träger der Gottesidee in die freie internationale Welt hinauszieht, um die Menschheit mit seiner Heilsbotschaft zu beglücken."[4]

Als geradezu verräterisch erweisen sich die wie beiläufig hingeworfenen Adjektive „frei" und „international", zeigen sie doch an, daß im Inhalt des konservativen Bruckner-Bildes keine Änderungen erfolgt sind und lediglich das geläufige nationalistisch-chauvinistische durch ein noch verschwommeneres „freiheitlich-demokratisches" Dunkel ersetzt wurde. Die de facto ungebrochene und nur in Akzidentien abweichende Weiterführung eines regressiven Bruckner-Verständnisses reicht bis weit in die sechziger Jahre hinein, ja einzelne Ableger haben sich bis in die Gegenwart und werden sich, so ist zu befürchten, auch noch bis in unbestimmte Zukunft erhalten.

Nur ein Beispiel: in den von Franz Grasberger herausgegebenen „Bruckner-Studien" von 1964 geht Hans Sittner auf das Problem „Anton Bruckner und die Gegenwart" ein. Nachdem der Verfasser einige Zitate und eigene Ansichten aufgeführt hat, ohne daß verständlich wird, worin Bruckners reale Bezugspunkte zur Gegenwart zu sehen seien, weiß er sich nicht anders zu helfen, als die bereits zitierten Worte Ernst Kurths über die „Menschheit" aufzugreifen, die Bruckners nunmehr eben „bedürfe". Dann fährt Sittner fort: „Und so wollen auch wir uns, müde von Reizen aller Art, geistiger Skepsis und materieller Fron, vertrauensvoll in Bruckners Namen mit dem Chor der seligen Knaben in Goethes Faust II vereinen: ,Doch dieser hat gelernt, er wird uns lehren.'"[5]

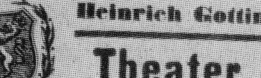

Konzertplakat in Graz mit der Ankündigung der Uraufführung der V. Sinfonie

Die Frage nur, was uns gelehrt werden und auf welche Weise dies geschehen soll, bleibt – wie selbstverständlich – offen. Obwohl also die „Entheroisierung und Entmonumentalisierung der ersten Nachkriegsjahrzehnte (…) sich schlecht mit dem seit früher Zeit aufgebauten Bruckner-

Monument (vertrugen)"[6], schienen dennoch diejenigen recht zu behalten, die Bruckners Musik als mystizistisch-religiösen Heilsgesang interpretierten.

In der sowjetischen Besatzungszone Deutschlands und in den ersten Jahren der DDR war das Verhältnis zu Bruckner weniger eindeutig. Abgesehen von Karl Laux' Bruckner-Bändchen, das 1947 in 2. Auflage der Ausgabe von 1940 erschien und in dem der Verfasser (um ein Bild zu gebrauchen) versucht, ein ursprünglich kräftig-braunes Ölpaneel mit Wasserfarben zu übertünchen (so ersetzte Laux z. B. im Kapitel über die *VIII. Sinfonie*, aus dessen Vorabdruck in der „Allgemeinen Musikzeitung" vom November 1939 eingangs zitiert wurde, lediglich einige faschistoide durch unverbindlichere, all[zu] gemein-menschliche Vokabeln und Wendungen) –, abgesehen also von solchen „Korrekturen" war man in der schwierigen Lage, einerseits Bruckners Musik als bürgerlich-humanistisches Erbe rehabilitieren, andererseits aber auch ihre reaktionäre Wirkungsgeschichte und deren vermeintliche Quellen im Werk selbst aufdecken zu wollen. Dieser Zwiespalt ist etwa im Bruckner-Kapitel von Georg Kneplers „Musikgeschichte des 19. Jahrhunderts" nicht zu übersehen (1961; Vorabdruck 1957 in der Zeitschrift „Musik und Gesellschaft"[7]). Kneplers Kritik stützt sich dabei weniger auf vorurteilsfreie Analyse musikalischer Sachverhalte als auf Bruckners ideologische, sprich: religiöse Position, auf die entsprechende kompositorische Elemente (Choral, blockhafte Formbildung und Instrumentation usw.) kanalisiert werden. Diese Sichtweise zieht einige Unterstellungen nach sich: „Für ihn" [Bruckner; M. H.] „ist es nicht bloß charakteristisch, daß er gottesgläubig war, sondern auch, daß er die politischen, nationalen und kulturellen Vorurteile des reaktionärsten Flügels der herrschenden Klasse und der Kirche teilte."[8] Und: „In diesem ‚einfachen Schema' seiner Symphonien, in dieser ‚Familienähnlichkeit' seiner Themen und in dem immer gleichartigen Ablauf der Entwicklung spiegelt sich ein beschränktes und einseitiges Weltbild."[9]

Abgesehen davon, daß Bruckner, wie zu sehen war, keineswegs ein konfliktloses Verhältnis etwa zur geistigen Obrigkeit hatte, werden hier musikalische Sachverhalte nach Kriterien beschrieben und bewertet, die, unmißverständlich aus konservativen Quellen stammend, mit dem marxistischen Anliegen des Verfassers nicht übereinstimmen können. Dies aber kennzeichnete die Situation musikwissenschaftlicher Forschung noch bis in die sechziger Jahre hinein: der Kenntnis und Anwendung des dialektischen und historischen Materialismus standen weiterhin erhebliche Defizite im Bereich einzeldisziplinärer Methodik gegenüber – die „Große Methode" mußte sich erst noch darauf einstellen, daß sie es mit einer vertrackten Detailfülle zu tun hat, in der prinzipiell jedes Detail sich nur mittels angemessener Fragestellungen erschließen läßt.

Die erste umfassendere Darstellung Bruckners unternahm Max Dehnert mit seinem 1958 veröffentlichten „Versuch einer Deutung".[10] Dehnerts erklärtes Ziel war, Bruckner aus den apologetischen Erstarrungen herauszulösen und die vielfältigen Wechselbeziehungen zwischen künstlerischem Schaffen, Musik- und Kulturgeschichte sowie gesellschaftlichen und politischen Verhältnissen aufzuzeigen. Das Buch bildete, obwohl es historisch-gesellschaftliche Verhältnisse noch weitgehend unter milieutheoretischem Aspekt behandelt, eine Pionierleistung, die merkwürdiger- oder auch charakteristischerweise wenig Resonanz fand. Die Zeit war offensichtlich noch nicht reif für einen Versuch, übergreifende ästhetische, historische und politische Fragestellungen mit dem „Fall Bruckner" diesseits von schiefem Irrationalismus zusammenzubringen.

Überhaupt gab es bis dahin, und anders als in den zwanziger Jahren, nur wenige Gesamtdarstellungen. Wie denn auch: da, mit den wenigen genannten Ausnahmen, eine neue Sicht auf Bruckner nicht einmal angestrebt wurde, bestand auch keine zwingende Veranlassung, die früheren kompendienhaften Großmonographien zu korrigieren – das Alte galt noch immer und mit geradezu deprimierender Selbstverständlichkeit als das Gültige, demgegenüber anderslautende Forderungen nur kraftlose Mahnungen blieben.

Veränderungen zeichneten sich erst seit den siebziger Jahren ab – die Gründe sind vielfältig und auch widersprüchlich. In Österreich, mehr noch in der BRD, bewirkten die politisch-sozialen Auseinandersetzungen um 1968 eine Abkehr von traditionellen Formen des Irrationalismus und des

Konservatismus im allgemeinen. Der Marxismus, in welch revisionistischen Varianten auch immer, gewann zugleich an Einfluß, und in seinem Gefolge erlangte die Soziologie eine Bedeutung, welche sie bald als Modedisziplin erscheinen ließ.

In den sozialistischen Ländern, vor allem in der DDR und der Sowjetunion, begann man, vulgärmarxistische Tendenzen und deren unbrauchbare Ergebnisse zumindest zurückzudrängen und flexiblere, eben dialektische Untersuchungs- und Darstellungsmethoden zu entwickeln, eigentlich: wiederzuentdecken. Dies alles ließ die Kunstwissenschaften nicht unberührt und wirkte sich bis in die Detailforschung, bis in Bio- und Monographik aus.

Ein weiterer Grund, der aber an die eben genannten nicht nahtlos anschließt, sondern wenigstens teilweise ihnen zuwiderläuft, ist mit kompositorischen Veränderungen verbunden. Verkürzt gesagt: mit der Abwendung von konstruktivistischen Konzeptionen (Serialität im weitesten Sinne) und der Hinwendung zu neostilistischen (neoromantischen, -expressionistischen, -tonalen) Tendenzen. Und sogleich muß dabei die sogenannte „Mahler-Renaissance" seit den sechziger und siebziger Jahren erwähnt werden, die zu einem lang anhaltenden Orientierungspunkt für nahezu alle neostilistischen Strömungen aufstieg – die Frage, welche Mißverständnisse, ja Verfälschungen damit verbreitet wurden und werden, sei hier übergangen.

Die Mahler-Euphorie, welche die Aufführungspraxis ebenso erfaßte wie Publizistik, Forschung und Lehre, führte zunächst zur Konstruktion eines ästhetischen Gegensatzes: einerseits der revolutionäre, expressionistische bis futuristische Mahler, andererseits der konservative, romantisch-religiöse Bruckner (dem im Moment „Konservatismus" auch Richard Strauss an die Seite geriet). Inzwischen aber scheint sich das Bild bereits wieder zu verändern. Bruckner rückt offensichtlich als eigenständige, gleichberechtigte Alternative in eine Parallele zu Mahler, an der nicht weniger Anziehungspunkte auszumachen sind als an diesem. Das Unverständnis, das aus der blanken Entgegensetzung Mahlers und Bruckners spricht, könnte diesmal ein heilsames sein: möglicherweise zwingt eine immer genauere Kenntnis Mahlers auch dazu, in Bruckner nicht län-

Anton Bruckner,
Büste von
Viktor Tilgner

ger nur mehr den dunklen, unentwickelten älteren Bruder
zu sehen, der sich in eine Sackgasse verrannte; sondern einen gleichberechtigten Lösungsversuch des sinfonischen
Problems in der zweiten Hälfte des 19. Jahrhunderts, dessen fortwirkende Eigenheiten nur schwerer und daher später zu erkennen waren als diejenigen Mahlers.

In einer Vermischung von Ursache und Folge haben daran
einen nicht zu unterschätzenden Anteil die internationale
Resonanz des Brucknerschen Werkes sowie die Zentrali-
sierung der Brucknerforschung, von der wiederum Impulse für
die internationale Forschungsarbeit ausgehen.

Ein gutes Jahrzehnt nach Kriegsende war Bruckner noch
immer, in der Aufführungspraxis wie in der Publizistik,
eine vorrangig österreichische bzw. deutsche Angelegenheit, woran selbst erfolgreiche Aufführungen in anderen
Ländern nichts Wesentliches zu ändern vermochten. Es war
dies auch eine Folge des irrationalistischen Brucknerkults,
der andere Nationen brüskieren, beunruhigen, letzten En-
des bedrohen mußte – und sollte.

Vor dem zweiten Weltkrieg hatten Bruckners Werke lediglich in den Niederlanden und in den USA eine gewisse Beachtung gefunden, die auch zur Gründung von Bruckner-Gesellschaften führte (1934 bzw. 1931). Weitere Gründungen erfolgten erst Jahrzehnte später in Italien, Großbritannien, Frankreich, Schweden, Japan u. a., die nicht nur Aufführungen, sondern auch eigenständige Forschungstätigkeit stimulierten. So erschien 1960 die erste englischsprachige Monographie von Erwin Doernberg[11] (das bereits 1931 in den USA veröffentlichte Buch von Gabriel Engel „The Life of Anton Bruckner" geht über eine kompilatorische Einführung nicht hinaus); 1964 folgte die erste französische Darstellung von Michel Lancelot[12] und 1973 die des Italieners Sergio Martinotti.[13]

Das Bruckner-Fest, seit 1930 von der Internationalen Bruckner-Gesellschaft (IBG) veranstaltet und bis 1960 auf deutschsprachige Länder begrenzt, wurde 1964 erstmals in London ausgerichtet. Seit 1974 sind die Bruckner-Feste allerdings fest an die „Bruckner-Stadt" Linz gebunden, wo 1978 auch ein „Anton-Bruckner-Institut" gegründet wurde. Dieses Institut hat sich inzwischen zum Wissenschafts- und Dokumentationszentrum der Bruckner-Forschung entwickelt, das auf vielfältige Weise wirksam ist: durch Quellensammlungen, Publikationen, Ausstellungen, Kongresse usw. 1977 erschien das „Werkverzeichnis Anton Bruckner" (WAB) von Renate Grasberger, seit 1979 wird die Reihe „Anton Bruckner Dokumente und Studien" veröffentlicht, welche vor allem die Aufgabe hat, Quellenmaterial zu Leben und Werk systematisch zu erschließen. Ein außerordentlich wichtiges Unternehmen bildet die Weiterführung der 1951 von Leopold Nowak neu begonnenen Gesamtausgabe, innerhalb derer inzwischen der größte Teil der Werke, allerdings noch immer ohne die Revisionsberichte, erschienen ist. Nimmt man hinzu, daß Bruckner seit den späten sechziger Jahren auch in den Medien eine immer größere Rolle spielt, daß die Sinfonien und Messen auf Schallplatten – oftmals sogar in mehreren Aufnahmen – zur Verfügung stehen und daß sie – nach Favoriten freilich abgestuft – in den Konzertsälen regelmäßig aufgeführt werden, so könnte der Schluß naheliegen, Bruckner habe sich im internationalen Musikleben durchgesetzt. Dieser Schluß ist berechtigt – unter dem Vorbehalt allerdings, daß die „Durchsetzung" vornehmlich quantitative Merkmale aufweist.

Denn trotz aller verdienstvollen Bemühungen der nunmehr internationalen Bruckner-Forschung, trotz weltweiter Aufführungstätigkeit mit zum Teil herausragenden Leistungen erscheinen die Probleme und Problemfelder, welche Werk und Persönlichkeit Anton Bruckners aufgeworfen haben und weiterhin aufwerfen, nur mehr erst umrissen als in größeren Zügen gelöst. So ist etwa die seit Jahrzehnten erhobene Forderung nach gegenstandsbezogener Analyse noch lange nicht erfüllt; und 1982 (!) lautet eine der Schlußfolgerungen, zu der Winfried Kirsch in seiner kommentierten Bruckner-Bibliographie gelangt: „Der Topos vom christlichsten der großen Musiker inmitten einer zunehmend unchristlichen Zeit, ist gleichsam ein Tabu."[14]

Wirkungsvolle Impulse, den überkommenen und bisher kaum brüchig gewordenen Interpretations- und Rezeptionspanzer zu durchbrechen, gingen und gehen, wenn auch bei weitem nicht so häufig und intensiv wie im Falle Wagners, Mahlers oder Debussys, von zeitgenössischen Komponisten aus. Indem sie Affinitäts- und Berührungspunkte ihres Schaffens mit der Vergangenheit aufspüren und zur Sprache bringen, beziehen sie in individuelle Klärungsprozesse neuartige Sichten auf musikalische Traditionen ein. Insbesondere für Bruckner, dessen Bild in der Geschichte nahezu ausschließlich von Interpreten und Publizisten schwankend gemacht wurde – und in keinem einzigen ernst zu nehmenden Fall von einem Komponisten – ist zu erwarten, daß gelebte kompositorische Erfahrung zumindest dazu beitragen wird, die notwendigen Korrekturen in Erkenntnis und Verständnis Bruckners vorzunehmen. Dafür gibt es bereits ermutigende Anzeichen.

1965 veröffentlichten der Komponist Karl Amadeus Hartmann und der Psychoanalytiker Waldemar Wahren einen fiktiven Briefwechsel über Bruckner,[15] der, was Hartmanns Exkurse betrifft, eine Fülle bedenkenswerter Beobachtungen enthält. Dabei sind diese an sich nicht einmal besonders neu; aber indem sie auf Bruckners Werk bezogen oder von ihm aus aufgespürt werden, vermitteln sie bisher verborgene Eigenheiten Brucknerscher Musik. Zwischen ihr

319

Letzte Zeilen Bruckners an seinen Bruder Ignaz

und Hartmanns Kompositionen besteht, nicht nur in Adagio-Sätzen, eine enge ästhetische Beziehung, die selbstverständlich auch die Grundlage für Hartmanns Argumentationen bildet. Bemerkenswert ist etwa, welch anderes, jede Spur von Muffigkeit und Bigotterie tilgendes Verständnis Hartmann der religiös gestimmten Humanität Bruckners abzugewinnen versteht. Die Sinfonien trügen noch das ausgewogene Doppelgesicht des Kunstwerks, sie repräsentierten den Leibseelefall der Komposition, zu deren Lebensfähigkeit dieselbe prästabilisierte Harmonie gehöre wie zu unserem eigenen Daseinsvermögen. Bruckners Ungebrochenheit, die darin zum Ausdruck komme, sei Kraft und

Herzenssache zugleich. „Gebrochen oder ungebrochen, wir Expressionismuszöglinge haben uns ein Organ für die große Geste bewahrt, und ich habe sie immer auch schön gefunden, wenn sie nicht leer war. Deshalb fesselt mich der zweite Satz von Bruckners *Achter*,[16] es herrscht dort eine wunde Ergriffenheit, wie sie nur religiöse oder humanitäre Anstöße hervorbringen.“[17]

Und über den in unzähligen Variationen erhobenen Vorwurf, Bruckners Sinfonien seien einem gleichförmigen Schema unterworfen, welches die Ausprägung individueller Charaktere unterbinde, heißt es:

„Indem er jede Sinfonie auf den letzten Stand seiner Klang- und Formeinsichten erhob, rief er das Wort von der neunmal gleichen Sinfonie hervor, das in seinen Augen vielleicht gar keine Kränkung bedeutete, denn es ging ihm wohl weniger um neun verschiedene Charaktere als um e i n e n solchen, und zwar denjenigen, der d i e Sinfonie seiner Epoche vertrat. Mag es auch viele Manifestationen einer Idee geben und seien sie allesamt nur mehr oder weniger glückliche Annäherungen, so war jedenfalls Bruckner nicht der Mann flüchtiger Lösungen. Trotz seiner Züge von impressionistischer Gebrochenheit stand er Leibl näher als Monet. Er produzierte mit einem Einschlag jener meisterlichen Ergriffenheit, mit der die Bauleute des Mittelalters ihre Kirchen errichteten, denen sich auch leicht eine gewisse überpersönliche Gleichförmigkeit nachsagen läßt.“[18]

Blickt Hartmann auf Bruckner durchs Prisma des eigenen Schaffens, so sucht Siegfried Thiele, gleichfalls Komponist, das Problem „Bruckner und die Musik der Gegenwart“[19] auf eine systematisch-objektivierende Weise zu erfassen. Es geht ihm darum, das „Herüberscheinen des Unzeitgemäßen in die Musik des 20. Jahrhunderts (zu) demonstrieren“[20], unausgesprochen also auch darum, die veränderten Kompositionsbedingungen seit Ende der siebziger Jahre im Kontext der Bruckner-Rezeption zur Sprache zu bringen. Doch geschieht dies ohne den geringsten Anflug von Rechtfertigungsmanövern gegenüber regressiven Entwicklungstendenzen des Komponierens, die als neostilistische Pluralitätskonzepte inzwischen weltweite Verbreitung gefunden haben. Vielmehr konstatiert Thiele bei Bruckner einen erweiterten Kompositionsbegriff, als dessen Elemente etwa strukturelles Instrumentieren, rhythmische Differenzierung des Einzelklangs, wechselnde Dichte und Intervall-Metamorphose (ein Synonym für Variantentechnik) gelten und die in traditioneller Harmonielehre, Kontrapunkt- und Formenlehre nicht enthalten sind bzw. in ihnen nicht aufgehen.[21] Thieles Ansatz weicht dergestalt allen Fehldeutungen aus, welche unmittelbar-vordergründige Vergleiche und Zusammenhangskonstruktionen zwischen Brucknerscher und zeitgenössischer Musik verführerisch nahelegen – wie sie etwa in Manfred Wagners abwegiger Behauptung auftauchen, daß Bruckners „Schichtdenken" eine „Entsprechung in den Modellen der seriellen Musik" hätte, daß „es die ‚negative' Musik, die Stille, längst vor John Cages Demonstrationsstück 4'33'' in Bruckners Kompositionen angedeutet gab" usw.[22]

Die Herausstellung des Kompositionsbegriffs und seine Veränderungen durch Bruckner geben den Blick frei für entsprechende, in Form und Gehalt auch ganz abweichende Entwicklungen im 20. Jahrhundert, für die allerdings Bruckner niemals als einzige Quelle angesehen werden darf. Unter diesem Gesichtspunkt untersucht Thiele die „Intervallmetamorphose" in Béla Bartóks 2. Streichquartett oder die „rhythmische Differenzierung des Einzelklangs" (ebenfalls de facto auf der Basis der Variantentechnik) im „Konzert für Orchester", dessen Schlußsatzthematik auch einmal direkt eine Brucknersche Melodiebildung (*III. Sinfonie*, 1. Satz) erinnert.

Freilich und nochmals: solche Ansätze sind weiterhin rar. Aber die wenigen selbst weisen, Hoffnung weckend, in eine Richtung, in der die notwendigen und auch immer dringlicher geforderten Veränderungen unseres Bruckner-Verständnisses erreicht werden können – Veränderungen, auf die auch einige leitmotivisch behandelte Themenstellungen der vorliegenden Arbeit abzielen. Das zentrale Motiv unter ihnen sind die Variantentechnik und die von ihr ausgelösten Konsequenzen, welche auf unterschiedlichen Ebenen zum Ausdruck kommen: vom kompositorischen Detail über den Kompositionsbegriff bis hin zu Fragen der Traditionsbildung und Rezeption.

Zu diesen Konsequenzen gehören, als entscheidende kom-

Anton Bruckner (1895)

positionstechnische Vorgänge, der im Wechselspiel von
Statik und Mobilität gründende Strukturaufbau und die
zum Epischen tendierende Formanlage sowie von ihnen ab-
zuleitende Auswirkungen im Bereich des Klanges (Instrumentation) und der Dynamik. Dergestalt gelang Bruckner
eine authentische Lösung des sinfonischen Problems,
gleichrangig mit denen von Brahms und Mahler. Doch bei

Bruckner ereignen sich kompositorische Innovationen kaum an der Oberfläche (der „synthetische Klang" im Scherzo oder die unaufgelöste Dissonanz im Adagio der *IX.* sind Sonderfälle wie nur noch wenige andere!), worin eine bemerkenswerte Nähe zu Brahms aufscheint. Überkommene und selbstgeschaffene Normen (z. B. Bruckners sinfonischer „Typus"!) beherrschen nach außen das gesamte Werk, erweisen sich jedoch als Masken, hinter denen sich innovatorischer Geist regt und vergegenständlicht – die analytischen Anmerkungen haben hierfür zahlreiche Beispiele gebracht. Diese Verschlüsselung trug entscheidend dazu bei, daß Bruckner, anders als Brahms (s. Schönberg) und Mahler (s. Alban Berg oder Alexander von Zemlinsky), keine unmittelbare Nachfolge fand, und es ist auch unwahrscheinlich, daß er überhaupt jemals eine solche finden wird. Denn Bruckners „Aktualität" dürfte sich wohl schwerlich oder eben nur in Sonderfällen an kompositorischen Details festmachen lassen, an denen sich die Phantasie von Nachfolgern entzündete.

Einen Anhaltspunkt hierfür geben die neoromantischen Bemühungen aus jüngster Zeit, die ja auch heftig um Bruckner werben und dabei über Annäherungen an äußere Erscheinungsbilder seiner Musik nicht hinausgelangen. Authentische Beziehungen zu Bruckner dürften sich erst eröffnen, wenn die radikalen Veränderungen seines Kompositionsbegriffs auf der Basis der Variantentechnik erkannt und angenommen würden, und zwar sowohl im Bereich der Produktion als auch für den der Interpretation/Rezeption (Adornos Forderung, Bruckner „aus der sakralen Ruhe und flächigen Starrheit" herauszubrechen, „das schwere Metall der Sätze in der Glut stetigen Übergangs" einzuschmelzen, ist eben noch immer nur in Ausnahmen erfüllt).

Dieser Kompositionsbegriff vermittelt mit geradezu beispielhafter Eindringlichkeit Schönbergs Maxime, daß es in der Kunst nicht so sehr darauf ankomme, wie etwas gemacht sei, sondern darauf, was es ist[23]: es geht um ein System von Wertbeziehungen, dessen Komponenten nur innerhalb des Systems Sinn erhalten – jedes Herausbrechen eines Details führt zwangsläufig zu blinder Nachahmung und zeigt an, daß allein schon der Versuch, eine Unter-

St. Florian: Grabplatte Bruckners unter der großen Orgel

scheidung zu treffen zwischen dem, was nachahmenswert ist und was nicht, zum Scheitern verurteilt ist. Nur in einer umfassenden Erkenntnis – in der Erkenntnis des Kompositionsbegriffs – liegt die Chance, mit Bruckners Musik produktiv, so, wie von Hartmann und Thiele angedeutet, umzugehen.

„Der fällige Versuch, sein Werk erkennend neu aufzuschließen, wird sich hüten müssen, ihn in Erfreuliches und Befremdliches auseinanderdividieren zu wollen, wie es in der Überlegung steckt, daß Bruckner ohne seine Beengungen ‚größer' hätte werden können. Seine Musik ist eben groß genug und ohne die ihm eigene ‚Borniertheit' hätte er wahrscheinlich nie Mut zu seiner Sinfonie gefunden. Die Erschließung Bruckners bedarf, mit Goethe, jener ‚zarten Empirie, die sich mit dem Gegenstande innigst identisch macht und dadurch zur eigentlichen Theorie wird'."[24]

Anhang

Anmerkungen

Einleitung

1 August Göllerich, Max Auer: Anton Bruckner. Ein Lebens- und Schaffensbild, Bd. IV,2, 250 f. (künftig abgekürzt: G/A IV,2 …).
2 G/A I,49.
3 Ernst Kurth, Bruckner, Berlin 1925, Bd. I,14.
4 Brief von 1874, ohne Adressat, in: Hans Sittner: Anton Bruckner und die Gegenwart, in: Bruckner-Studien. Leopold Nowak zum 60. Geburtstag, Wien 1964, 103.
5 Manfred Wagner: Gefahr der Anekdote, in: Bruckner-Symposion … Linz 1977 (Bericht), Linz 1978, 32.
6 Franz Grasberger: Einleitung zu: Bruckner-Symposion „Die Fassungen", Linz 1981, 12.
7 Die Musik Jg. 1930, 774.

Wirkungsgeschichte I (1896–1945)

1 Ernst Kurth: Bruckner, Berlin 1925, Bd. I,76.
2 Manfred Wagner: Die Nekrologe von 1896: rezeptionsstiftend? … in: Musik-Konzepte 23/24 Anton Bruckner, München 1982, 146.
3 A. a. O., 119.
4 A. a. O., 146.
5 Brief Bruckners an Anton Hager, in: Franz Xaver Osterrieder: Bruckneriana im Nachlaß Anton Hager, in: NZfM Jg. 1932, 882.
6 Zit. nach: Manfred Wagner: Die Nekrologe …, 142.
7 Aufruf zur Stiftung eines Bruckner-Denkmals (1906), abgedruckt in: ZfM Jg. 1933, 621.
8 G/A IV,4, 26.
9 A. a. O., 61 f.
10 Anbruch Jg. 1921, 269 f.
11 Neue Musik-Zeitung Jg. 1924, 261.
12 NZfM Jg. 1924, 487 f.
13 NZfM Jg. 1926, 682 f.
14 NZfM Jg. 1926, 488 ff.
15 NZfM Jg. 1932, 855.
16 NZfM Jg. 1932, 870.
17 Oskar Lang: Bruckners Bedeutung im deutschen Geistesleben, in: AMZ Jg. 1933, 558.
18 Indem den sogenannten „Originalfassungen" Authentizität zugesprochen, den Bearbeitungen jedoch eine opportunistische

Annäherung an Richard Wagner nachgesagt wurde, geriet man nicht selten in das delikate Dilemma, zwei gleichrangige „Heiligtümer" gegeneinander auszuspielen.

19 Die Musik Jg. 1934, 426.
20 Die folgenden Ausführungen sind Günter Hartungs Buch „Literatur und Ästhetik des deutschen Faschismus", Berlin 1983, verpflichtet.
21 A. a. O., 165.
22 A. a. O., 168.
23 A. a. O., 169.
24 Ebenda.
25 A. a. O., 171.
26 A. a. O., 173.
27 A. a. O., 176.
28 Ebenda.
29 A. a. O., 176f.
30 Karl Grunsky: Vom Freiburger Bruckner-Fest, in: ZfM Jg. 1935, 751.
31 Peter Raabe: VIII. Bruckner-Fest in Regensburg, in: ZfM Jg. 1937, 744.
32 ZfM Jg. 1937, 747.
33 Ebenda und Walter Abendroth: Bruckners Einzug in die Walhalla, in: AMZ Jg. 1937, 393.
34 ZfM Jg. 1939, 353.
35 A. a. O., 361.
36 Die Musik Jg. 1938, 307f.
37 Die Musik Jg. 1939, 310f.
38 ZfM Jg. 1939, 355.
39 AMZ Jg. 1939, 619f.

1. Ansfelden (1824–1835) …

1 Manfred Wagner: Bruckner, Mainz 1983 (künftig: M. Wagner 1983), 29.
2 Eva Priester: Kurze Geschichte Österreichs, Wien 1949, 307.
3 Ebenda.
4 A. a. O., 316.
5 A. a. O., 331.
6 M. Wagner, 1983, 29 und 31ff. – Die meist um nüchtern-objektive Sicht bemühte Darstellung Wagners gerät hier in eine beschönigend wirkende Interpretation von Bruckners früher Lebenssituation. Indem Wagner den gesellschaftlichen Sinn der Verquickung von Staat und Kirche ausklammert, erscheinen ihm zufolge die hierarchischen Verhältnisse als natürliche (ohne Anführungszeichen).
7 G/A I, 92.

2. St. Florian (1837–1840) ...

1 M. Wagner 1983, 34.
2 G/A I, 140.
3 Walter Pass: Studien über Bruckners ersten Aufenthalt in
   St. Florian, in: Bruckner-Studien, Wien 1975, 13 ff. und 47 ff.
4 M. Wagner 1983, 38.
5 A. a. O., 40.
6 G/A I, 164.
7 G/A I, 165.
8 G/A I, 206.
9 Walter Pass: St. Florian 1845–55, in: Bruckner-Studien, Wien
   1975, 135.
10 A. a. O., 137.
11 G/A I, 313.
12 G/A I, 314.

3. St. Florian (1845–1855)

1 G/A II,1, 32.
2 G/A II,1, 95.
3 Anton Bruckner. Gesammelte Briefe. Neue Folge. Hrsg. von
   Max Auer, Regensburg 1924 (künftig: Briefe NF), 19.
4 Briefe NF, 20.
5 E. Maier/F. Zamezal: Anton Bruckner und Leopold von Zenetti. Anton Bruckner, Dokumente und Studien Bd. 3, Graz
   1980, 15.
6 G/A II,1, 146.
7 A. a. O., 147 f.
8 A. a. O., 149.
9 Briefe NF, 22.
10 Eva Priester: Kurze Geschichte Österreichs, Wien 1949, 403.
11 Robert Haas: Anton Bruckner, Potsdam 1934, 12.
12 K. G. Fellerer: Bruckners Kirchenmusik, in: ÖMZ Jg. 1974,
   406 ff.
13 Zuletzt M. Wagner 1983, 48.
14 Dieser Vorgang begegnet nicht selten in der Musikgeschichte.
   Erinnert sei nur an Beethovens oder Mahlers Schwierigkeiten
   im Umgang mit dem traditionellen Kontrapunkt, aus denen sie
   aber jeweils ein spezifisches, dem subjektiven Gestaltungsver-
   mögen entsprechendes polyphones Konzept entwickelten.
15 G/A II,1, 219.
16 G/A II,1, 187.

4. Linz I (1855–1863)

1 M. Wagner 1983, 60.
2 G/A III,1, 96.
3 G/A III,1, 101.
4 G/A III,1, 430 ff.
5 Johannes Leopold Mayer: Musik als gesellschaftliches Ärgernis
  – oder Anton Bruckner, der Anti-Bürger, in: Anton Bruckner.
  Dokumente und Studien Bd. 2, 79.
6 Franz Herre: Kaiser Franz Joseph von Österreich, München
  1983, 134 f.
7 Ebenda.
8 Ebenda.
9 A. a. O., 233.
10 Ernst Tittel: Artikel „Simon Sechter" in: Die Musik in Geschichte und Gegenwart Bd. 12, 447.
11 Manfred Wagner: Zum Formalzwang im Leben Anton Bruckners, in: ÖMZ Jg. 1974, 418 ff.
12 Jens Rohwer: Artikel „Harmonielehre" in: Die Musik in Geschichte und Gegenwart Bd. 5, 1628.
13 Ernst Tittel, a. a. O., 450.
14 Alle zit. nach: Katalog „Anton Bruckner zum 150. Geburtstag",
  Wien 1974.
15 Z. B. Manfred Wagner: Zum Formalzwang …
16 Briefe NF, 35.
17 Das gesamte Dokument bei M. Wagner 1983, 65 ff.
18 Briefe NF, 41.
19 M. Wagner 1983, 63 und Anmerkung 52.
20 Briefe NF, 44.
21 Briefe NF, 44.
22 G/A III,1, 117.
23 Katalog „Anton Bruckner zum 150. Geburtstag", Wien 1974,
  70.
24 G/A III,1, 151.
25 Briefe NF, 46.
26 G/A III,1, 141 f.
27 G/A II,1, 143 f.

5. Linz II (1863–1868)

1 Briefe NF, 38.
2 Briefe NF, 56.
3 G/A III,1, 155.
4 Briefe NF, 58.
5 G/A III,1, 142.

6 G/A III,1, 316.

7 G/A III,1, 305.

8 G/A III,1, 298.

9 G/A III,1, 299.

10 G/A III,1, 300.

11 G/A III,1, 421.

12 G/A III,1, 352.

13 G/A III,1, 398.

14 Briefe NF, 82f.

15 Briefe NF, 73f.

16 Briefe NF, 74f.

17 Briefe NF, 197f.

18 Theophil Antonicek: Anton Bruckner und die Wiener Hofmusikkapelle, Wien 1979, 32.

19 G/A III,1, 415ff. – Hanslicks Ablehnung könnte auch von der Tatsache beeinflußt gewesen sein, daß sein eigener Lehrstuhl erst wenige Jahre zuvor, im Oktober 1861, gegen den massiven Widerstand der Professorenschaft eingerichtet worden war. Hanslicks negatives Urteil wäre also auch als Verteidigung der mühsam genug errungenen Anerkennung des Musikgeschichtsfachs zu verstehen, das er durch Bruckners Bewerbung erneut gefährdet sah.

20 G/A III,1, 425ff.

21 G/A III,1, 440.

22 G/A III,1, 454ff.

23 G/A III,1, 458.

24 G/A III,1, 459.

25 M. Wagner 1983; Elisabeth Maier: Anton Bruckners Arbeitswelt, in: Anton Bruckner, Dokumente und Studien Bd. 2, Graz 1980, 161ff.

26 Carl Dahlhaus: Die Musik des 19. Jahrhunderts, in: Neues Handbuch der Musikwissenschaft Bd. 6, Wiesbaden 1980, 7ff.

27 Die Musik Jg. 1896, 296. Vgl. auch G/A III,1, 525.

28 Rudolf Louis: Anton Bruckner, München–Leipzig 1905, 112.

29 Ebenda (Briefwechsel zwischen Wagner und Liszt, Leipzig 1887, Bd. 2, 129).

30 Briefe NF, 56.

31 Briefe NF, 92.

32 Altmann Kellner: Der Organist Anton Bruckner, in: Bruckner-Studien, Wien 1964, 62.

33 Briefe NF, 102f.

34 G/A IV,1, 172.

35 G/A III,1, 472f.

36 M. Wagner 1983, 77.

37 M. Wagner 1983, 78.

38 Einschließlich deren archaische Nachfahren in der ländlichen Kirchenmusikproduktion, die Bruckner seit seiner Jugend kennengelernt und der er selbst etwa mit der „Windhaager" Messe und verschiedenen kleineren geistlichen Kompositionen gehuldigt hatte.

39 Die aus der klassischen Kontrapunktlehre stammenden Begriffe „Umkehrung", „Krebs" und „Krebsumkehrung" ergänzte Arnold Schönberg bei der Ausarbeitung seiner Zwölfton-Methode durch den Begriff „Grundgestalt", mit dem er die Ausgangsform einer Reihe bezeichnete. Ich übernehme hier diesen Begriff und bezeichne mit ihm alle Grund- bzw. Ausgangsformen von Motiven, Themen, aber auch von Rhythmen oder harmonischen Progressionen, denen motivische Prägnanz zukommt.

40 M. Wagner 1983, 79.

41 Eduard Hanslick: Aus meinem Leben, Berlin 1894, 286.

42 Otto Desoff, dem Bruckner die Partitur gezeigt hatte, soll auf die Kuriosität eines sinfonischen Beginns „ohne Thema" kritisch-sarkastisch reagiert haben, was den Komponisten sicher auch darin bestärkte, das Werk zurückzuziehen.

43 Karl Schütz: Von der Orgel-Improvisation zur Sinfonie, in: Bruckner-Studien, Wien 1975, 271 ff.

44 Carl Dahlhaus: Die Musik des 19. Jahrhunderts …, 20.

45 A. a. O., 69 f.

46 A. a. O., 20.

47 Die folgenden Ausführungen sind vor allem Werner F. Korte: Bruckner und Brahms. Die spätromantische Lösung der autonomen Konzeption, Tutzing 1963, verpflichtet. Obwohl das Buch vor einem Vierteljahrhundert erschienen ist, haben seine analytischen Ergebnisse bisher nur geringes Interesse gefunden: ein Großteil der seither veröffentlichten Bruckner-Arbeiten scheinen sie überhaupt nicht zur Kenntnis genommen zu haben. Dies ist um so unverständlicher, je dringlicher immer wieder die Forderung ausgesprochen wird, das analytische Defizit in der Bruckner-Forschung zu überwinden.

48 Korte, a. a. O., 33.

49 A. a. O., 51 ff.

50 Alfred Orel, Anton Bruckner. Das Werk, der Künstler, die Zeit. Wien 1925, 9 ff.

51 A. a. O., 13.

52 Korte, a. a. O., 41.

53 A. a. O., 63 f.

54 Robert Haas: Anton Bruckner, Potsdam 1934, 106.

1 Franz Herre: Kaiser Franz Joseph von Österreich, München 1983, 287.

2 A. a. O., 288.

3 A. a. O., 231.

4 Eva Priester, Kurze Geschichte Österreichs, Wien 1949, 472.

5 A. a. O., 443.

6 A. a. O., 439.

7 M. Wagner 1983, 83 f.

8 Priester, a. a. O., 446.

9 Theophil Antonicek: Anton Bruckner und die Wiener Hofmusikkapelle, Graz 1979, 12.

10 Ebenda.

11 G/A IV,1, 79 f.

12 G/A IV,2, 506 f.

13 M. Wagner 1983, 93.

14 M. Wagner 1983, 91.

15 Brief an Unterrichtsminister Karl von Stremayr vom 27. 1. 1873, M. Wagner 1983, 27.

16 Ebenda.

17 G/A IV,1, 288 ff.

18 M. Wagner 1983, 114.

19 G/A IV,1, 296 f.

20 G/A IV,1, 298.

21 Briefe NF, 128 f.

22 G/A IV,1, 366.

23 G/A IV,1, 200.

24 G/A IV,1, 244 f.

25 G/A IV,1, 253.

26 Diesen anschaulichen Begriff verwendet Manfred Wagner in mehreren seiner Arbeiten über Bruckner.

27 Siehe hierzu: Bruckner-Symposion „Die Fassungen", Linz 1981; Manfred Wagner: Der Wandel des Konzepts. Zu den verschiedenen Fassungen von Bruckners Dritter, Vierter und Achter Sinfonie, Wien 1980 u. a.

28 Werner F. Korte: Bruckner und Brahms ..., Tutzing 1963, 54.

29 Ebenda.

30 M. Wagner 1983, 394 ff.

31 In einem späteren, undatierten Brief an Hans von Wolzogen beschreibt Bruckner ausführlich seine Begegnung mit Wagner (Briefe, NF, 166 ff.). Vgl. auch Josef Tröller, Bruckners III. Sinfonie (Meisterwerke der Musik Nr. 13), München 1976.

32 Leopold Nowak: Nachwort zur III. Sinfonie, Edition Peters Leipzig.

33 Ebenda.

34 Vierhändig, erschienen 1880 (Mitarbeiter: Rudolf Krzyzanowski).

35 G/A IV,1, 480.

36 So Korte, a. a. O., 35 und 51 ff.

37 Die Instabilisierung der Form durch Streichung des Reprisenkopfes in der 3. Fassung trägt dazu bei, daß einige Dirigenten der 2. Fassung den Vorzug geben.

38 Robert Haas (a. a. O., 120 f.) bezeichnet dies als „Marienkadenz", eine Kadenzformel auf der Dominante, wobei die Tonika mehrmals im Quint-Sext-Durchgang einbezogen wird.

39 So etwa Friedrich Blume: Artikel „Anton Bruckner" in: Die Musik in Geschichte und Gegenwart Bd. 2, 368 ff., oder August Halm: Die Sinfonie Anton Bruckners, München 1914, wo mit dem Titel bereits die Darstellungsmethode eingeschlagen wird.

40 Leopold Nowak, Nachwort zur IV. Sinfonie, Edition Peters Leipzig.

41 Briefe NF, 154.

42 M. Wagner 1983, 146.

43 M. Wagner 1983, 150.

44 M. Wagner 1983, 151 f.

45 Leopold Nowak, a. a. O.

46 Robert Louis: Anton Bruckner, Berlin 1904, 198.

47 M. Wagner 1983, 105 f.

7. Wien II (1876–1887)

1 M. Wagner 1983, 269 f.

2 In vermittelter Weise begleitet es freilich Bruckners gesamten Ausbildungsweg als Aneignung „wissenschaftlich gesicherter" Grundlagen des Komponierens. Erst in der Situation als Universitätslehrer, als „Wissenschafts"-Vermittler, kehrt sich das Moment quasi nach außen, reiht es sich ein in die taktische Bewältigung einer Aufgabe, die ja letztlich auch dem strategischen Ziel, die ausschließliche Kompositionsarbeit, unterworfen ist.

3 Briefe NF, 136.

4 Briefe NF, 139.

5 Manfred Wagner: Bruckner in Wien, in: Anton Bruckner. Dokumente und Studien Bd. 2, Graz 1980, 38 ff.

6 A. a. O., 70.

7 Briefe NF, 148.

8 So z. B. M. Wagner 1983, 133 ff.

9 M. Wagner 1983, 135.

10 Robert Haas: Anton Bruckner, Potsdam 1934, 135.

11 Ebenda.
12 R. Haas' Analyse, a. a. O., 135, derzufolge das Unisono ein
   3. Thema darstellt, das folgende Fis-Dur-Thema hingegen lediglich einen Epiloggedanken bildet, ist mir, trotz des Hinweises
   auf die Differenzen zwischen den Fassungen, unverständ-
   lich.
13 M. Wagner 1983, 155 f.
14 Gustav Mahler: Briefe, Leipzig 1981, 170.
15 Carl Dahlhaus: Die Musik des 19. Jahrhunderts ..., 223 f.
16 G/A IV,1, 574.
17 M. Wagner 1983, 145.
18 G/A IV,2, 204. Brief vom 30. 11. 1884.
19 Briefe NF, 174.
20 G/A IV,2, 363.
21 G/A IV,2, 365.
22 „Die Fackel", 12. 4. 1907. Auch in: Musik-Konzepte 23/24. Anton Bruckner, edition text & kritik, München 1982, 3 f. Kraus
   fügte dem Gesuch eine bissige satirische Szene an: Bruckner in
   den Fängen der Folterknechte Hanslick, Dömpke und Kalbeck:
   „(...) Hanslick fragt:
   Bekennst du dich schuldig, Symphonien geschrieben zu haben?
   Bruckner schweigt und schafft.
   Der Oberrichter legt leicht die kleinen Daumenschrauben an.
   (...) Gehilfe Kalbeck beginnt Bruckner ‚aufzuziehen'.
   Die Menge johlt.
   Bruckners Knochen knacken.
   Aber Bruckner hat eine starke Konstitution.
   Er wird für toll erklärt. (...)"
23 M. Wagner 1983, 161.
24 Für die Beschaffung der Summe arrangierte Hermann Levi eine
   Sammlung. Die Partitur erschien 1885 im Verlag Adolf Gut-
   mann.
25 Briefe NF 206, Brief vom 25. 3. 1886.
26 G/A IV,2, 436 f.
27 G/A IV,2, 240 ff.
28 Dies und die folgenden Titel sind Lieder von Brahms (op. 46
   Nr. 1; 47,1 und 5; 49,5).
29 Brief vom 5. 1. 1885, in: Johannes Brahms' Briefwechsel mit H.
   und E. von Herzogenberg, Bd. 2, Berlin 1908, 48 f.
30 G/A IV,1, 584. Eine Gesprächserinnerung von Heinrich Groe-
   ber aus dem Jahre 1895.
31 G/A IV,2, 245.
32 Eduard Hanslick: Concerte, Componisten und Virtuosen der
   letzten fünfzehn Jahre 1870–85, Berlin 1886, 115.

33 Carl Dahlhaus, Die Musik ..., 227.
34 Korte, Bruckner und Brahms ..., 72.
35 Ebenda.
36 Dahlhaus, a. a. O., 225.
37 G/A IV,2, 394.
38 G/A IV,2, 447 f.
39 G/A IV,2, 438 f.
40 Robert Haas, a. a. O., 140 f.
41 A. a. O., 141.
42 G/A IV,2, 559.
43 G/A IV,2, 560 f.
44 Leopold Nowak: Vorwort zur VIII. Sinfonie, Fassung von 1887, Wien 1972.

8. Wien III (1887–1896)

1 So etwa von Robert Haas und Manfred Wagner.
2 Vielleicht kommt dem einiges aus den frühen Sinfonien, vor allem aus der I., nahe – etwa der Anfang von deren 1. Satz. Aber bereits auch hier fügt sich solche „geniale Geste" alsbald dem „neuartigen" kompositionstechnischen Umfeld ein, wird sie zu dessen „besonderem Fall", der die beherrschende Rolle des Umfeldes letztlich doch nur bestätigt.
3 So Friedrich Goldmann: Probleme der Materialstruktur in Bruckners 8. Sinfonie (Diplomarbeit), Berlin 1968 (ungedr.), 19.
4 Die Ersetzung des fff- durch einen ppp-Schluß als einen Konzenptionswechsel zu bezeichnen (s. M. Wagner in: Bruckner-Symposion „Die Fassungen", Linz 1981, 20), trifft kaum zu: an die Stelle einer „lärmenden Leere" trat lediglich eine verhaltenere, deren dramaturgischer Sinn unverändert bleibt.
5 Vgl. Rudolf Stephan: Zu Anton Bruckners Dritter Symphonie, in: Bruckner-Symposion „Die Fassungen", Linz 1981, 69 ff.
6 Briefe NF, 144.
7 Briefe NF, 146.
8 Briefe NF, 237.
9 Briefe NF, 241.
10 Briefe NF, 238. Brief an F. Weingartner vom 27. 1. 1891.
11 Eduard Hanslick: Musikkritiken, Leipzig 1972, 293 f.
12 Ebenda.
13 Eva Priester: Kurze Geschichte Österreichs, Wien 1949, 448.
14 A. a. O., 450.
15 Ebenda.
16 A. a. O., 452.
17 Genannt nach Papst Leo XIII.

18 Robert Fuchs: Geistige Strömungen in Österreich, Wien 1978, 54.

19 A. a. O., 70f.

20 A. a. O., 102.

21 Priester, a. a. O., 455.

22 M. Wagner 1983, 193.

23 M. Wagner 1983, 196.

24 Johannes-Leopold Mayer: Die Zwielichtigkeit des Erfolges. Anton Bruckners „Helgoland" im historischen Umfeld des Wiener Männerchorwesens, in: Bruckner-Jahrbuch 1980, Linz 1980, 22.

25 G/A IV,3, 10.

26 G/A IV,3, 54ff.

27 G/A IV,3, 77.

28 G/A IV,3, 89.

29 Briefe NF, 235f.

30 G/A IV,3, 447.

31 Haas, a. a. O., 31f.

32 G/A IV,3, 211.

33 Gustav Mahler: Briefe, Leipzig 1981, 119.

34 Briefe NF, 276.

35 M. Wagner 1983, 212.

36 M. Wagner 1983, 220f.

37 M. Wagner 1983, 224f.

9. Wirkungsgeschichte II (seit 1945)

1 Peter Gülke: Der schwierige Jubilar. Zu Anton Bruckners 150. Geburtstag, in: Musik und Gesellschaft Jg. 1974, 547ff.

2 Ernst Kurth: Bruckner, Bd. 1, 74.

3 Fred Hamel: Bruckner heute, in Musica Jg. 1946, 304f.

4 Max Auer: Tragik und Sieg Anton Bruckners, in: ÖMZ Jg. 1946, 289.

5 Hans Sittner: Anton Bruckner und die Gegenwart, in: Bruckner-Studien, Wien 1964, 104.

6 Winfried Kirsch: Die Bruckner-Forschung seit 1945. Eine kommentierte Bibliographie, in: Acta Musicologica Vol. LII, Fasc. II, 1981, 158.

7 Georg Knepler: Musikgeschichte des 19. Jahrhunderts, Bd. 2, Berlin 1961, 689ff.

8 A. a. O., 699.

9 A. a. O., 701.

10 Max Dehnert: Anton Bruckner. Versuch einer Deutung, Leipzig 1958.

11 Erwin Doernberg: The life and symphonies of Anton Bruckner, London 1960 (deutsche Übersetzung: München 1963).

12 M. Lancelot: Anton Bruckner, l'Homme et son Œuvre, Paris 1964.

13 S. Martinotti: Anton Bruckner, Parma 1973.

14 Kirsch, a. a. O., Vol. LIV, Fasc. I, 1982, 222.

15 NZfM Jg. 1965, Heft 7/8–10.

16 Gemeint ist wohl der 3. Satz, das Adagio.

17 NZfM Jg. 1965, 274.

18 A. a. O., 386.

19 Melos/NZfM Jg. 1978, 396 ff.

20 A. a. O., 396.

21 A. a. O., 399.

22 M. Wagner 1983, 398, aber auch 400 oder 404.

23 Arnold Schönberg: Briefe, Mainz 1958, 179.

24 Gülke, a. a. O., 550.

Zeittafel

1824	4. September: Anton Bruckner in Ansfelden (Oberösterreich) geboren
ab 1830	Schulbesuch; Unterricht in Violin-, Klavier- und Orgelspiel
1835–1836	Schulbesuch in Hörsching; Musikunterricht bei Johann Baptist Weiß; erste Kompositionsversuche
1836	Dezember: Rückkehr nach Ansfelden wegen Erkrankung des Vaters Anton B. sen. (gestorben 1837)
1837–1840	Sängerknabe im Stift St. Florian. Fortsetzung des Schul- und Musikunterrichts
1840–1841	Besuch der Präparandie (Lehrerbildungsinstitut) in Linz. Harmonielehrestudien und Orgelunterricht bei Johann August Dürrnberger
1841–1843	Schulgehilfe in Windhaag *Messe in C-Dur* (WAB 25; „Windhaager")
1843–1845	Schulgehilfe in Kronstorf. Musikunterricht bei Leopold von Zenetti in Enns *Messe in F-Dur* (WAB 9; „Kronstorfer") Erste weltliche Chor-Kompositionen: *„An dem Feste"* (WAB 59), *„Vergißmeinnicht"* (WAB 93) u. a.
1845–1855	Lehrer in St. Florian. Musikstudien bei Stifsorganist Anton Kattinger
1847	B. hört Mendelssohns Oratorium „Elias" in Linz
1848/49	*„Requiem"* für Soli, Chor, Orchester und Orgel (WAB 39). UA: 15. 9. 1849 in St. Florian
1850	28. Februar: Ernennung zum provisorischen Stiftsorganisten
1852	*„Magnificat"* (WAB 24) für Soli, Chor, Orchester und Orgel
1854	April/Mai bis August: *Missa solemnis* (WAB 29) für Soli, Chor, Orchester und Orgel. UA: 14. 9. 1854 in St. Florian
1855	25./26. Januar: Hauptschullehrerprüfung in Linz Juli bis März 1861: Studien in Harmonielehre und Kontrapunkt sowie Orgelspiel bei Simon Sechter in Wien Dezember: als provisorischer Dom- und Stadtpfarrorganist nach Linz
1856	ab Januar: definitive Anstellung als Organist September: Mitglied der Liedertafel „Frohsinn"
1860	7. November: Ernennung zum 1. Chormeister des „Frohsinn"

1861	Teilnahme an Sängerfesten in Krems und Nürnberg
	September: Erfolglose Bewerbung um Kapellmeisterstelle im Dommusikverein und Mozarteum in Salzburg
	Oktober: Erfolglose Bewerbung um Lehrstelle für Musiktheorie am Konservatorium der Gesellschaft der Musikfreunde in Wien
	ab November bis 1863: Kompositionsunterricht beim Linzer Kapellmeister Otto Kitzler
1861/62	*Streichquartett in c-Moll* (WAB 111)
1862	*Marsch* (WAB 96) *für Orchester*
	Drei Orchesterstücke (WAB 97)
	Ouvertüre (WAB 98) *für Orchester*
1863	15. 2. bis 26. 5.: *Sinfonie in f-Moll* (WAB 99)
	Juli bis 1. 9.: *„Germanenzug"* (WAB 70) für Männerchor und Bläser
	Oktober bis Mai 1864: *Sinfonie in d-Moll* („0."; WAB 100)
	Studium von Richard Wagners „Tannhäuser"
1864	Mai/Juni bis 29. 9.: *Messe in d-Moll* für Soli, Chor und Orchester (WAB 26). UA: 20. 11. 1864 in Linz (Dir. Bruckner)
	Überarbeitungen (= Ü): 1876 und 1881/82
1865	19. Juni: B. hört in München Wagners „Tristan". Begegnungen mit Wagner und Hans von Bülow
1865/66	*I. Sinfonie* (WAB 101). UA: 9. 5. 1868 in Linz (Dir. Bruckner). Ü: 1890/91 (UA: 13. 12. 1891; Wiener Philh., Dir. Hans Richter)
1866	August bis 25. 11.: *Messe in e-Moll* (WAB 27) für gem. Chor und Bläser. UA: 29. 9. 1869 in Linz (Dir. Bruckner). Ü: 1885 und 1890
	Dezember: B. hört Hector Berlioz' „Faust's Verdammung" in Wien
1867	10. Februar: Aufführung der *Messe in d-Moll* in Wien (Dir. J. Herbeck)
	8. 5. bis 8. 8.: Kuraufenthalt in Bad Kreuzen
	14. 9. bis 9. 9. 1868: *Messe in f-Moll* (WAB 28) für Soli, Chor und Orchester. UA: 16. 6. 1872 in Wien (Dir. Bruckner). Ü: 1876, 1877, 1881, 1890–1893
	Oktober/November: Vergebliche Bewerbungen als Hoforganist und Hofkapellmeister sowie als Kompositionslehrer an der Wiener Universität
1868	4. April: Gründungsfestkonzert des „Frohsinn" mit UA der Ansprache des Hans Sachs und des Schluß-

chors aus Wagners „Die Meistersinger von Nürnberg"

21. Juni: B. hört die UA der „Meistersinger" in München

4. September: Ernennung zum Hoforganisten (in „Expektanz")

1. Oktober: Professor für Harmonielehre, Kontrapunkt und Orgelspiel am Wiener Konservatorium

1869   April/Mai: Orgelkonzerte in Nancy und Paris
Sommer: Aufenthalt in Linz und St. Florian

1870   Oktober bis 1874: Musiktheorie-, Klavier- und Orgelunterricht an der Lehrerbildungsanstalt St. Anna

22. Oktober: Ernennung zum Ehrenbürger von Ansfelden

1871   Juli/August: Orgelkonzerte in London
Herbst bis 11. 9. 1872: *II. Sinfonie* (WAB 102). UA: 26. 10. 1873 (Wiener Philh., Dir. Bruckner). Ü: 1875/76, 1877, 1890

1872/73   *III. Sinfonie* (WAB 103). UA: 16. 12. 1877 (2. Fass. Wiener Philh., Dir. Bruckner). Ü: 1874, 1876/77 (2. Fass.), 1888/89 (3. Fass.)

1873   Reise nach Karlsbad, Marienbad und Bayreuth. Begegnung mit Wagner und Widmung der *III. Sinfonie*

1874   April: Gesuch um Lehrstelle für Musiktheorie an der Wiener Universität abgelehnt
2. 1. bis 22. 11.: *IV. Sinfonie* (WAB 104). UA: 20. 2. 1881 (2. Fass. Wiener Philh., Dir. Hans Richter). Ü: 1878–1880 (2. Fass.), 1881, 1887/88 (3. Fass.)

1875   14. 2. bis 16. 5. 1876: *V. Sinfonie* (WAB 105). UA: 8. 4. 1894 in Graz (Dir. Franz Schalk). Ü: 1877/78
18. November: Beginn der Lehrtätigkeit (Harmonielehre und Kontrapunkt) an der Wiener Universität

1876   August: B. in Bayreuth zur Eröffnung der Festspiele („Der Ring des Nibelungen")

1877   November: Vergebliche Bewerbung um Hofkapellmeisterstelle als Nachfolger J. Herbecks

1878   19. Januar: Ernennung zum „wirklichen" Mitglied der Hofkapelle
Dezember bis 12. 7. 1879: *Streichquintett in F-Dur* (WAB 112). UA: 8. 1. 1885 (Hellmesberger-Quartett)

1879   März: Orgelkonzerte in Wien
August/September bis 3. 9. 1881: *VI. Sinfonie* (WAB 106). UA: 11. 2. 1883 (2. und 3. Satz; Wiener

	Phil., Dir. W. Jahn). Vollständige UA: 26. 2. 1899 (Wiener. Philh., Dir. G. Mahler)
1880	August/September: Reise nach Oberammergau und durch die Schweiz
1881	Mai bis 28. 9. 1883 *„Te Deum"* (WAB 45) für Soli, Chor und Orchester. UA: 2. 5. 1885 (Dir. Bruckner). Ü: 1884 (2. Fass.)
	23. 9. bis 5. 9. 1883: *VII. Sinfonie* (WAB 107). UA: 30. 12. 1884 in Leipzig (Dir. Arthur Nikisch)
1882	26. Juli: B. zur UA von Wagners „Parsifal" in Bayreuth
1884	22. Januar: Ehrenmitgliedschaft im Wiener Akademischen Wagner-Verein
	Juli bis 10. 8. 1887: *VIII. Sinfonie* (WAB 108). UA: 18. 12. 1892 (2. Fass. Wiener Philh., Dir. H. Richter). Ü: Oktober 1887 bis März 1890 (2. Fass.)
1885	10. März: Aufführung der *VII. Sinfonie* in München (Dir. H. Levi)
1886	21. März: Aufführung der *VII. Sinfonie* in Wien (Philh., Dir. H. Richter)
	9. Juli: Verleihung des Ritterkreuzes des Franz-Joseph-Ordens
	31. Juli: Tod Franz Liszts in Bayreuth. B. spielt bei der Trauerfeier auf der Orgel
1887	21. 9. bis 30. 11. 1894: *IX. Sinfonie* (WAB 109; Satz 1 bis 3).
	Arbeit am 4. Satz vom 24. 5. 1894 bis zum Tod (Fragment). UA: 11. 2. 1903 (Dir. F. Löwe)
1890	12. Juli: Beurlaubung vom Konservatoriumsunterricht wegen Krankheit
1891	15. Januar: Ehrenmitgliedschaft in der Gesellschaft der Musikfreunde
	Mai: B. hört in Berlin eine Aufführung des *„Te Deum"* (Dir. S. Ochs)
	7. November: Verleihung des Ehrendoktortitels durch die Wiener Universität
1892	*Psalm 150* (WAB 38) für Soli, Chor und Orchester. UA: 13. 11. 1892 in Wien (Dir. W. Gericke)
	Juli: Abschluß eines Verlagsvertrages (Josef Eberle & Co) über die *Sinfonien I, II, V* und *VI,* über die *Messen in e-* und *f-Moll* und den *150. Psalm* sowie über einige kleinere Chorstücke
	Letztmaliger Besuch in Bayreuth
	28. Oktober: Ausscheiden aus dem Hofkapelldienst

1893	Januar/Februar: schwere Erkrankung
	„Helgoland" (WAB 71) für Männerchor und Orchester. UA: 8. 10. 1893 (Wiener Männergesangsverein. Dir. E. Kremser)
1894	11. Juli: Ernennung zum Ehrenbürger von Linz
	12. November: letzte Vorlesung an der Universität
1895	4. Juli: B. erhält eine Wohnung im Schloß Belvedere
1896	Januar: letztmaliger Besuch der Aufführung eines eigenen Werkes *(IV. Sinfonie)*
	11. Oktober: Tod Anton Bruckners. Beisetzung in der Stiftskirche von St. Florian

Zum Verfasser der vorliegenden Biographie

Mathias Hansen, geboren 1941 in Berlin, studierte Musikwissenschaft an der Humboldt-Universität von 1959 bis 1965. Bis 1970 Musikredakteur am Berliner Rundfunk, seitdem wissenschaftlicher Mitarbeiter in der Forschungsabteilung Musik der Akademie der Künste der DDR. 1981 Promotion über Gustav Mahlers Jugendwerk „Das klagende Lied". Zahlreiche Veröffentlichungen über Mahler, Johannes Brahms, die Wiener Schule Arnold Schönbergs sowie die Musik der DDR. 1986 B-Promotion („Anton Bruckner – Aspekte des Lebens und des Werkes").

Abkürzungen der Instrumente

Fl: Flöte
Ob: Oboe
Kl: Klarinette
Fg: Fagott
Hr: Horn
Tp: Trompete
Pos: Posaune
Tb: Tuba
Ten-Tb: Tenor-Tuba
B-Tb: Baß-Tuba
Kb-Tb: Kontrabaß-Tuba
Pk: Pauke
Vl: Violine
Va: Viola
Vc: Violoncello
Kb: Kontrabaß
Hf: Harfe

Literaturhinweise

Auer, Max: Anton Bruckner als Kirchenmusiker, Regensburg 1927

Bruckner, Anton: Gesammelte Briefe. Neue Folge, Regensburg 1924

Bruckner, Anton: Vorlesungen über Harmonielehre und Kontrapunkt, Wien 1950

Bruckner, Anton. Dokumente und Studien, hrsg. von Franz Grasberger
  Bd. 1 Antonicek, Theophil: Anton Bruckner und die Wiener Hofmusikkapelle, Graz 1979
  Bd. 2 Anton Bruckner in Wien, Graz 1980
  Bd. 3 Maier, Elisabeth, Zamazal, Franz: Anton Bruckner und Leopold von Zenetti, Graz 1980

Bruckner-Studien, hrsg. von Franz Grasberger, Wien 1964

Bruckner-Studien, hrsg. von Othmar Wessely, Wien 1975

Bruckner-Jahrbuch 1980, hrsg. von Franz Grasberger, Linz 1980

Bruckner-Symposium (Bericht), Linz 1978

Bruckner-Symposium „Die Fassungen" (Bericht), Linz 1981

Bruckner in Linz (Katalog der Ausstellung), hrsg. von Leopold Nowak, Linz 1964

Dehnert, Max: Anton Bruckner. Versuch einer Deutung, Leipzig 1958

Fellerer, Karl Gustav: Bruckners Kirchenmusik und der Caecilianismus, in: Österreichische Musikzeitschrift 29, 1974, 404 ff.

Floros, Constantin: Brahms und Bruckner, Wiesbaden 1980

Göllerich, August und Auer, Max: Anton Bruckner. Ein Lebens- und Schaffensbild, Regensburg 1922 (Bd. 1), 1928–1936 (Bd. 2–4)

Gräflinger, Franz: Anton Bruckner. Leben und Schaffen, Berlin 1927

Grasberger, Renate: Werkverzeichnis Anton Bruckner (WAB), Tutzing 1977

Grebe, Karl: Anton Bruckner in Selbstzeugnissen und Bilddokumenten, Reinbek 1972

Grunsky, Karl: Anton Bruckner, Stuttgart 1922

Gülke, Peter: Der schwierige Jubilar. Zu Anton Bruckners 150. Geburtstag, in: Musik und Gesellschaft 24, 1974, 547 ff.

Haas, Robert: Anton Bruckner, Potsdam 1934

Halm, August: Die Sinfonie Anton Bruckners, München 1914

Korte, Werner F.: Bruckner und Brahms, Tutzing 1963

Kurth, Ernst: Anton Bruckner, Berlin 1925

Musik-Konzepte 23/24, hrsg. von Heinz-Klaus Metzger und Rainer Riehn, Anton Bruckner, München 1982

Newlin: Dika: Bruckner, Mahler, Schönberg, Wien 1954

Nowak, Leopold: Anton Bruckner. Musik und Leben, Linz 1973

Orel, Alfred: Anton Bruckner, Wien 1925

Quoika, Rudolf: Die Orgelwelt um Anton Bruckner, Ludwigsburg 1966

Redlich, Hans Ferdinand: Bruckner and Mahler, London 1963

Röthig, Claudia Catharina: Studien zur Systematik des Schaffens von Anton Bruckner auf der Grundlage zeitgenössischer Berichte und autographer Entwürfe, Kassel 1978

Schönzeler, Hans-Hubert: Bruckner, Wien 1974

Tessmer, Hans: Anton Bruckner, Regensburg 1922

Wagner, Manfred: Der Wandel des Konzepts. Zu den verschiedenen Fassungen von Bruckners Dritter, Vierter und Achter Sinfonie, Wien 1980

Wagner, Manfred: Bruckner, Mainz 1983

Wünschmann, Theodor: Anton Bruckners Weg als Symphoniker, Steinfeld 1976

Bildquellennachweis

Personenregister

Inhalt

Universal
Bibliothek

BIOGRAFIEN

HANA SÉQUARDTOVÁ
Bedřich Smetana

Aus dem Tschechischen von J. Gruna
Mit 80 Abbildungen und Notenbeispielen
Band 1119 · Broschur 3,– M

Bedřich Smetana (1824–1884) ist neben Dvořak und Jana-
ček einer der Begründer der modernen tschechischen Musik. Seine internationale Anerkennung gründet sich vor allem auf die komische Oper „Die verkaufte Braut", den Zyklus seiner sinfonischen Dichtungen „Mein Vaterland" und
das autobiographische Streichquartett „Aus meinem Leben".
Über sein kompositorisches Gesamtwerk hinaus hat Smetana auch als Organisator des tschechischen Musiklebens,
als Dirigent, Kritiker, Lehrer und Pianist Entscheidendes
für die nationale Identitätsfindung geleistet. – Dr. Hana Sé-
quardtová (gest. 1983) war wissenschaftliche Mitarbeiterin
im Bedřich-Smetana-Museum Prag und aufs beste mit Leben und Werk des Komponisten vertraut. Die vorliegende,
reich bebilderte Biographie, in die neueste Ergebnisse der
Smetana-Forschung eingeflossen sind, bietet dem Musik-
freund und dem Fachmann detailreiches und interessantes
Material.